中国绿色消费政策实施进展评估与对策分析

陈刚 许寅硕 刘倩 任玥 宋子越 著

Green Consumption Policy in China:
Implementation Progress, Challenges and Policy Recommendations

社会科学文献出版社
SOCIAL SCIENCES ACADEMIC PRESS (CHINA)

前 言

党的二十大报告强调，"实施全面节约战略，发展绿色低碳产业，倡导绿色消费，推动形成绿色低碳的生产方式和生活方式"。这是加快发展方式绿色转型、促进人与自然和谐共生的基础。当前我国消费占GDP比重偏低，2021年我国的最终消费占GDP比重为54.3%，其中政府和居民消费占比分别为15.9%和38.4%，相比之下，传统发达国家的居民消费占比达60%乃至80%以上。未来随着投资放缓，消费会在经济增长中起到更加重要的拉动作用，消费绿色低碳转型将成为社会经济高质量发展的关键驱动力。

2022年1月，为深入贯彻落实《中共中央 国务院关于完整准确全面贯彻新发展理念做好碳达峰碳中和工作的意见》和《国务院关于印发2030年前碳达峰行动方案的通知》有关要求，国家发展改革委、工业和信息化部、住房和城乡建设部、商务部、市场监管总局、国管局、中直管理局联合印发《促进绿色消费实施方案》（以下简称《实施方案》）。《实施方案》指出，促进绿色消费是消费领域的一场深刻变革，必须在消费各领域全周期全链条全体系深度融入绿色理念，全面促进消费绿色低碳转型升级。

为系统跟踪《实施方案》阶段性进展，及时反映各部门、各行业促进绿色消费的经验做法，课题组聚焦绿色食品、绿色衣着、绿色居住、绿色交通、绿色用品、绿色文旅、绿色电力、公共机构八大重点领域在促进消费绿色转型过程中的政策、措施与创新实践，系统梳理了《实施方案》印发以来至2022年8月30日各部门发布的67项绿色消费相关政策，构建绿色消费促进工作的评价指标体系，定量分析政策实施的初步成效，结合国际经验和国内案例，在展示工作成效的同时，识别重大问题并提出政策建议。

本书的亮点包括以下三个方面。

其一，创新性地应用政策建模一致性指数（Policy Modeling Consistency index，PMC指数），从通用型客观评价、通用型主观评价、特征型评价三个维度，进行了绿色消费政策一致性评估。评估结果显示，自《实施方案》出台以来，八大重点领域绿色消费政策完善度均处于良好水平，但距离完善度优秀、完善度最优尚存在一定差距。其中，绿色居住、绿色电力、绿色衣着和绿色用品消费领域相关政策发展相比其他领域更为完善。

其二，为评价绿色消费的年度发展情况，基于PMC指数的结果，课题组首次以《实施方案》为评估依据，系统构建了中国绿色消费发展指数。基于《实施方案》确定的五个核心目标：遏制奢侈浪费的情况、绿色消费方式的促进情况、低碳循环发展体系建设情况、绿色低碳产品发展情况和绿色消费政策体系的构建情况，最终筛选出44个数据可支撑指标来计算绿色消费发展指数，以2020年为基年（2020年为100），考察我国2021年绿色消费的发展情况。评估结果显示，2021年度绿色消费发展指数为118.40分，表明我国2021年绿色消费发展水平得到了提升，具体表现在奢侈浪费和过度浪费得到有效遏制；绿色生活方式和消费模式正在加快形成，并已取得积极成效；废旧物资的循环利用得到改善，垃圾处理能力明显提升；绿色低碳产品和企业认证数量快速增长，绿色低碳产品供给规模进一步扩大；相关绿色消费促进政策制定处于起步阶段，仍需要进一步完善。

其三，课题组在研究期间广泛征求了绿色消费八大领域专家对细分领域实践进展评价及紧迫的政策需求，并形成了对进一步深化消费绿色转型的政策建议。各领域专家普遍认为我国绿色消费的持续推进还面临五大挑战：一是整合绿色消费的法律体系不够完善；二是绿色产品供给和需求有效性不高；三是经济激励政策需要明确和落实，激励绩效应加大跟踪评估；四是各重点领域政策措施有待完善；五是绿色消费国际话语权需要加强。为顺利实现《实施方案》设定的主要目标，应深耕《实施方案》的重点任务和措施，结合当前形势和目标挑战，持之以恒在以下七个方面加强落实。一是将绿色消费议题纳入立法和法律修订进程。二是高度关注绿色消费重点领域具体政策推进和完善。三是完善绿色产品和服务认证体系。四是深入强化推动绿色消费的激励约束政策。五是促进消费者绿色决策信息工具创新发展。六是构建绿色消费统计制度，开展绿色消费监测和跟踪评价。七是加强绿色消费国际合作。

全书分为三篇共九个章节。第一篇是中国绿色消费的进展、问题与政策建议，包括绿色消费的内涵及发展阶段、中国绿色消费进展及特征、中国绿色消费发展面临的主要问题与挑战和中国进一步推动绿色消费发展的政策建议四个章节。第二篇是中国绿色消费重点领域年度进展评价，包括绿色消费政策体系的发展评价和绿色消费发展的综合评价两个章节。第三篇是绿色消费的国际经验与启示，包括联合国可持续发展目标、欧盟可持续消费政策与实践以及典型国家经验三个章节。

本书成稿过程中得到了众多专家的热情鼓励和专业指导。他们是习近平生态文明思想研究中心副主任、生态环境部环境与经济政策研究中心副主任俞海，废旧纺织品综合利用产业技术创新战略联盟专家委员会副主任唐世君，中国绿色食品发展中心审核评价处处长李显军，清华大学建筑设计研究院副总建筑师宋晔皓，中国汽车技术研究中心总师办副主任黄永和，中国汽车技术研究中心政研中心高工霍潞露，商务部研究院流通与消费研究所研究员王岩，北京北建大城市规划设计研究院旅游规划研究中心主任谢丽波，中国电力企业联合会规划发展部高工杨帆，可持续消费与生产专业委员会秘书处秘书长曹磊，中日友好环境保护中心排污权交易管理技术中心项目主管钱书杰。我们在此表达诚挚的谢意。

感谢中日友好环境保护中心的罗楠、宿因、王琪、于诗桐，在本书成稿过程中对政策、信息等挖掘整理工作作出的贡献，感谢辽宁省生态环境厅事务服务中心张威主任，沈阳市生态环境事务服务中心赵宏德主任对政策和案例调研给予的专业支持。感谢本研究的数据支持团队中央财经大学经济学院贾语晨、财政税务学院任婧怡和统计与数学学院彭业驹等研究助理的细致工作。感谢本研究案例团队经济学院郭圳乂和财经研究院刘颖、崔梓涵对案例筛查和编译工作的贡献。

目 录

第1篇 中国绿色消费的进展、问题与政策建议

1 绿色消费的内涵及发展阶段 ………………… 陈 刚 许寅硕 / 003
 1.1 绿色消费概念的演进 ……………………………………… / 003
 1.2 中国绿色消费发展历程和主要阶段 ……………………… / 005

2 中国绿色消费进展及特征 …… 任 玥 刘轶芳 任婧怡 彭业驹 / 010
 2.1 绿色消费政策体系进一步完善 …………………………… / 011
 2.2 绿色消费市场不断扩大 …………………………………… / 021
 2.3 绿色消费品种不断丰富 …………………………………… / 031
 2.4 公共机构着力实践消费绿色转型 ………………………… / 036
 2.5 数字技术驱动"碳普惠"创新发展 ……………………… / 038
 2.6 消费者绿色消费意愿不断提升 …………………………… / 042

3 中国绿色消费发展面临的主要问题与挑战
 ………………… 陈 刚 刘 倩 郭圳义 刘 颖 崔梓涵 / 045
 3.1 整合绿色消费的法律体系有待逐一完善 ………………… / 045
 3.2 绿色低碳产品有效供给和需求仍显不足 ………………… / 046

3.3 经济激励政策仍有待明确和落实，评价体系有待建立 ……… / 047

3.4 各重点领域政策措施需进一步完善 ……………………… / 048

3.5 绿色消费的国际话语权仍需加强 ………………………… / 050

3.6 俄乌冲突、疫情防控等风险叠加，严重冲击
绿色消费发展进程 ………………………………………… / 052

4 中国进一步推动绿色消费发展的政策建议
………………………………… 许寅硕　赵宏德　崔梓涵 / 054

4.1 年度重点工作建议 ………………………………………… / 054

4.2 促进绿色消费工作的政策建议 …………………………… / 055

第2篇　中国绿色消费重点领域年度进展评价

5 绿色消费政策体系的发展评价
………………… 任　玥　贾语晨　陈　刚　刘　倩　钱书杰 / 067

5.1 政策评价体系的变量分类与参数识别 …………………… / 067

5.2 政策一致性指数模型的方法说明 ………………………… / 074

5.3 绿色消费各领域政策 PMC 评价结果与分析 …………… / 075

5.4 PMC 评价主要结论 ……………………………………… / 086

6 绿色消费发展的综合评价 ………… 刘轶芳　任静怡　彭业驹 / 093

6.1 绿色消费发展综合评价的依据 …………………………… / 093

6.2 绿色消费发展指数指标体系构建 ………………………… / 093

6.3 绿色消费发展指数评价方法与权重设定 ………………… / 097

6.4 绿色消费发展指数计算 …………………………………… / 098

6.5 绿色消费发展指数评价结果与分析 ……………………… / 101

第3篇　绿色消费的国际经验与启示

7　联合国可持续发展目标 ························ 许寅硕　刘　颖 / 111
7.1　SDG12目标的内容与指标 ··································· / 111
7.2　联合国环境规划署可持续消费和生产十年方案框架 ·········· / 113

8　欧盟可持续消费政策与实践 ···················· 许寅硕　张　威 / 116
8.1　欧盟的可持续消费政策体系 ································· / 116
8.2　SDG12的欧盟做法 ··· / 118

9　典型国家经验 ······················· 宋子越　赵宏德　许寅硕 / 123
9.1　瑞典可持续消费政策与实践 ································· / 123
9.2　德国可持续消费政策与实践 ································· / 130
9.3　日本可持续消费政策与实践 ································· / 141

参考文献 ·· / 149

附录一　中国绿色消费主要政策工具 ······························ / 160
附录二　国际消费者信息工具 ···································· / 164
附录三　绿色消费指数指标体系 ·································· / 170
附录四　八大重点领域发展指数指标体系 ·························· / 205

术语对照表 ·· / 241

图目录

图 2-1　国务院组成部门和直属特设机构绿色消费新增政策数量统计 …… 014
图 2-2　国务院直属机构和直属事业单位绿色消费新增政策数量统计 …… 015
图 2-3　部委管理的国家局、人民团体及央企绿色消费新增政策
　　　　数量统计 ………………………………………………………… 016
图 2-4　绿色消费重点领域政策数量 ……………………………………… 021
图 2-5　绿色消费政策工具思维导图 ……………………………………… 022
图 2-6　2011~2021年绿色食品国内销售额情况 ………………………… 023
图 2-7　2012~2021年绿色食品国内销售额增速 ………………………… 023
图 2-8　2016~2021年我国废旧纺织品利用量 …………………………… 024
图 2-9　2018~2021年全国累计建设绿色建筑面积 ……………………… 025
图 2-10　2018~2021年城镇当年新建绿色建筑面积占比情况 ………… 025
图 2-11　2016~2021年我国新能源汽车销量走势 ……………………… 027
图 2-12　2016~2021年我国新能源汽车市场占有率 …………………… 027
图 2-13　2016年至2021年8月我国新能源乘用车私人消费市场占比 …… 028
图 2-14　2016~2020年我国智能家电市场规模 ………………………… 029
图 2-15　2017~2020年我国智能家电市场规模增速 …………………… 029
图 2-16　2013~2019年中国光伏新增装机容量 ………………………… 030
图 2-17　2014~2019年中国光伏新增装机容量增速 …………………… 030
图 2-18　2015~2021年我国绿色食品当年获证单位数和产品数 ……… 034

001

图 3-1	中国 2022 年 SDGs 落实情况	051
图 5-1	绿色居住消费 PMC 指数曲面图	078
图 5-2	绿色居住消费 PMC 指数蛛网图	078
图 5-3	绿色电力消费 PMC 指数曲面图	079
图 5-4	绿色电力消费 PMC 指数蛛网图	079
图 5-5	绿色衣着消费 PMC 指数曲面图	080
图 5-6	绿色衣着消费 PMC 指数蛛网图	080
图 5-7	绿色用品消费 PMC 指数曲面图	081
图 5-8	绿色用品消费 PMC 指数蛛网图	081
图 5-9	绿色交通消费 PMC 指数曲面图	082
图 5-10	绿色交通消费 PMC 指数蛛网图	082
图 5-11	绿色食品消费 PMC 指数曲面图	083
图 5-12	绿色食品消费 PMC 指数蛛网图	083
图 5-13	绿色文旅消费 PMC 指数曲面图	084
图 5-14	绿色文旅消费 PMC 指数蛛网图	084
图 5-15	公共机构绿色消费 PMC 指数曲面图	085
图 5-16	公共机构绿色消费 PMC 指数蛛网图	085
图 6-1	绿色消费发展指数指标体系	095
图 6-2	2021 年我国绿色消费发展指数评价得分结果	102
图 6-3	2021 年八大重点领域发展指数评价得分结果	104

表目录

表2-1 各部门出台的与绿色消费相关的政策数量统计（2022年1~8月） ………… 012
表2-2 财政部参与出台的绿色消费激励与监管政策 ………… 018
表2-3 中国人民银行和中国银保监会参与出台的绿色消费激励与监管政策 ………… 018
表2-4 国家税务总局参与出台的绿色消费激励与监管政策 ………… 019
表2-5 国家市场监管总局参与出台的绿色消费激励与监管政策 ………… 019
表2-6 绿色消费各领域认证评价标准说明 ………… 031
表2-7 部分地区公共机构消费绿色转型政策详情 ………… 037
表2-8 各领域企业低碳创新项目 ………… 040
表3-1 中国SDG12的完成情况 ………… 051
表5-1 绿色消费领域通用型评价体系 ………… 068
表5-2 绿色消费领域特征型评价体系 ………… 069
表5-3 绿色消费领域政策PMC评价体系变量设置 ………… 070
表5-4 绿色消费领域政策PMC评价体系中政策参与的变量设置 ………… 071
表5-5 绿色消费领域政策PMC评价体系X_9变量的三级细分变量设置 ………… 071
表5-6 二级变量评分标准 ………… 073
表5-7 八大领域PMC指数汇总 ………… 075

表 5-8	领域等级评价标准	076
表 6-1	五大维度分指数评价指标	096
表 6-2	绿色消费发展指数实际计算所使用指标	098
表 6-3	绿色消费发展指数权重	100
表 6-4	重点领域发展指数权重	101
表 7-1	SDG12 负责任的消费和生产目标与指标	112
附表 1-1	中国绿色消费主要政策工具	160
附表 2-1	行业碳排放相关制度与标准	164
附表 2-2	各国建立的信息平台和工具书	165
附表 2-3	行业环境及碳排放相关指标	167
附表 2-4	其他国际环境相关工具	169
附表 3-1	遏制奢侈浪费分指数指标	170
附表 3-2	绿色消费方式分指数指标	176
附表 3-3	低碳循环发展体系分指数指标	190
附表 3-4	绿色低碳产品分指数指标	192
附表 4-1	绿色食品发展指数指标	205
附表 4-2	绿色衣着发展指数指标	210
附表 4-3	绿色居住发展指数指标	214
附表 4-4	绿色交通发展指数指标	221
附表 4-5	绿色用品发展指数指标	227
附表 4-6	绿色文旅发展指数指标	231
附表 4-7	绿色电力发展指数指标	233
附表 4-8	公共机构发展指数指标	238
表	术语对照表	241

第1篇

中国绿色消费的进展、问题与政策建议

1
绿色消费的内涵及发展阶段

陈 刚 许寅硕

1.1 绿色消费概念的演进

绿色消费（Green Consumption）概念可以追溯到20世纪六七十年代，工业化快速发展带来的一系列严峻的环境问题引发了社会公众对生态环境保护的关注，绿色消费作为传统消费模式的变革而备受关注，激起了广泛讨论。绿色消费内涵界定逐渐由绿色产品和服务的购买扩展到消费全流程全链条全体系的绿色化。

1963年，国际消费者联盟（International Organisation of Consumers Unions，IOCU）首次提出绿色消费观念，指出消费者应该履行"环保义务"，承担"环境责任"。1988年，英国学者John Elkington和Julia Hailes在《绿色消费者指南》一书中提出"绿色消费"一词，并将绿色消费定义为避免使用以下商品的消费：①危害消费者或他人健康的商品；②在生产、使用和丢弃过程中造成资源浪费和环境破坏的商品；③因非必要的包装或生命周期过短而造成不必要浪费的商品；④使用濒危动植物或者自然资源制成的商品；⑤对其他国家尤其是发展中国家造成负面影响的商品。

1992年的联合国环境与发展大会是绿色消费发展历程的里程碑事件。大会通过的《21世纪议程》明确指出"全球环境持续恶化的主要原因在于不可持续的消费和生产方式"，"所有国家均应全力促进可持续的消费形态"。1994 年，联合国环境规划署（United Nations Environment Programme, UNEP）发布《可持续消费的政策因素》报告，进一步明确了绿色消费的内涵，认为绿色消费是指消费的产品和服务可以满足人类的基本需求、提高生活质量，同时使自然资源和有毒材料的使用最少，使产品和服务的生命周期中所产生的废物和污染物最少，从而不危及后代的需求。该界定也成为国际上认可度较高的绿色消费定义。2002 年，可持续发展问题世界首脑会议通过《约翰内斯堡可持续发展宣言》和《约翰内斯堡执行计划》，将可持续消费和生产确定为可持续发展的三个首要目标之一和必不可少的条件之一，各国承诺改变不可持续的消费和生产方式。

随着实践发展，对于绿色消费的学术研究也在不断推进。例如，2010 年，英国学者 Ken Peattie 将绿色消费界定为一种环境友好型消费活动，是人类在可持续发展框架内为平衡自我需要满足和环境保护之间关系而实施的理性消费行为，包括树立绿色消费观、挑选有益生态的产品或服务以及在消费过程中减少污染损耗、合理处置产品废弃物等。2015 年，联合国将"可持续消费和生产"列为 17 个可持续发展目标（SDG）之一，并给出了与 1994 年 UNEP《可持续消费的政策因素》报告类似的绿色消费定义，认为可持续的消费和生产旨在"降耗、增量、提质"，即在提高生活质量的同时，通过减少整个生命周期的资源消耗、环境退化和污染，来增加经济活动的净福利收益。可持续消费和生产涉及多利益相关者的系统参与和合作，包括通过教育让消费者接受可持续的消费和生活方式，通过标准和标签为消费者提供充分的信息，以及进行可持续公共采购等。

中国在 20 世纪 90 年代开始倡导绿色消费，相关理念宣传和实践基本与国际进程同步。2001 年，中国消费者协会在全国范围内开展"绿色消费"年主题活动，认为绿色消费包含三层含义：一是倡导消费者在消费时选择未被污染或有助于公众健康的绿色产品；二是在消费过程中注重对垃圾的处置，不造成环境污染；三是引导消费者转变消费观念，崇尚自然、追求健康，在追求生活舒适的同时，注重环保、节约资源和能源，实现可持续消费。

我国相关政策也对绿色消费进行了界定。2016年2月，国家发展改革委、中宣部、科技部、财政部等十部委联合发布《关于促进绿色消费的指导意见》，从制度上将绿色消费明确为以节约资源和保护环境为特征的消费行为，主要表现为崇尚勤俭节约，减少损失浪费，选择高效、环保的产品和服务，降低消费过程中的资源消耗和污染排放。2022年1月，国家发展改革委、工业和信息化部、住房和城乡建设部、商务部等七部委共同发布《促进绿色消费实施方案》（以下简称《实施方案》），指出绿色消费是各类消费主体在消费活动全过程贯彻绿色低碳理念的消费行为。

综上，绿色消费，是各类消费主体在消费活动全过程贯彻绿色低碳理念的消费行为，不仅包括最终消费的绿色化、低碳化，还包括生产过程和政府采购的绿色化、低碳化，以及促进绿色消费的新业态、新模式和新文化。具体而言，绿色消费包含四个维度：一是内容上，绿色消费涵盖衣、食、住、行（及通信）、用（生活用品及服务）、游等各领域；二是数量和结构上，绿色消费体现消费的简约适度和合理；三是理念上，绿色消费倡导消费的绿色低碳循环和可持续，既能提升当代人生活质量，又不危及后代的需求；四是最终目标上，以消费带动生产、流通及处置等全周期全链条全体系绿色转型。

1.2 中国绿色消费发展历程和主要阶段

中国绿色消费发展历程可以划分为三个阶段：1994~2014年的萌芽期，2015~2020年的启动期，2020年之后的全面推进期。

1.2.1 第一阶段 萌芽期（1994~2014年）

20世纪90年代以来，我国城镇化进入快速发展阶段，拉动了消费规模快速增长，推动了消费结构的升级，居民消费由追求数量转向追求质量。为促进和鼓励绿色消费，中国政府开始实行绿色食品和环境标志产品认证。1993年1月，农业部印发《绿色食品标志管理办法》；1994年，中国成立环境标志产品认证委员会，开始实施对绿色产品的环境标志认证，引导消费者选择和识别绿色食品和产品，进行可持续消费。同年，中国政府在国民经济和社会发展中长期计划指导性文件《中国 21 世纪议程》中详细论述了消费模式在可持续发展中所起到的作用，明确提出要引导建立可持续的消费模式。1999 年，商务部、中宣部、科技部、财政部等 12 个部门联合实施以"提倡绿色消费、培育绿色市场、开辟绿色通道"为内容的"三绿工程"，促进绿色产品的生产和消费，引导社会公众形成绿色消费习惯和价值取向。2001 年，中国消费者协会将"绿色消费"作为年度主题，大力倡导绿色消费，并阐述了绿色消费的含义。

此阶段也有诸多与绿色消费相关的政策和实践，绿色产品供给不断增加。例如，食品领域于 2003 年和 2005 年开始分别推行无公害农产品认证和有机产品认证工作并取得一定成效。生活垃圾无害化处理领域，2007 年发布的《节能减排综合性工作方案》要求，"积极推进城乡垃圾无害化处理，实现垃圾减量化、资源化和无害化"，"鼓励垃圾焚烧发电和供热"，"促进垃圾资源化利用"；《全国城市生活垃圾无害化处理设施建设"十一五"规划》明确提出，在经济发达、土地资源紧张、生活垃圾热值符合条件的城市，在有效控制二噁英排放的前提下，可优先发展焚烧处理技术。

根据国家统计局数据，2013 年中国国内生产总值为 56.88 万亿元，比上年增加近 5 万亿元，按可比价格计算比上年增长 7.7%，这一增量相当于 1994 年全年经济总量。2014 年末，我国城镇居民家庭人均可支配收入已经达到 28844 元，农村居民家庭人均纯收入达到 9892 元，均达到了历史最高水平。但快速发展的消费市场也加剧了我国资源短缺、环境恶化等问题，亟须大力推进绿色消费形态。

1.2.2 第二阶段 启动期（2015~2020年）

这一阶段，中国生态文明建设与绿色消费相关政策持续完善，中国绿色消费制度框架的雏形初步显现。2015 年，党中央、国务院印发《关于加快推进生态文明建设的意见》,提出"倡导勤俭节约、绿色低碳、文明健康的生活方式和消费模式"。2016年2月,国家发展改革委、中宣部、科技部、财政部等十部委联合发布《关于促进绿色消费的指导意见》,为推进绿色消费提供了行动指南。这是我国首次颁发绿色消费专项文件,其对绿色消费的界定强调了消费行为中的资源节约和环境保护特征,与同时期国际上的绿色消费内涵基本一致。

2016年3月,第十二届全国人民代表大会第四次会议审议通过了"十三五"规划纲要,将2030年可持续发展议程与中国国家中长期发展规划有机结合。2016年9月,中国发布《中国落实2030年可持续发展议程国别方案》,全面对标联合国可持续发展目标。同年12月,国务院办公厅发布《关于建立统一的绿色产品标准、认证、标识体系的意见》,明确了绿色产品的内涵,即兼顾资源能源消耗少、污染物排放低、低毒少害、易回收处理和再利用、健康安全和质量品质高等特征的产品。明确了建立统一的绿色产品标准、认证、标识体系的重点任务和保障措施。开拓绿色消费市场已成大势所趋。

2017年5月,习近平总书记在主持中央政治局第四十一次集体学习时提出推动形成绿色发展方式和生活方式的六项重点任务,"倡导推广绿色消费"被列入其中,强调指出:生态文明建设同每个人息息相关,每个人都应该做践行者、推动者。要加强生态文明宣传教育,强化公民环境意识,推动形成节约适度、绿色低碳、文明健康的生活方式和消费模式,形成全社会共同参与的良好风尚。2017年10月,党的十九大对推动绿色生产和消费问题作出专门部署,要求推进资源全面节约和循环利用,降低能耗、物耗,实现生产系统和生活系统循环链接。倡导简约适度、绿色低碳的生活方式,反对奢侈浪费和不合理消费,开展创建节约型机关、绿色家庭、绿色学校、绿色社区和绿色出行等行动。绿色消费被赋予了新的时代要求。

在政策指导和推动下,绿色消费市场也稳步推进。截至2020年底,生态环境部发布的现行有效的中国环境标志产品标准共104项,涵盖了汽车、办公设备、家具、电子产品、日化产品、纺织品、建筑材料等300多个大类。5000余家企业获得了中国环境标志认证证书，年产值4万亿元。[①]

1.2.3 第三阶段 全面推进期（2020年至今）

2020年3月，国家发展改革委与司法部印发《关于加快建立绿色生产和消费法规政策体系的意见》，提出到2025年绿色生产和消费相关的法规、标准、政策进一步健全，激励约束到位的制度框架基本建立，绿色生产和消费方式在重点领域、重点行业、重点环节全面推行，我国绿色发展水平实现总体提升的主要目标，并明确了"推行绿色设计""促进能源清洁发展""扩大绿色产品消费"等九大主要任务，中国绿色消费发展进入全面推进期。

尽管受到疫情对经济的冲击影响，国务院发展研究中心宏观经济研究部预计，"十四五"时期我国大概率将进入高收入经济体行列，消费率将由2019年的55.4%上升至60%左右。这也为绿色消费的发展提供了新的机遇。线下传统零售业受到冲击，新兴消费业态得到快速发展。线上电商等新零售行业迅速发展，"无接触"绿色经济和可持续发展被赋予了新的意义。不仅如此，受疫情影响，人们对于人与自然的思考加深，绿色消费的意愿也得到进一步提升。

2022年1月，国家发展改革委、工业和信息化部、住房和城乡建设部、商务部等七部委共同发布《实施方案》，计划到2025年，绿色消费理念深入人心，奢侈浪费得到有效遏制，绿色低碳产品市场占有率大幅提升，重点领域消费绿色转型取得明显成效，绿色消费方式得到普遍推行，绿色低碳循环发展的消费体系初步形成。到2030年，绿色消费方式成为公众自觉选择，绿色低碳产品成为市场主流，重点领域消费绿色低碳发展模式基本形成，绿色消费制度政策体系和体制机制基本健全。《实施方案》在促进消费各领域

---

① 崔晓冬、张小丹、刘清芝：《以绿色消费推动高质量发展》，http://sdg-china.net/FourInfo/info.aspx? itemid=66294&parent。

全周期全链条全体系深度融入绿色理念方面作出详细部署，是促进绿色消费的顶层制度安排。同年6月，生态环境部、国家发展改革委等七部门印发《减污降碳协同增效实施方案》，倡导简约适度、绿色低碳、文明健康的生活方式，从源头上减少污染物和碳排放。同时对"加快形成绿色生活方式"进行了具体部署，包括扩大绿色低碳产品供给和消费、开展绿色社区等建设、推广绿色包装、引导公众优先选择绿色低碳出行方式；发挥公共机构特别是党政机关节能减排引领示范作用；探索建立"碳普惠"等公众参与机制。

随着绿色消费相关各项政策密集出台和落地，中国绿色消费产品供给不断增加，社会整体的绿色消费共识增强，绿色消费规模持续增长。

2
中国绿色消费进展及特征

任 玥　刘轶芳　任婧怡　彭业驹

新冠疫情发生以来,我国经济社会发展受到了重大冲击,特别是居民消费和民生两个领域受到的冲击尤为激烈。中国财富管理50人论坛（China Wealth Management 50 Forum, CWM50）组织的专项研究课题"新冠疫情对恩格尔系数和家庭消费行为的冲击"指出,疫情造成居民对就业形势和收入增长预期悲观,可能导致整体预防性储蓄上升,家庭资产资金流动性不足,尤其是低收入阶层受到的冲击较大,受上述因素影响,2020年家庭预期总消费支出将减少11%。总体来看,消费者信心不足,社会总消费恢复增长的前景并不乐观。整体恩格尔系数上升0.95个百分点,相当于过去近两年的恩格尔系数的下降幅度。

消费是拉动经济增长的主要动力,也是推动高质量发展的重要动能。随着疫情防控形势持续向好,中国经济稳步恢复,GDP增速持续领先于其他主要经济体,消费复苏进一步提升了中国经济活跃度,为世界经济复苏注入重要活力。根据国家统计局数据,2021年我国最终消费支出对经济增长贡献率达到65.4%,消费成为保持经济平稳运行的稳定器和压舱石。后疫情时代,全国居民人均可支配收入增长与经济增长基本同步,截至2021年底,全国居民人均可支配收入25128元,比上年名义增长9.1%,扣除价格因素后,实际增长8.1%。与此同时,积极的防疫政策和促消费政策也使居民的消费需求从疫情的冲击中逐步恢复。2021年,全国居民人均消费支出24000

元，在上半年基础较低的基础上名义增长 13.6%，扣除价格因素，实际增长 12.6%。

新冠疫情对国际政治、经济、安全等产生了重大影响，绿色消费成为绿色复苏关键领域。金融市场和大宗商品市场的巨幅动荡极有可能造成全球性的经济危机，各国面临的发展风险急剧飙升。以俄乌冲突为代表的国际冲突局面也在很大程度上推高了全球大宗商品价格，影响了全球供应链稳定，甚至进一步导致全球通胀，拖累贸易增长。在疫情流行和国际冲突的双重影响下，公众对人与自然关系的反思更加普遍和强烈，国际社会也在不断深化绿色转型的愿景和路径，在低碳转型、绿色出行、可持续食品与生活方式上推出了众多监管和市场化政策措施，通过一系列绿色复苏计划以应对疫情和国际动荡对经济的冲击。

作为供给侧的生产领域的高质量发展离不开作为需求侧的消费领域的转型升级，我国的复苏拉动也已从公共投资过渡到激励和扩大消费上，在国家政策持续引导下，居民和全社会对绿色消费的认可度提升迅速，涉及居民衣、食、住、行、用、游等生活各领域的绿色消费商品和服务日益丰富，绿色消费规模呈现快速增长趋势，公共机构引领绿色消费转型的政策效应初步显现，绿色消费场景已成为居民日常生活必不可少的重要选项。随着居民收入水平稳步提高以及消费观念转变，居民消费从注重量的满足转向追求质的提升，品质消费、智能产品消费、绿色消费等成为热点。相关研究也显示，实施绿色消费对经济增长和就业都有长期的正效应，特别是涉及衣、食、住、行方面的绿色消费会成为这些行业较快增长的新动能。

2.1 绿色消费政策体系进一步完善

党的二十大报告强调"实施全面节约战略"，在生产领域"发展绿色低碳产业"，在消费领域"倡导绿色消费"，再次强调了消费与生产两端发力的战略安排。

2.1.1 各部门积极完善绿色消费政策

自《实施方案》发布以来，至 2022 年 8 月 30 日止，国务院新发布《"十四五"推进农业农村现代化规划》《乡村建设行动实施方案》等 8 项相关政策；包括国家发展改革委、工信部在内的各层级部门相继共出台 67 项政策。其中与绿色消费高度相关的政策，如《关于促进绿色智能家电消费若干措施的通知》等共 21 项；部分内容要点包括绿色消费的政策共计 46 项。各部门出台的与绿色消费相关的政策统计情况详见表 2-1。

表 2-1　各部门出台的与绿色消费相关的政策数量统计（2022 年 1~8 月）

单位：项

部门层级	部门名称	绿色消费政策数量	包括绿色消费内容的相关政策数量	合计
合计		21	46	67
	国务院办公厅	0	8	8
国务院组成部门	国家发展和改革委员会	9	19	28
	工业和信息化部	6	9	15
	农业农村部	5	7	12
	生态环境部	3	8	11
	商务部	6	5	11
	住房和城乡建设部	5	4	9
	交通运输部	6	3	9
	财政部	2	3	5
	自然资源部	0	5	5
	公安部	1	4	5
	文化和旅游部	0	5	5
	教育部	0	4	4
	国家卫生健康委员会	0	4	4
	中国人民银行	1	1	2
	应急管理部	0	2	2
	人力资源和社会保障部	0	1	1
	外交部	0	1	1
	科学技术部	0	1	1

续表

部门层级	部门名称	绿色消费政策数量	包括绿色消费内容的相关政策数量	合计
国务院直属特设机构	国有资产监督管理委员会	1	3	4
国务院直属机构	国家市场监督管理总局	3	7	10
	国家税务总局	1	1	2
	国家广播电视总局	1	0	1
	国家体育总局	0	1	1
	海关总署	0	1	1
	国家机关事务管理局	3	1	4
国务院直属事业单位	中国银保监会	1	2	3
	中国气象局	0	1	1
部委管理的国家局	国家能源局	7	6	13
	国家乡村振兴局	1	3	4
	国家邮政局	2	1	3
	国家铁路局	1	0	1
	国家知识产权局	0	1	1
	中国民航局	1	0	1
	国家林业和草原局	0	1	1
	国家文物局	0	1	1
人民团体	全国工商联	0	1	1
	全国妇联	0	1	1
	中国科协	0	1	1
央企	国家电网	1	0	1
	中国南方电网	1	0	1

注：很多文件为多部门联合发布，因此表中政策合计数量不是各部门政策数量的简单加总。

包括国务院办公厅、18个国务院组成部门在内的国务院组织机构共计41个部门，出台了共计67项绿色消费相关政策。其中，国家发展改革委是发布政策最多的主管部门，共计发布28项，9项政策与绿色消费高度相关，19项政策部分内容要点涉及绿色消费。此外，工信部、国家能源局、农业农村部等6个部门均发布10项及以上绿色消费相关政策。

国务院办公厅出台了 8 项绿色消费相关政策；包括国家发改委在内的 18 个国务院组成部门共参与出台了 52 项有关政策（见图 2-1）。其中 17 项与绿色消费高度相关，35 项部分内容要点包含绿色消费；国务院直属特设机构——国务院国资委参与出台了 4 项绿色消费政策，其中 1 项与绿色消费高度相关。

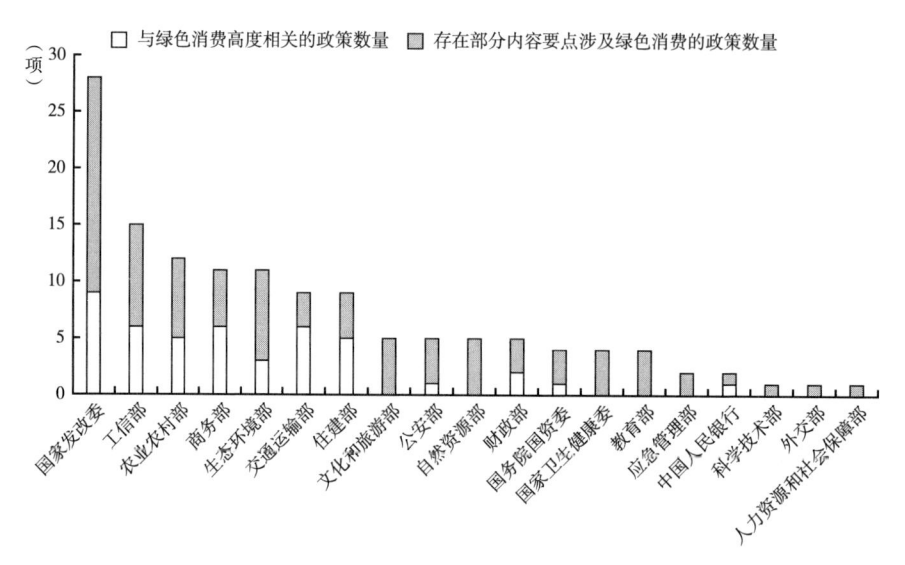

图 2-1　国务院组成部门和直属特设机构绿色消费新增政策数量统计

资料来源：各主管部门网站，课题组整理。

包括国家市场监管总局在内的 6 个国务院直属机构，共参与出台了 12 项绿色消费相关政策，其中，国家机关事务管理局独立出台了 3 项与绿色消费高度相关的政策和 1 项部分内容包含绿色消费的政策。2 个国务院直属事业单位——中国银保监会和中国气象局，参与出台了 4 项与绿色消费相关政策，其中 1 项与绿色消费高度相关（见图 2-2）。

包括国家能源局、国家邮政局在内的 8 个由部门管理的国家局，共参与出台了 19 项绿色消费政策，其中包括 9 项与绿色消费高度相关的政策（见图 2-3）。在 8 个部门管理的国家局中，国家邮政局独立出台了 2 项绿色消费政策；国家能源局独立出台了 1 项绿色消费政策。全国工商

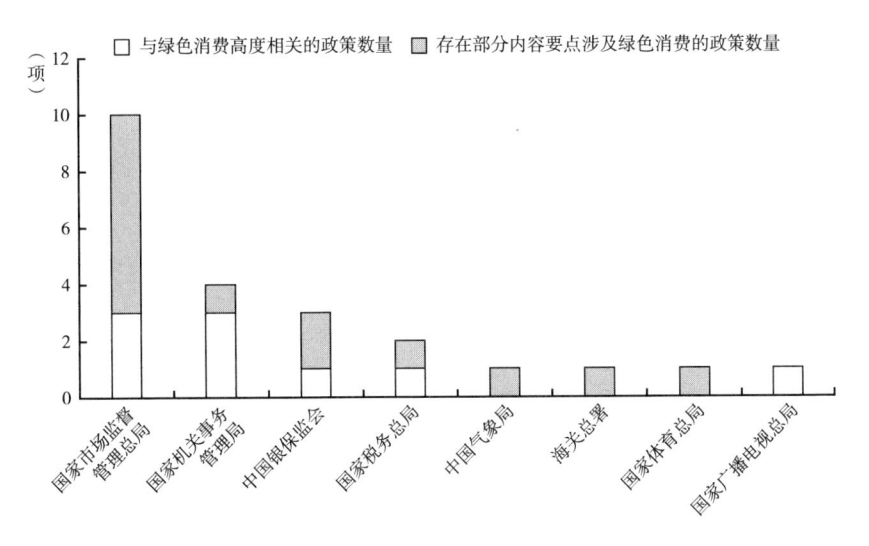

图 2-2　国务院直属机构和直属事业单位绿色消费新增政策数量统计

资料来源：各主管部门网站，课题组整理。

联、全国妇联和中国科协 3 个人民团体共参与出台了 3 项绿色消费相关政策，其中全国工商联独立发布了《关于引导服务民营企业做好碳达峰碳中和工作的意见》。两个大型央企——国家电网和中国南方电网，共同参与出台了《关于印发〈加快推进公路沿线充电基础设施建设行动方案〉的通知》。

2.1.2　各重点领域政策完善度评估表现均为良好

自《实施方案》出台以来，各领域出台政策完善度均在良好水平。其中，绿色居住、绿色电力和绿色衣着消费领域相关政策自《实施方案》出台以来发展相较而言更为完善，PMC（Policy Modeling Consistency）指数均达到 6 以上。大部分政策有明确的目标，并有科学翔实的规划方案、充分的依据和创新的方法帮助其达到目标；同时，针对各项政策，从国家部委到区县政府、管委会均有相应政策的出台或转发，更加有利于政策未来的实施和落实；此外，自《实施方案》出台以来，各领域积极发布相关政策，落实《实施方案》的目标要求，政策覆盖水平较高。

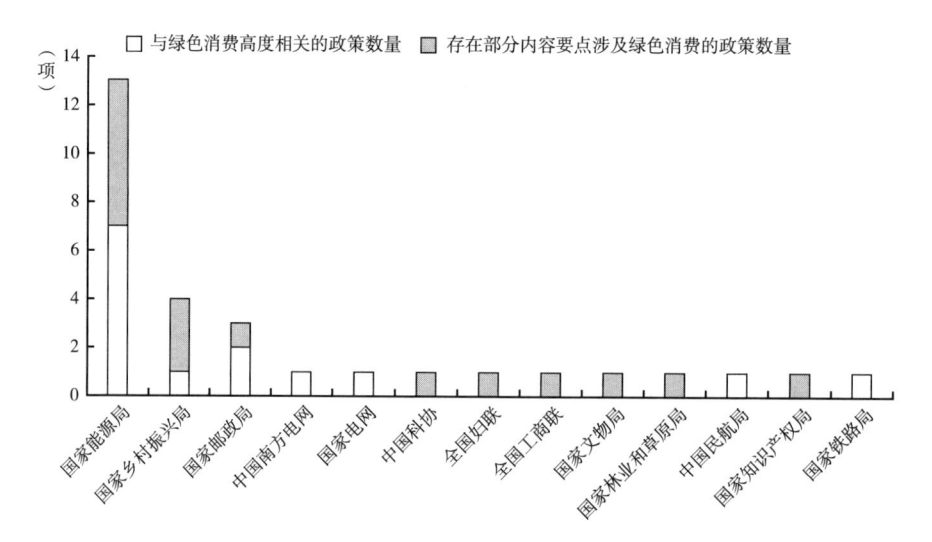

图 2-3 部委管理的国家局、人民团体及央企绿色消费新增政策数量统计

资料来源：各主管部门网站，课题组整理。

绿色居住、绿色电力和绿色衣着消费领域相关政策自《实施方案》出台以来出台更为迅速，政策更为完善。绿色居住、绿色电力消费领域分别出台了 17 项和 13 项绿色消费相关政策，涉及包括国家发展改革委在内的《实施方案》所要求的 7 个和 6 个各自领域的主要部门，覆盖了经济、社会、环境、技术多个维度。绿色衣着领域虽仅出台 3 项有关政策，但每项政策的内容覆盖都较为全面，具有较明显的绿色消费领域针对性和特征性，涉及包括国家发展改革委在内的《实施方案》要求的 7 个主要部门，覆盖了经济、社会、环境、技术多个维度。绿色居住、绿色电力和绿色衣着三个领域的 PMC 指数分别为 6.955、6.762 和 6.540，均高于 6.5，排名八大领域的前三。

绿色居住领域整体发展水平较高。自《实施方案》发布至 2022 年 8 月 31 日，包括国家发展改革委、住建部在内的《实施方案》中明确要求的 7 个主要部门，共出台 17 项绿色消费相关政策，PMC 指数为 6.955，位列 8 个领域首位，且各项评价指标得分都较高且较为均衡。在该领域中，《"十四五"建筑节能与绿色建筑发展规划》《"十四五"现代能源体系规划》《"十四五"可再生能源发展规划》3项政策的前9个一级变量加总值达到7以上，且各个变量评分均较高。尤其是在指标覆盖率中，仅《"十四五"建筑节能与绿色建筑发展规划》1项政策就涵盖了7/9的信息指标要求，内容信息全面。

绿色电力政策系统全面。自《实施方案》发布至2022年8月31日，包括国家发展改革委、国家能源局在内的《实施方案》中明确要求的6个主要部门，共出台13项绿色消费相关政策，PMC指数为6.762，位列全部领域第二。该领域各项指标发展较为均衡。《关于完善能源绿色低碳转型体制机制和政策措施的意见》《"十四五"可再生能源发展规划》《"十四五"现代能源体系规划》《减污降碳协同增效实施方案》4项政策的前9个一级变量加总值均达到7以上，且各个变量评分均较高。

绿色衣着政策针对性较强。绿色衣着领域自2022年1月《实施方案》发布至2022年8月31日，包括国家发展改革委在内的《实施方案》中明确要求的7个主要部门，共出台3项绿色消费相关政策，PMC指数为6.540，位列全部领域第三。但该领域其他关键指标评分均较高，尤其是政策评价X_6、政策对象X_7和政策功能X_9这三个变量显著高于平均值。3项政策中有1项政策《关于加快推进废旧纺织品循环利用的实施意见》的前9个一级变量加总值均达到7.2。

2.1.3 绿色消费激励与监管政策更加全面

财政部参与出台《关于促进绿色智能家电消费若干措施的通知》等5项政策，强调要加大对绿色家电及绿色产品的政府采购力度，建立统一的高耗能行业阶梯电价制度，利用财政资金对通信行业、能源等领域的投融资给予支持（见表2-2）。

表 2-2　财政部参与出台的绿色消费激励与监管政策

部门	政策	具体内容
财政部	《关于促进绿色智能家电消费若干措施的通知》	加大对符合政策的绿色家电政府采购力度,发挥示范引领作用
	《信息通信行业绿色低碳发展行动计划(2022—2025年)》	积极利用现有资金渠道,支持信息通信行业绿色低碳发展。助力打造居民绿色生活方式
	《"十四五"可再生能源发展规划》	加大可再生能源发展基金征收力度,央地联动,根据"以收定支"的原则,研究完善深远海风电、生物质能、地热能等对于碳达峰有重要作用的可再生能源支持政策。实施金融支持绿色低碳发展专项政策,把可再生能源领域融资按规定纳入地方政府贴息等激励计划,建立支持终端分布式可再生能源的资金扶持机制
	《工业能效提升行动计划》	统筹利用现有财政资金、政府投资基金等渠道促进工业能效提升。落实节能节水等税收优惠政策。加大绿色产品政府采购力度。整合差别电价、阶梯电价、惩罚性电价等差别化电价政策,建立统一的高耗能行业阶梯电价制度
	《关于搞活汽车流通 扩大汽车消费若干措施的通知》	深入开展新能源汽车下乡活动,鼓励有条件的地方出台下乡支持政策,引导企业加大活动优惠力度,促进农村地区新能源汽车消费使用

中国人民银行和中国银保监会参与制定了《关于促进绿色智能家电消费若干措施的通知》等两项政策,为绿色家电及汽车的生产消费提供金融服务支持(见表 2-3)。

表 2-3　中国人民银行和中国银保监会参与出台的绿色消费激励与监管政策

部门	政策	具体内容
中国人民银行和中国银保监会	《关于促进绿色智能家电消费若干措施的通知》	引导金融机构提升服务能力,加大对中小微企业的金融支持力度,在依法合规、风险可控、商业可持续的前提下,加强对绿色智能家电生产、服务和消费的支持。倡导生产企业投保产品质量安全相关保险
	《关于搞活汽车流通 扩大汽车消费若干措施的通知》	鼓励金融机构在依法合规、风险可控的前提下,合理确定首付比例、贷款利率、还款期限,加大对汽车消费信贷支持力度。有序发展汽车融资租赁,鼓励汽车生产企业、销售企业与融资租赁企业加强合作,增加金融服务供给

国家税务总局参与出台《关于促进绿色智能家电消费若干措施的通知》等共计两项政策，提出要落实绿色家电行业增值税留抵退税政策、研究免征新能源汽车车辆购置税政策到期后延期问题（见表2-4）。

表2-4　国家税务总局参与出台的绿色消费激励与监管政策

部门	政策	具体内容
国家税务总局	《关于促进绿色智能家电消费若干措施的通知》	全面落实增值税留抵退税政策，切实减轻家电流通企业资金压力
	《关于搞活汽车流通扩大汽车消费若干措施的通知》	研究免征新能源汽车车辆购置税政策到期后延期问题

国家市场监管总局曾参与出台包括《关于在部分地区和部门实施机关食堂反食品浪费工作成效评估和通报制度的通知》在内的10项绿色消费政策。涉及支持绿色家电以旧换新等市场激励政策，促进绿色家电和新能源汽车的产品流通与市场发展，加强对机关单位和学校反食品浪费、轻工产品质量、新能源汽车安全体系、能效提升、品牌建设、乡村民宿的市场监管与约束（见表2-5）。

表2-5　国家市场监管总局参与出台的绿色消费激励与监管政策

部门	政策	具体内容
国家市场监管总局	《关于在部分地区和部门实施机关食堂反食品浪费工作成效评估和通报制度的通知》	强化机关实施主体责任和机关事务管理部门监管职责，明确成效评估内容和方式，要求将反食品浪费纳入公共机构节约能源资源考核和节约型机关创建活动内容，为规范各地区和中央国家机关各部门科学有效建立实施成效评估和通报制度提供指引
	《关于促进绿色智能家电消费若干措施的通知》	完善绿色智能家电标准，推行绿色家电、智能家电、物联网等高端品质认证，为绿色智能家电消费提供指引
	《推进家居产业高质量发展行动方案》	为家居行业智能技术突破和设计能力提升提供标准、计量、认证认可、检验检测、试验验证、评估诊断、产业信息、知识产权、成果转化、人才培训、应用推广等产业技术基础公共服务

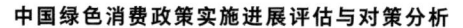

续表

部门	政策	具体内容
国家市场监管总局	《关于推动轻工业高质量发展的指导意见》	优化产业发展环境。加强对重点轻工产品的质量监管,推动实施缺陷产品召回制度,打击和曝光质量违法和制假售假行为。依法加强反垄断、反不正当竞争监管
	《关于统筹做好2022年春季学校新冠肺炎疫情防控和食品安全工作的通知》	各地教育、市场监管、卫生健康部门要加强对学校反食品浪费教育和管理的督促指导,引导学生养成勤俭节约、珍惜粮食的文明用餐习惯。规范食品加工制作行为,减少加工制作过程中的食品浪费
	《工业能效提升行动计划》	完善能源核算、检测、认证、评估、审计、诊断、监测与服务等配套标准。完善标准动态更新机制,不断提高能效准入门槛。鼓励企业在相关国家标准、行业标准的基础上制定更加严格的企业节能标准
	《关于搞活汽车流通 扩大汽车消费若干措施的通知》	支持新能源汽车购买使用。促进跨区域自由流通;支持新能源汽车消费,研究免征新能源汽车车辆购置税政策到期后延期问题;积极支持充电设施建设
	《关于进一步加强新能源汽车企业安全体系建设的指导意见》	指导新能源汽车企业加快构建系统、科学、规范的安全体系,全面增强企业在安全管理机制、产品质量、运行监测、售后服务、事故响应处置、网络安全等方面的安全保障能力,提升新能源汽车安全水平,推动新能源汽车产业高质量发展
	《关于新时代推进品牌建设的指导意见》	深化"放管服"改革,加快构建适宜品牌发展的产业生态和制度环境,健全品牌发展法律法规,完善市场监管
	《关于促进乡村民宿高质量发展的指导意见》	坚持规范管理与促进发展相结合,鼓励县级以上地方政府先行先试、创新突破,结合本地实际出台乡村民宿管理办法,协调市场监管、公安、卫生健康、消防等相关职能部门明确证照办理条件和流程

从八大领域的角度来看,绿色食品政策发布数量最多,绿色用品、绿色居住、绿色交通、绿色电力四个领域的政策发布数量较多,其次分别为公共机构、绿色文旅,绿色衣着领域政策发布数量最少(见图 2-4)。

自《实施方案》出台以来,绿色消费政策工具主要分为四类:强制类政策、监管类政策、激励类政策和信息化政策。强制类政策工具主要为价格机制,包括绿色电力的电价设置方式规定等。监管类政策工具包括制度规范

2 中国绿色消费进展及特征

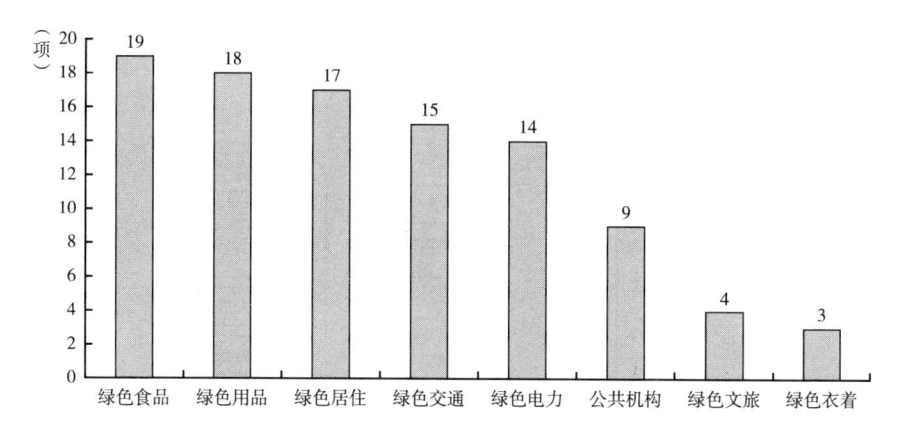

图 2-4 绿色消费重点领域政策数量

资料来源：各主管部门网站，课题组整理。

及标准体系，其中制度规范主要为反食品浪费、能耗"双控"及碳排放控制制度和"一带一路"绿色投资原则制度的建立，而标准体系主要为绿证交易证书、化纤行业绿色制造及新建建筑节能标准的建立。激励类政策工具包括财政、金融、市场化、信用及法律五类工具，并下设多种具体政策工具，如税收优惠、政府采购、债券基金等金融工具，消费促销活动等市场化手段，采信机制等信用机制，覆盖绿色农业、绿色家电建材、新能源汽车、绿色电力等多个绿色消费产业领域。信息化政策工具包括多项示范工程、创新试点管理办法，覆盖农业品牌、公园城市、绿色物流等多个绿色消费产业领域，以及多项具体产业标识认证体系的建设（见图 2-5，各政策工具对应政策及内容提要详见附录一）。

2.2 绿色消费市场不断扩大

绿色消费的转型升级可以引领以环境标志产品为代表的绿色生态产品和服务的供给创新，通过绿色生态产品和服务的供给创造新的绿色消费需求，增加新的就业渠道和平台，推动供给侧结构性改革成为驱动经济增长的内生动能和引擎。

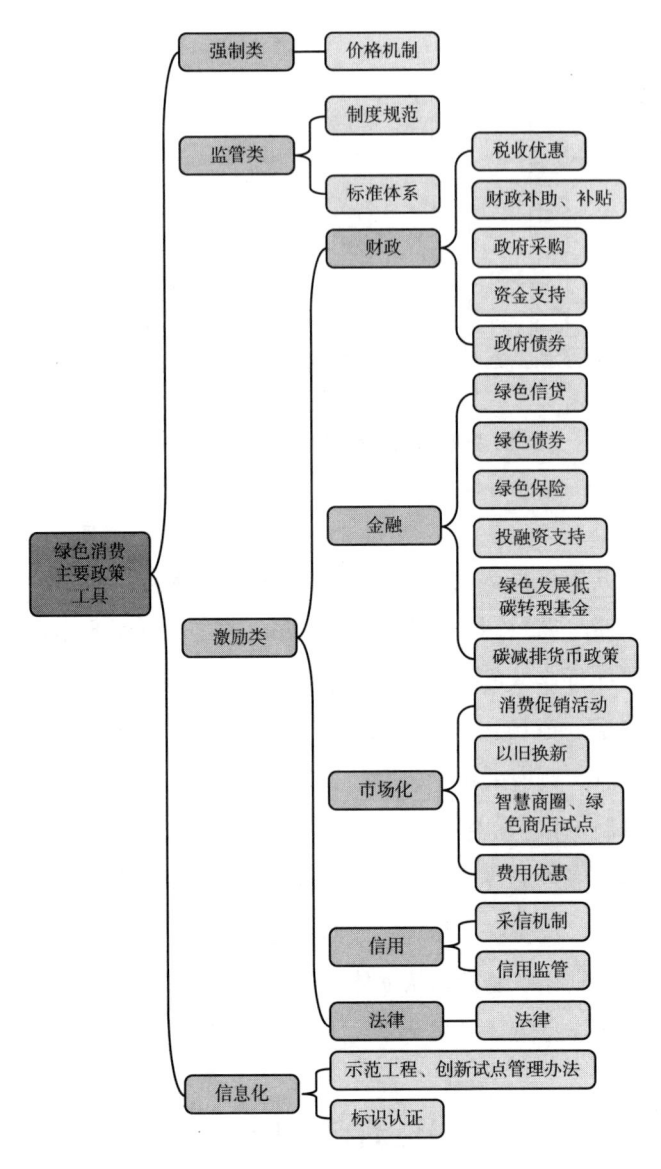

图 2-5 绿色消费政策工具思维导图

绿色食品、有机食品得到大力推广。中国绿色食品发展中心的公开数据显示，2011年绿色食品国内销售总额为3134.5亿元，到2021年增长至5218.63亿元，增长率达66.5%。绿色食品国内年销售额从2017年到2021

年连续五年呈现增长态势，年均增长率为6.65%（见图2-6、图2-7）。2012年我国有机食品新增认证面积1672.36万亩，到2021年增长至8197.29万亩，增长率为390.2%。

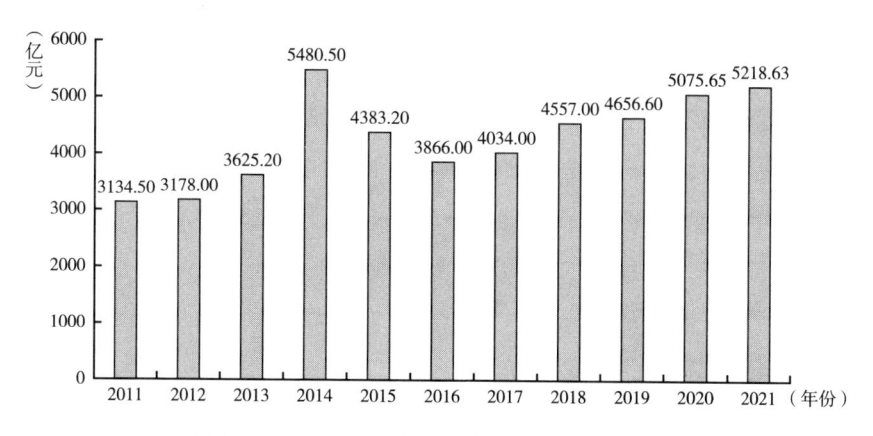

图2-6 2011~2021年绿色食品国内销售额情况

资料来源：中国绿色食品发展中心。

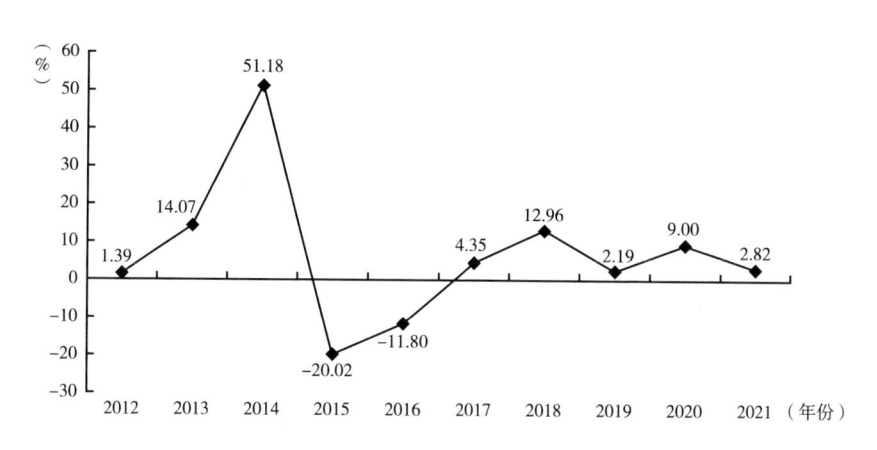

图2-7 2012~2021年绿色食品国内销售额增速

资料来源：中国绿色食品发展中心。

中央厨房发展规模增长显著。随着餐饮业对规模、品牌、品质的要求不断提升，市场对中央厨房的需求也不断加大。智研咨询数据显示，2015年，我国中央厨房市场规模为 50 亿元，到 2020 年我国中央厨房市场规模达到 145 亿元，相比 2015 年增长了 190%。中央厨房在连锁餐饮行业的渗透率也不断提高，2014 年我国中央厨房在连锁餐饮行业的渗透率为 64.4%，2020 年中国中央厨房的渗透率在 80% 以上，提高了 15.6 个百分点以上。

绿色纤维产能持续增长，废旧纺织品再生利用规模不断扩大。生物基化学纤维是绿色纤维的主要品种之一，莱赛尔纤维（Lyocell）由于产品质量及性能优良，是生物基化学纤维的重点发展方向。据中国化学纤维协会统计，2015 年我国莱赛尔纤维产能为 32000 吨，到 2018 年提升至 61000 吨，增长率为 90.6%，以莱赛尔纤维为代表的绿色纤维逐渐向规模化投产发展。华经产业研究院统计数据显示，我国废旧纺织品利用量从 2016 年的 285.2 万吨增长至 2021 年的 456.5 万吨（见图 2-8），其间复合年均增长率为 9.86%。据估算，2018 年我国废旧纺织品资源化再利用比例约为 17%，2020 年约为 20%。废旧纺织品再利用水平整体有所提升。

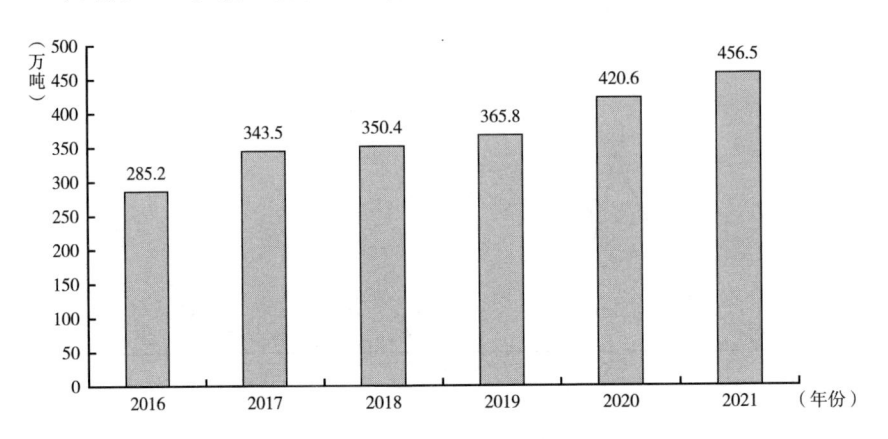

图 2-8 2016~2021 年我国废旧纺织品利用量

资料来源：华经产业研究院。

绿色建筑实现跨越式增长。近年来，在政策的大力支持下，绿色建筑呈井喷式增长。住建部数据显示，2018 年，全国累计建设绿色建筑面积达 32 亿平方米。2019 年底，全国累计建设绿色建筑面积为 50 亿平方米（见图 2-9），占城镇新建建筑比例达到 65%。全国获得绿色建筑标识的项目累计达到 2 万个。2020 年底，全国城镇新建绿色建筑占当年新建建筑面积比例达到 77%，相较 2019 年提升了 12 个百分点。累计建成绿色建筑面积超过 66 亿平方米。2021 年城镇当年新建绿色建筑面积占比达到 84%，同比增长 7 个百分点（见图 2-10）。截至 2022 年上半年，全国新建绿色建筑面积占新建建筑面积的比例已经超过 90%，新建绿色建筑面积已经由 2012 年的 400 万平方米增长至 2021 年的 20 亿平方米。

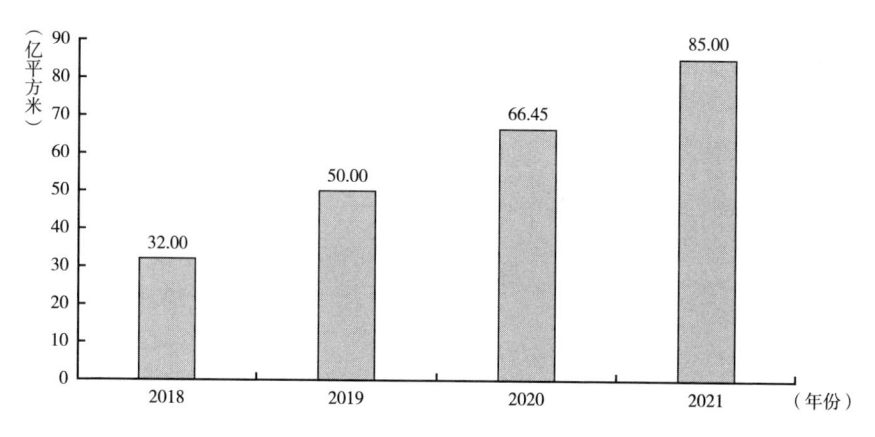

图 2-9　2018~2021 年全国累计建设绿色建筑面积

资料来源：住房和城乡建设部。

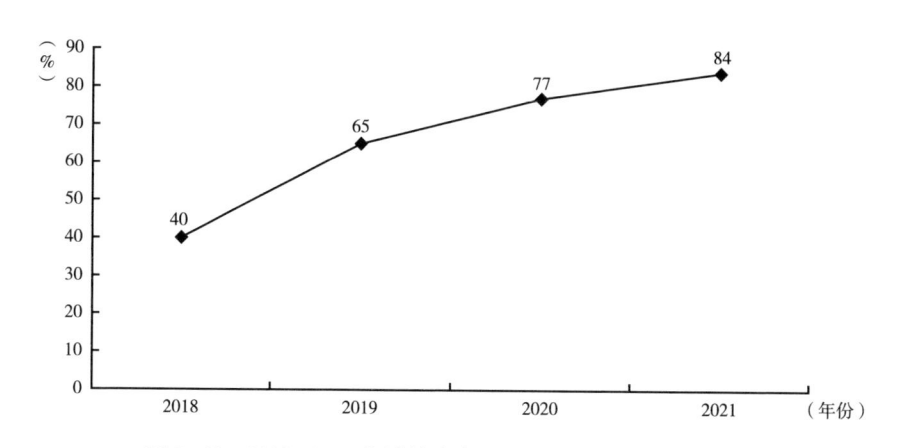

图 2-10　2018~2021 年城镇当年新建绿色建筑面积占比情况

资料来源：住房和城乡建设部。

绿色出行与低碳交通规模持续扩大。截至2020年底，全国公共汽电车运营车辆数达70.44万辆，较"十二五"期末增长11.3%；公共汽电车运营线路达7.06万条，线路长度达148.21万公里，分别增长了44.4%和65.8%，公共汽电车场站面积达到9838.4万平方米，增长40.7%，公交专用车道长度达到16551.6公里，增长93.2%；全国轨道交通运营车辆达4.94万辆，较"十二五"期末增长147.9%；轨道交通运营线路达226条，线路长度达7354.7公里，分别增长115.2%、130.2%；全国城市公共汽电车运营车辆新能源车辆占比达66.2%，较"十二五"期末提高50.8个百分点；全国出租汽车新能源车辆占比达9.5%。

中国新能源汽车发展进入全面市场化拓展期。2022年9月发布的《新能源汽车消费洞察报告》（以下简称"报告"）显示，新能源汽车已成为消费者购车新选择，销量不断增长。2016年我国新能源汽车销量为50.7万辆，到2021年实现迅速增长，销量达到352.1万辆（见图2-11），增长了594.5%。中国汽车工业协会最新数据显示，2022年1~9月，新能源汽车销量完成456.7万辆，相较2016年增长了800.8%。2016年新能源汽车市场占有率为1.8%（见图2-12），到2022年9月新能源汽车市场占有率提升至23.5%。

燃料电池汽车产销量连创历史新高。中国汽车工业协会发布数据显示，2020年燃料电池产销量分别完成0.17万辆和0.15万辆，到2022年10月此项分别增长至0.27万辆和0.24万辆。截至2021年，全球主要国家氢燃料电池汽车保有量为49562辆，中国占18%，保有量约为8922辆，较2020年增长21.4%。

氢能产业链初具雏形，我国加氢站数量位居世界首位。国家能源局统计数据显示，2020年中国加氢站数量为118座，其中，已投入运营101座，待运营17座。而截至2022年6月底，国内已建成加氢站规模迅速扩大，数量已超过270座，为世界第一。2022年国内总建成加氢站突破300座，共310座。

农村地区新能源汽车消费能力逐步释放。2021年，新能源汽车下乡车

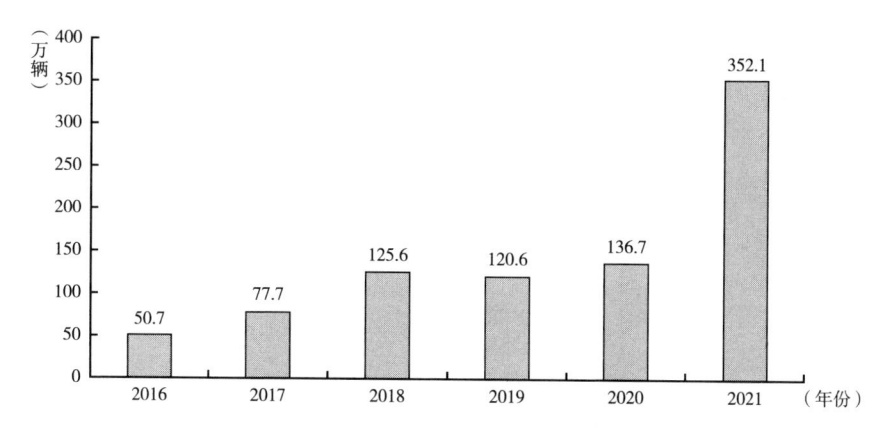

图 2-11　2016~2021 年我国新能源汽车销量走势

资料来源：《新能源汽车消费洞察报告》。

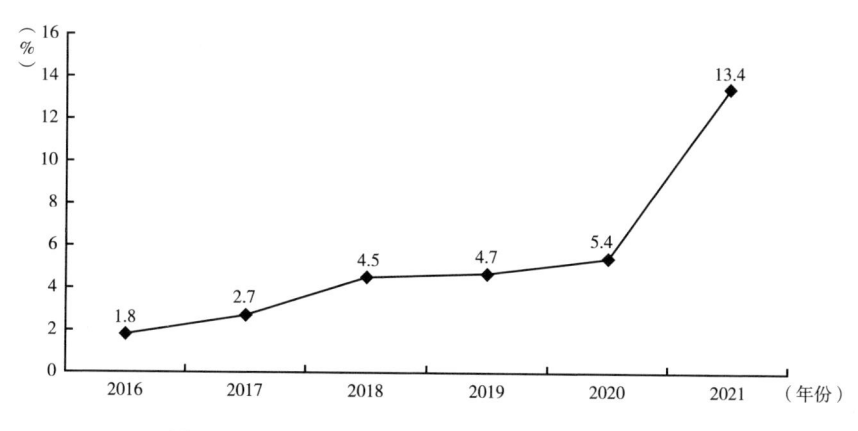

图 2-12　2016~2021 年我国新能源汽车市场占有率

资料来源：《新能源汽车消费洞察报告》。

型累计销售量为 106.8 万辆，农村地区销售额同比增长 169%；2022 年，下乡车型共完成销售 265.98 万辆，同比增长 87%。农村地区新能源汽车销量占比由 2019 年前不足 20%，快速增长到 2020 年、2021 年和 2022 年的 29%、31% 和 35%。《中国汽车产业发展年报 2021》显示，我国新能源汽车的主要消费区域从限购城市向非限购城市转变，呈持续高速增长态势，连续七年位居全球第一，成为全球汽车产业电动化转型的重要驱动力。

新能源汽车发展逐渐摆脱政策依赖性，迈向市场驱动阶段。年报指出，新能源乘用车消费主体逐步从公共领域转向私人消费市场：2021年1~8月新能源乘用车私人市场占比提升至76%（见图2-13），其中非限购与限购市场比例约为2∶1，对私人消费市场持续拓展开放。

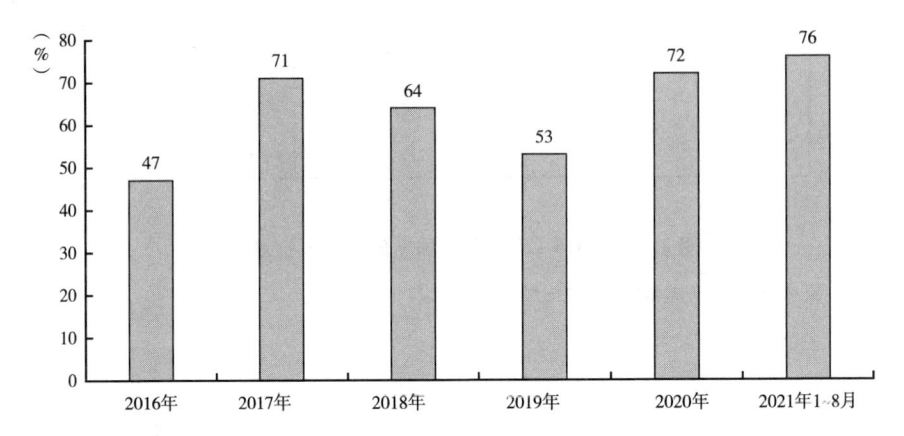

图2-13 2016年至2021年8月我国新能源乘用车私人消费市场占比

资料来源：《双碳背景下中国2025年新能源汽车目标实现路径与政策建议》。

家电智能化稳步推进，智能家电市场规模不断扩大。2020年中国智能家电市场规模增至5155亿元（见图2-14），相比2019年上升21.81%（见图2-15）。其中，智能电视占比最大，达55%，其次为智能空调、智能洗衣机、智能冰箱，分别占比24%、10%、6%。白电产品中，空调是智能化渗透率相对最高的品类，2020年渗透率为64.3%，而智能洗衣机、智能冰箱的渗透率分别仅为17.6%、19.1%。绿色智能家电下乡不断推进，家电以旧换新活动在全国范围内开展，全链条服务保障不断强化。2021年我国家电市场全面复苏，零售规模达到8811亿元，同比增长5.7%。其中，国内以县乡、乡镇为主的下沉市场成交规模达到2775亿元，同比增长8.9%，占整体市场的比重超过31%。环保家电消费市场开始复苏，节能产品销售占比持续提升。中国节能家电市场整体零售额8920亿元，其中节能冰箱累计销售3377万台，销售额947亿元；节能空调累计销售6180万台，销售额2009亿元；节能洗衣机累计销售3844万台，销售额711亿元。节能家电渗透率超过90%，白电渗透率也超过20%。

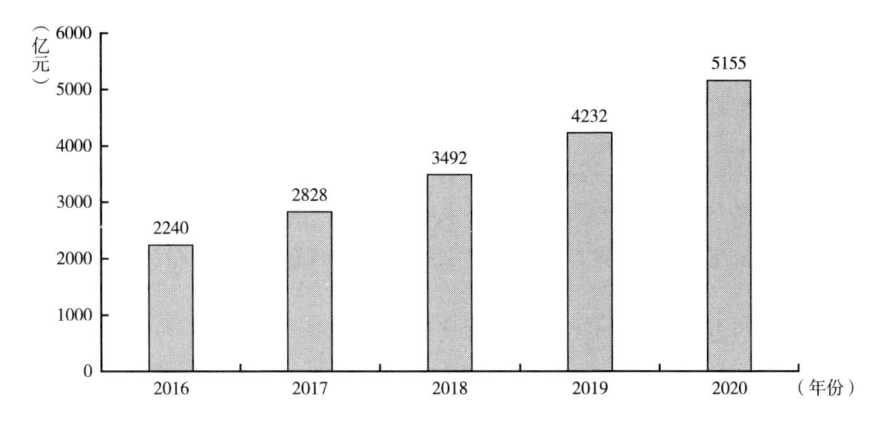

图 2-14　2016~2020 年我国智能家电市场规模

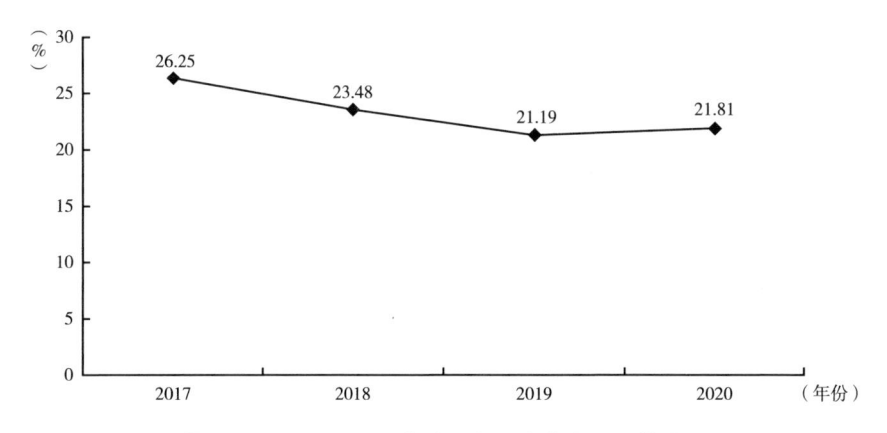

图 2-15　2017~2020 年我国智能家电市场规模增速

资料来源：华经产业研究院。

生态旅游市场需求高企，市场发展潜力巨大。2021 年，我国各类自然保护地、林草专类园、国有林场、国有林区等区域共接待游客 20.83 亿人次，同比增长超过 11.5%。生态旅游游客量已恢复至 2019 年游客量的约 70%，占比超过国内旅游人数的 50%。景区"骑游"风靡全国，骑行需求快速增长。在哈啰出行覆盖的国内 300 多家景区，游客年度绿色骑游平均时长已超 61.56 分钟，比 2017 年增长超 70%，全年景区骑行公里数达 640 万千米。

可再生能源发电快速增长,绿色电力交易规模持续扩大。随着中国能源绿色低碳转型加快推进,绿色电力开发运行增长迅速,其中2022年上半年风电、光伏发电量占比达到14.9%,同比提升2.2个百分点。我国历年光伏新增装机容量及其增速详见图2-16和图2-17。2015~2020年,中国新能源省际交易电量呈上升趋势。2020年国家电网经营区完成新能源省际交易电

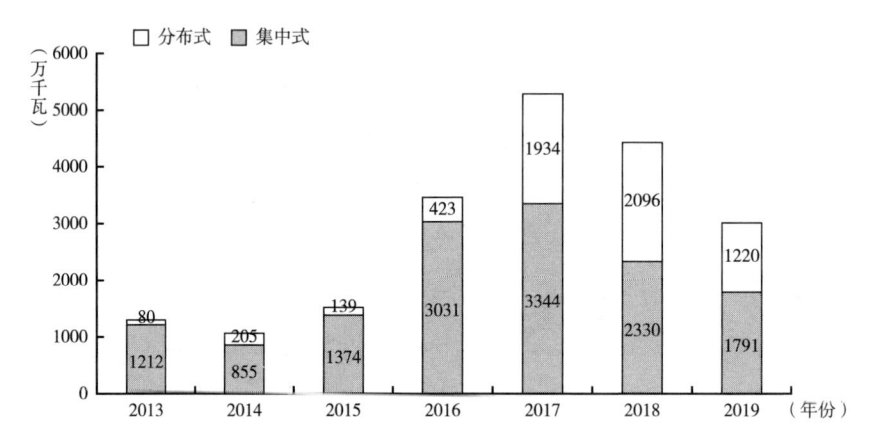

图2-16 2013~2019年中国光伏新增装机容量

资料来源:国家能源局。

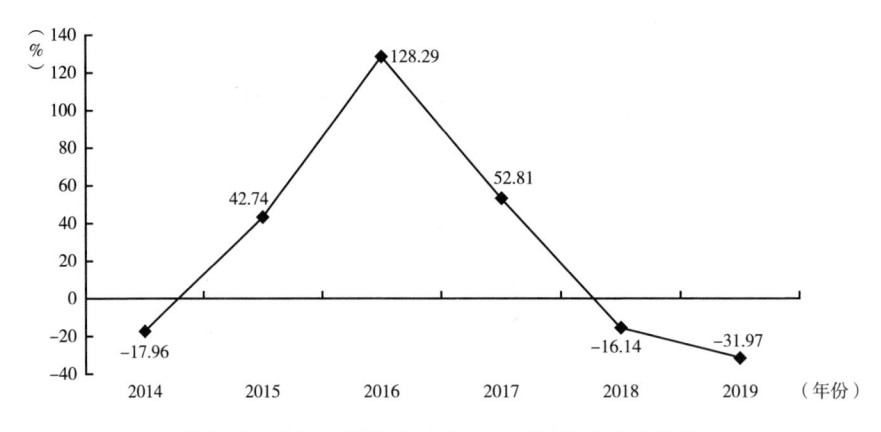

图2-17 2014~2019年中国光伏新增装机容量增速

资料来源:国家能源局。

量915亿千瓦时，同比增长3.7%。其中，"三北"地区省际交易电量864亿千瓦时，同比增长36.6%。"十三五"期间，国家电网经营区累计完成新能源省际交易电量3372亿千瓦时，年均增长率达25.5%。绿证市场不断扩大。绿证认购平台数据显示，自2017年1月绿色电力证书制度正式试行至2022年9月11日，我国绿色电力证书合计成交344万个，其中补贴绿证78948个，无补贴绿证2271895个，绿电绿证1086383个。

2.3 绿色消费品种不断丰富

目前，绿色消费认证标准体系格局已基本完善，覆盖绿色食品、绿色衣着、绿色居住、绿色交通、绿色用品、绿色文旅、绿色电力、公共机构八个重点领域二十大认证类别（见表2-6）。从主管部门层级来看，除了绿色电力和公共机构相关认证评价体系只涉及地方标准，其他领域认证评价标准均为国家政府部门出台发布。

表2-6 绿色消费各领域认证评价标准说明

领域	序号	认证/评价类别	起始年份	主管部门	标准数量（项）	居民消费支出分类	政策工具效益
绿色食品	1	绿色食品标志认证	1991	农业部	128	1大类 3中类 15小类	减少污染物排放
	2	有机产品认证	1995	国家认证认可监督管理委员会	135	4大类 6中类 17小类	减少CO_2排放；减少污染物排放
	3	无公害农产品认证	2003	农业部、国家认证认可监督管理委员会	567	1大类 1中类 12小类	减少污染物排放

续表

领域	序号	认证/评价类别	起始年份	主管部门	标准数量（项）	居民消费支出分类	政策工具效益
绿色衣着	4	绿色纤维认证	2016	中国化学纤维工业协会	1	—	减少污染物排放
绿色衣着	5	绿色纤维制品认证	2019	中国化学纤维工业协会	1	2大类 2中类 6小类	减少污染物排放,减少CO_2排放
绿色居住	6	绿色建筑评价标准	2006	住房和城乡建设部	197	2大类 4中类 11小类	节能,节水,节约物料,减少CO_2排放,减少污染物排放
绿色居住	7	绿色建材产品分级认证	2020	国家市场监管总局、住房和城乡建设部、工业和信息化部	51	2大类 2中类 4小类	节约物料,减少污染物排放
绿色交通	8	绿色交通标准体系	2016	交通运输部	285	1大类 2中类 5小类	节能,节水,节约物料,减少CO_2排放,减少污染物排放
绿色用品	9	环境标志产品认证	1993	生态环境部	107	6大类 14中类 30小类	节约物料,节水,节能,减少污染物排放
绿色用品	10	电子商务物流可循环包装	2022	商务部	6	2大类 3中类 3小类	节能,节约物料,减少污染物排放
绿色用品	11	绿色产品标识认证	2018	国家市场监管总局	17	7大类 11中类 25小类	节水,减少CO_2排放,节能,减少污染物排放,减少有害物质产生
绿色用品	12	绿色设计产品	2015	工业和信息化部	95	6大类 10中类 25小类	节水,减少CO_2排放,节能,减少污染物排放,减少有害物质产生
绿色用品	13	绿色供应链标识	2017	工业和信息化部	99	6大类 11中类 22小类	节水,减少CO_2排放,节能,减少污染物排放,减少有害物质产生

续表

领域	序号	认证/评价类别	起始年份	主管部门	标准数量（项）	居民消费支出分类	政策工具效益
绿色文旅	14	旅游景区质量等级评定与划分	2017	文化和旅游部	69	7大类 13中类 26小类	节约物料,节水,节能,减少污染物排放,减少垃圾产生
	15	国家登山健身步道标准	2010	中国登山协会	22	4大类 5中类 10小类	减少污染物排放,减少垃圾产生
	16	绿色饭店评价	2008	商务部	7	3大类 10中类 29小类	节能,节水,节约物料,减少污染物排放
	17	绿色旅游饭店标准	2006	国家旅游局	1	2大类 2中类 2小类	节能,节水,减少污染物排放
	18	自然保护地区生态旅游认证	2020	国家林业和草原局	26	7大类 10中类 22小类	减少污染物排放,减少垃圾产生,减少CO_2排放
绿色电力	19	绿色电力应用评价方法（DB15/T 2748-2022）	2022	内蒙古自治区市场监督局	1	1大类 1中类 3小类	节能,减少污染物排放
公共机构	20	绿色公共机构评价标准（DB12/T 995-2020）	2020	天津市市场监督管理委员会	1	4大类 7中类 26小类	节能,节水,减少污染物排放

我国初步形成了定位清晰、特色鲜明、协调推进的绿色优质农产品发展格局。中国绿色食品发展中心的公开数据显示，绿色食品获证单位数与获证产品数连续7年呈递增态势。截至2021年底，全国共有绿色食品企业23493家，产品总数达到51071个，产品覆盖的范围包括餐桌上所需的1000多个品类，涵盖农林和加工产品、畜禽产品、水产品等五大类。获得绿色食品认证的产品当中，农林和加工产品占的比例较高，为80%左右，水产品占

1.25%，畜禽产品占 4.18%。从 2015 年到 2021 年，绿色食品当年获证单位数与获证产品数分别增长 194.6% 和 163.0%（见图 2-18）。我国有机产品种类众多，截至 2019 年我国有机产品认证目录涵盖植物类、畜禽类、水产类、乳制品等四大类，共计 135 小类，品种丰富。2020 年，获得认证的有机作物种植面积达到 243.5 万公顷，有机产品国内销售额约 804 亿元，较 2019 年增长 18.6%，位列全球第四。

图 2-18 2015~2021 年我国绿色食品当年获证单位数和产品数

资料来源：中国绿色食品发展中心。

我国绿色纤维认证标准不断完善，为绿色纤维多元化发展提供技术性支撑和依据。中国化学纤维工业协会于 2018 年首次发布了《绿色纤维评价技术要求》，2019 年对其进行修订。新修订的《绿色纤维评价技术要求》对绿色纤维的品质属性指标进行了分类规定，并进一步明确了其中的限量物质及限量值。标准中列出了循环再利用化学纤维的 12 项品种属性指标及要求，原液着色化学纤维 14 项，生物基化学纤维 10 项。自 2016 年中国化学纤维工业协会推出绿色纤维认证至 2021 年，认证企业规模扩展至 34 家，"绿色生活，从纤维开始"的理念逐渐形成，品牌效应逐渐显现。

绿色建材产品认证工作有序推进。截至 2022 年 3 月，《绿色产品评价标准清单及认证目录（第一批）》已发布 1048 张绿色建材标准清单。而《关于加快推进绿色建材产品认证及生产应用的通知》将建筑门窗及配件等51种产品纳入绿色建材产品认证实施范围。截至2021年，已有2134个绿色建材产品获得了认证标识，带动了相关产业的协同发展，也使建筑产业链拉长变宽。2022年六部门联合开展主题为"绿色建材进万家、美好生活共创建"的绿色建材下乡活动。截至2022年9月，绿色建材获证产品清单及企业名录中共有3673种产品，其中有1462种产品申请参与绿色建材下乡活动，有力地推动了乡村节能建筑和绿色家居的发展。

新能源汽车能源补给多元化，快充、慢充和车电分离相结合。新能源汽车能源补给分为充电与换电两种，目前充电新能源汽车为市场主流，充电桩已在全国范围内形成一定规模。中国充电联盟数据显示，2022年，全国充电基础设施数量达到520万台，同比增长近100%。但相比充电，换电可有效解决用户里程焦虑、提升司机收益、排除电池安全隐患、降低用户初次购车成本。随着新能源汽车高速发展，换电模式的新能源汽车也初具规模。2021年10月工信部启动了换电试点工作，为期两年，有效带动了全国换电模式的发展，形成了显著的规模效应。2021年，中国换电新能源汽车销量约16万辆，同比增长162%，保有量约25万辆，同比增长178%，市场渗透率约为3.2%。

绿色设计产品评价标准不断完善，智能家电种类日益丰富。工信部发布的最新一批"绿色设计产品标准清单"中，全年新制定绿色工厂、绿色设计产品标准30项，推动轻工行业绿色工厂总量达到600家，绿色设计产品总量达到1400个，轻工业绿色产品占全国比重达到40%，其中有161项绿色设计产品评价技术规范。节能空调市场竞争激烈，格力、美的、TCL、奥克斯、小米、康佳、云米等品牌，上新10余款商品，覆盖了2599元至万元不同价位段，满足不同人群用户需求。

首批国家公园名单公布，携手森林步道创新绿色旅游模式。2021年10月12日，第一批国家公园正式设立。目前，我国共有太行山、秦岭、大兴安岭等12条国家森林步道，沿线途经20个省（区、市），总里程约2.2万公里；亲近大自然成旅游追求，全新生态旅游方式出圈。以户外运动体验为主、兴趣圈层明显的主题游，在旅游圈逐渐脱颖而出。体育旅游类产品订单同比增长超八成，最受用户喜爱的徒步登山游，2021年订单量相比2019年增长150%；2021年露营搜索量同比增长8倍，以"80后""90后"为主力，各占40%。露营以享受自然慢生活的特点吸引亲子家庭游客，亲子露营的比重高达60%。绿色饭店评定数量大幅增长，绿色酒店建设不断前进。2019年我国绿色饭店评定新增279所，较2013年增加167家，为近十年来最多。2020年绿色饭店评定新增197所。

2.4 公共机构着力实践消费绿色转型

公共机构对社会具有较强的示范引领和辐射带动作用，在以点带面助推全社会低碳节能发展和绿色转型方面责任重大。作为绿色变革的系统性重点领域，近年来，各类公共机构在政策引导下着力实践消费绿色转型，将绿色低碳行动贯穿于业务建设、办公条件、环境保障的各个方面和各个环节，形成了绿色发展的工作方式与消费模式。

国家机关、事业单位、团体组织类机构等公共机构作为推进全社会绿色低碳发展的重要先行力量，在绿色出行、绿色办公、绿色开支等方面深入推进绿色消费，为实现全社会消费绿色转型发挥了示范引领作用。国家机关事务管理局发布的数据显示，2021年全国公共机构人均综合能耗、单位建筑面积能耗、人均用水量与2012年相比分别下降21.7%、18.8%、25.3%；12万余家县级以上党政机关申报建成节约型机关，已验收通过6.4万家，中央和国家机关本级全部建成节约型机关；5114家公共机构建成节约型公共机构示范单位，376家公共机构被评为能效领跑者，168家公共机构被评为水效领跑者。

公共领域用车的新能源化是消费绿色转型的一大突破点，新能源公用车辆对推动能源低碳平稳转型有着重要作用。"十三五"期间，全国公共机构累计推广应用新能源汽车26.1万辆，建设充电设施18.7万套。据不完全统计，2017年全国公共机构累计推广应用新能源汽车9万余辆，建设充电设施5万余套。公共机构积极践行可再生能源替代行动，带头使用新能源汽车，优化能源消费结构，提高可再生能源比重，山东、深圳、上海、重庆、成都等地区也纷纷出台相应政策，促进公共机构车辆实现"油电转换"（见表2-7）。

表2-7 部分地区公共机构消费绿色转型政策详情

地区	时间	目标	政策	主管部门
山东	2022年8月	到2025年，除特殊工作要求外，全省行政事业单位新能源汽车采购占比达到100%，实现公务出行"绿色、低碳、环保、节约"的目标	《关于加快推进全省行政事业单位新能源汽车推广应用的指导意见》	省机关事务局、省财政厅
深圳	2021年3月	在物流配送、环卫、工程建设、党政机关、国有企业等公共领域进一步推广使用新能源汽车，尽快实现网约车、轻型物流车和环卫车全面纯电动化。至2025年，新能源公务用车（含警车）、国企用车达到0.5万辆	《深圳市新能源汽车推广应用工作方案（2021—2025年）》	市交通运输局、市城管和综合执法局、市机关事务局、市国资委、市公安局、市公安交警局、市财政局
上海	2021年2月	到2025年，公交汽车、巡游出租车、党政机关公务车辆、中心城区载货汽车、邮政用车全面使用新能源汽车，国有企事业单位公务车辆、环卫车辆新能源汽车占比超过80%	《上海市加快新能源汽车产业发展实施计划（2021—2025年）》	市交通委、市公安局、市财政局、市国资委、市机管局、市绿化市容局、市商务委、市邮政管理局
重庆	2021年6月	充分发挥公务用车在电动汽车推广应用中的示范引领效应，除特殊用途车辆外，全市各级党政机关、事业单位新增和更新的机要通信用车、业务用车和相对固定线路的执法执勤用车（含综合执法车），城管执法、市政工程、市政环卫、环境监测等领域用车电动汽车占比不低于30%。全市基层治安巡防车、全市乡镇（街道）基层公务分时租赁用车全部使用电动汽车	《打造全国一流新能源和智能网联汽车应用场景三年行动计划（2021—2023年）》	—

续表

地区	时间	目标	政策	主管部门
成都	2022年5月	大力推广新能源汽车,实施机动车电动化替代计划,持续提升公交、出租等车辆中纯电动汽车比例。到2025年,全市新能源汽车保有量达到60万辆,力争达到80万辆	《成都市"十四五"能源发展规划》	—

在绿色办公行动政策引导下,各类公共机构在规范集约使用办公用房和土地、推动无纸化办公及使用循环再生办公用品、利用自然采光提高照明光源使用率、合理控制室内温度、建立资产调剂平台提高资产使用效率等方面取得了较大进展。根据国家机关事务管理局和国家发展改革委发布的数据,2020年,全国公共机构约158.6万家,能源消费总量达1.64亿吨标准煤,用水总量106.97亿立方米;单位建筑面积能耗每平方米18.48千克标准煤,人均综合能耗329.56千克标准煤,人均用水量21.53立方米,与2015年相比分别下降了10.07%、11.11%和15.07%。

各类公共机构逐步加大绿色采购力度,将能源资源节约管理目标和服务要求嵌入物业、餐饮、能源托管等服务采购需求。同时进一步加强公务接待、会议、培训等公务活动管理,确保各类公务活动规范开支,完善浪费行为监管机制,加大督查考核力度。根据中国政府采购网中国政府购买服务信息平台所公示的信息,2018~2020年全国优先采购环保产品分别为1647.4亿元、718.7亿元和813.5亿元,占同类产品采购规模的比例分别为90.2%、88.0%和85.5%。2019年财政部发行的第二十四期公共机构节能产品采购清单中包含18个品目,涉及42项采购标准与采购品。

2.5 数字技术驱动"碳普惠"创新发展

2020年2月,国家发展改革委、中宣部等23个部门联合印发《关于促进消费扩容提质加快形成强大国内市场的实施意见》,提出了"加快构建

'智能+' 消费生态体系"的思路。

2021年，自然资源保护协会发布《政府与企业促进个人低碳消费的案例研究》，梳理了当前由地方政府主导发起的和由企业自发开展的个人低碳消费项目。当前，在政府主推模式和企业主推模式下，个人低碳消费项目利用数字技术驱动"碳普惠"创新发展，推动绿色消费的普及。

国内多地城市政府为推动个人低碳消费进行了碳积分方面的尝试和低碳宣传活动，引导居民践行低碳生活。政府为相关负责单位提供启动资金，用多种形式吸引各年龄层的居民参与，宣传普及低碳消费行为，带动低碳项目、低碳社区共同发展，并形成良性循环。由于非营利性的特点，政府主推模式具有更高可信度，使项目涉及更多的个人生活场景，通过对个人多种消费行为进行碳核算，实现个人生活场景的全面覆盖。代表性政府碳积分项目如下。

（1）碳惠天府——成都项目

2020年初，成都市出台了《关于构建"碳惠天府"机制的实施意见》，提出"公众碳减排积分奖励"和"项目碳减排量开发运营"的双路径碳普惠建设思路。

针对成都市民参与的低碳行为场景和项目的开发，成都市开发了碳惠天府微信小程序，帮助成都市民绿色出行、绿色消费，市民获得的减排量可以用于捐赠等活动，以此激励市民选择低碳生活方式。

同时，碳惠天府项目也针对低碳生活场景出现的消费领域制定评价规范，引导相关单位实施低碳管理，为用户提供更多的低碳产品和服务。针对参与项目的企业，成都市制定了相应的碳减排项目方法学，对于企业减排项目进行全面的核算定量，将其减排量投入碳市场中进行交易，以鼓励更多的企业参与未来的项目发展。

（2）绿色出行碳普惠——北京项目

2020年9月，北京市交通委、北京市生态环境局联合高德地图、百度地图在北京交通绿色出行一体化服务（Maas）平台推出绿色出行碳普惠激励机制，利用市民广泛使用的App推广低碳出行。用户通过高德地图、百度地图进行公交、地铁、自行车、步行路径规划和导航，在出行结束后可获得对应的碳能量,在平台兑换公交卡、代金券,或捐赠环保公益活动。

此外,绿色出行碳普惠也与碳市场对接。当用户累积的减排量达到一定规模时,高德地图和百度地图将这些减排量放在北京碳市场进行交易,交易所得金额全部返还用户,为个人用户参与碳市场交易提供了新思路。

企业积极进行推动低碳消费的探索实践,在衣、食、住、行、用等多个消费领域开展个人低碳消费项目,利用数字技术推动绿色消费创新发展。企业通过创新并运用自身数据能力,结合行业特性,根据自身发展需求,提供具有低碳属性、拥有低碳消费激励机制的产品和服务,将消费者的减排贡献可视化,调动消费者参与低碳消费的积极性。企业主推模式在实现环保目的的同时,仍以企业盈利为目标,所以有较为成熟的商业运行模式,能够维持项目的可持续发展(见表2-8)。

表2-8 各领域企业低碳创新项目

领域	企业	平台/项目	概要	效益/效果
衣	迪卡侬 中纺联环资委	旧衣零抛弃品牌专项行动计划	通过门店回收、工业分拣、原材料再利用来对旧衣物进行再利用,减轻环境压力	减少旧衣填埋焚烧量,缓解原材料短缺压力,延长纺织品原材料生命周期
	飞蚂蚁	飞蚂蚁	创立了全国免费上门收衣服务平台,对旧衣、旧书、废旧家电进行回收并妥善处理,将其进行二次利用、制造再生材料或再造为产品	提高资源利用率,减少碳排放量
食	美团外卖	美团青山计划	通过研究评估、源头减量、外卖包装材料升级、外卖餐盒分类回收和循环再造等方式推动外卖行业环保化,推广低碳环保的外卖方式	推动了商家使用环保包装、激励消费者减少一次性餐具使用、加强外卖废弃物再利用,加强了商家和消费者的环保意识,减少了外卖行业的碳排放
	北京新素代科技有限公司	光盘打卡微信小程序	通过人工智能技术,对用户餐后"光盘"拍照打卡进行识别,奖励积分	鼓励消费者合理消费食物,减少餐厨垃圾处理和食物浪费对应的碳排放

续表

领域	企业	平台/项目	概要	效益/效果
住	奥北环保	奥北环保	通过现代垃圾房管理体系以及微信与App平台，鼓励个人参与垃圾分类，确保每一类垃圾都进入相关回收渠道	将个人、社区、物流体系和回收再生系统联系起来，降低垃圾回收的整体成本，使可回收垃圾得到有效回收，进入循环体系
行	滴滴出行	滴滴平台及拼车、顺风车、共享单车等业务	通过推广绿色交通选择、智慧交通业务，引导和宣传等方式，帮助消费者降低出行的碳排放量	滴滴出行利用城市交通大数据分析处理技术，提供拼车等业务，积极推出绿色出行活动，丰富了消费者低碳出行选择，引导其出行方式的改变
行	京东物流	京东青流计划	京东物流与其他商家企业启动的绿色供应链计划，从绿色制造、绿色物流、绿色包装和回收再生四个方面，为消费者提供低碳产品和服务	通过计划，力争实现全流程绿色可持续，降低物流运输中的能源消耗，提高物流效率，减少碳排放
行	北京绿普惠网络科技有限公司	绿普惠平台	平台与银行、保险、车企等合作，将个人与私家车停驶产生的低碳行为定量化，并给予相应激励	利用绿普惠App和微信小程序，对车主的减排量进行记录，采用合理的奖励机制推广绿色出行
用	蚂蚁金服	蚂蚁森林	支付宝客户可以积累低碳消费获得的减排量，并将减排量捐赠参与公益事业	对用户在多场景中的低碳行为进行核算，进行相应的激励，鼓励用户更多地选择低碳消费方式
用	碳阻迹	低碳有你	通过相应的微信小程序，用户可以扫描获得身边产品的碳足迹和碳减排信息，还设计了低碳知识答题等活动	帮助用户了解不同产品的碳足迹信息，使用户了解更多低碳知识，通过碳积分及相应奖励鼓励消费者采取更多低碳行为

2.6 消费者绿色消费意愿不断提升

2021年12月,商道纵横与界面新闻发布《2021中国可持续消费报告》,旨在全面了解公众的可持续发展认知、态度与行为。报告显示,高达91.42%的受访者认为,"低碳"与每一个人息息相关,并认可低碳消费对自然环境、经济发展、社会发展的积极作用。70.98%的受访者认为,低碳消费对"双碳"目标达成有较大的促进作用。消费者普遍对低碳消费助力"双碳"目标抱有信心,相信可以通过培育绿色低碳消费习惯和行为改变,为全社会低碳发展贡献力量。

疫情使更多人表现出减少粮食浪费的意愿,付诸减少粮食浪费的行为。由于疫情影响,消费者试图通过有效食物消费和购买保质期更长的食品来避免频繁购物。居家做饭和用餐人数的增加,在促使总体食物购买量增加的同时可能也会导致食物浪费增加,但增加有效的食物消费活动,能够减少家庭粮食浪费,如采购前拟定膳食计划、冷冻或保存食物及食用剩菜等。

随着消费者对于绿色纺织服装消费意识提升,以及潜在的消费行为转化,纺织服装行业的循环和可持续发展迎来更大的市场驱动力。2019年,中国纺织工业联合会社会责任办公室就消费者对于可持续纺织服装消费的意识和实践进行了随机调研,调研结果显示,超过67%的消费者会关注可持续产品,约26%的消费者表示不止关注且会特意购买可持续产品;约30%的消费者具备可持续消费的意识,但对可持续产品是什么以及如何购买还认知不足。仅不到2%的消费者对可持续产品不感兴趣。愿意降低购买新衣物的频率、选择正规回收渠道处理废旧衣服、购买可持续属性的衣物、通过修改和改造继续使用不喜欢不适合的衣物的消费者均超过40%;也有一部分消费者选择租赁衣物和购买二手衣物等。

2021年底,关于购买可持续时尚产品的动机的调研中,约90%的受访者购买可持续时尚产品的理由是对可持续理念的认同及表达可持续生活方式,约40%的受访者则是为了获得社会及他人认可。关于可持续时尚产品的价格问题，近五成的受访者表示愿意为可持续时尚产品支付溢价。对于购买可持续时尚产品，约44%的受访者能够接受10%的溢价，约24%的受访者可以接受25%的溢价。

新能源汽车发展逐渐摆脱政策依赖，走向消费者市场驱动阶段。随着知识的普及，中国消费者对新能源汽车的认可度在逐步提高。麦肯锡最新的市场调查显示，愿意考虑购买新能源汽车的消费者占比从2017年的20%快速上升到2021年的63%，在高收入群体（家庭月收入大于4.8万元）中，接近九成的消费者都表示愿意购买新能源汽车。麦肯锡的调研分析指出，中国消费者对新能源汽车认可的原因中，认为新能源汽车较传统汽车更具科技感是一个重要因素。这也是中国消费者认知中的一个特别之处。磐之石环境与能源研究中心指出，与欧盟消费者相比，中国消费者更倾向于认为电动汽车是一种超越燃油车的高新科技产品。根据北京交通发展研究院的调查，充电条件、通行便利性成为当前阶段消费者购置新能源汽车的首要影响因素，占比分别为22%与18%。

低碳出行已经成为年轻人的主流选择，提升出行便利性和缩短通勤时间是用户选择绿色出行的关键因素。2022年6月，生态环境部宣传教育中心、中华环保联合会、中国互联网发展基金会数字碳中和专项基金、绿普惠碳中和促进中心、碳中和国际研究院联合发布了《数字化工具助力公众绿色出行研究报告》。报告显示，全国50.6%的受访者在日常出行中会选择包括地铁和公交在内的绿色出行方式；67%的受访者表示愿意响应城市绿色出行创建行动和应对气候变化的"双碳行动"，转换高碳出行方式，选择更加绿色低碳的公共交通出行方式；47.6%的受访者表示愿意出于低碳环保的考虑，选择绿色出行。世界资源研究所发布的《共享单车如何影响城市》报告显示，消费者的共享单车消费意愿不断提升。2020年中国两轮共享出行用户规模将达到2.87亿人，同比上升10.8%；从用户消费习惯来看，被调查者中使用共享单车频率多数在1周5次以下。1周不使用共享单车的占比27%；使用1~2次的占比27%；使用3~5次的占比23%。

乡村旅游消费群体多样化，绿色消费意愿高涨。家庭出行是当下乡村旅游度假的主流形式，超过70%的消费者会以家庭为单位出行；与朋友或同事共赴乡村旅游也是乡村旅游的主要出行方式，占比28%。绿色环保、舒适淳朴的乡村风貌是消费者最注重的因素，提及率为66%；乡村内绿色有机的美食是第二诱因，提及率为46%。森林旅游发展态势良好，从业人员规模逐渐扩大。2015年全国森林旅游直接收入1000亿元，同比增长21.21%，创造社会综合产值7800亿元，约占2015年国内旅游消费（34800亿元）的22.41%，同比增长20.00%。全年接待游客约10.5亿人次，约占国内旅游人数（40亿人次）的26.25%，同比增长15.38%。森林旅游管理和服务的人员数量达24.5万人，其中导游和解说员近3.8万人。

3 中国绿色消费发展面临的主要问题与挑战

陈刚 刘倩 郭圳义 刘颖 崔梓涵

绿色消费尚处于起步阶段，对绿色转型的倒逼引领作用不强。随着经济社会发展，中等收入群体扩大，居民消费规模、结构、方式等都发生了巨大变化，消费规模持续扩张，过度型、浪费型等不合理消费方式仍然普遍，快递包装物、电子废弃物等规模快速增长，资源环境压力持续加大，抵消了生产领域绿色转型、效率提升作用。节约用水用电、节约粮食、减少使用一次性塑料制品、绿色出行、生活垃圾减量分类等绿色生活和消费行为仍有较大提升空间，对生产领域绿色化的倒逼机制不足。绿色产品供需市场不匹配，绿色产品标准、认证、标识体系还不健全，高品质产品难卖出高价、难以引领绿色转型。

3.1 整合绿色消费的法律体系有待逐一完善

我国促进绿色消费的模式是以政策引导、自上而下推动的，尚未出台过专门的绿色消费法律。目前我国现行法律体系中，《政府采购法》《消费者权益保护法》对政府及普通消费者购买绿色产品进行了引导和规范；《固体废物污染环境防治法》《循环经济促进法》等对绿色消费的消费过程及消费后的资源回收利用进行了规范。但从立法目的来看，我国与绿色消费相关的法律更侧重于对环境的整体管控，侧重于促进循环经济与清洁生产，缺乏专门引导和规范绿色消费的法律或行政法规。目前，绿色消费领域的一些专门政策也仅限于政府部门发布的管理办法、通知、指导意见等规范性文件，存在门类不全、效力较低、可操作性弱等问题。

目前，我国现行法律体系中绿色消费相关立法与"双碳"目标连接略显薄弱，并未将"双碳"目标融入绿色消费引导的法律体系建设中。虽然部分消费重点领域对于低碳事项有所涉及，在客观上有助于控制碳排放，但原则性规定和指导性规定较多，相关政策要求向法律的转化不足，在实施过程中存在目的与手段不协调的问题。虽然近期出台的绿色消费相关政策已经要求推进重点领域低碳转型，提出了减碳目标和碳排放标准，但由于缺乏具体明确的"双碳"法律约束，这些项目和规划的碳排放要求目前尚无明确的法律支持，我国未针对"双碳"目标的推进作出特别的法律制度安排。

3.2 绿色低碳产品有效供给和需求仍显不足

绿色低碳产品有效供给不足。各个领域的环境标志产品规模较小，由于可持续消费资源环境有限，仍无法在必需消费品市场上成为主流消费形式。部分重点消费领域的转变仍然缓慢，有效需求与供需结构不匹配等挑战突出。

社会公众绿色消费动力不足。绿色消费理念仍未广泛普及，全民在衣、食、住、行等方面绿色消费意愿不足，市场潜力仍未得到完全开发。以汽车消费领域为例，消费者对新能源汽车的购买动力仍然不足，一些车企也存在政策依赖较强、产品创新不足等问题，市场处于由政策驱动向市场驱动转型的发展阶段。

企业绿色产品研发生产动力不足，产品核心竞争力不足。企业绿色生态产品研发成本较高，绿色发展内生动力不足，缺乏产品创新能力，绿色产品投入研发未达到预期，出现炒作"绿色"概念等不良现象。

低碳产品和服务体系仍待发展。针对低碳产品生产和服务提供的行业标准和监管体系有待完善。国家层面推进低碳产品主要还是集中于工业产品，消费端产品的制造和生产还远远落后。低碳产品技术服务体系尚不完善，低碳技术创新的投入力度不够，缺乏对需求侧低碳绿色技术研究开发的中长期规划，没有形成完整有效的研究开发与推广普及相结合的体系。

3.3 经济激励政策仍有待明确和落实，评价体系有待建立

在顶层设计方面，中国国家层面的相关文件与法规体现了对绿色消费实行经济激励的理念和原则要求，但目前具体政策还仅限于政府部门颁发的管理办法、通知、指导意见等规范性文件，门类不全，政策层次及效力较低，尚未形成由法律法规、政策、标准、技术规范以及监督和责任追究制度等构成的完整的经济激励政策体系。

我国出台的绿色消费经济激励政策集中在资源能源节约补贴方面，在具体措施表现上多数局限于对节能产品的补贴，例如对空调、冰箱、平板电视、洗衣机等高效节能产品实行财政补贴，各类金融机构大多面向行业中较成熟的主体提供金融服务，商业性银行也主要向传统节能产业提供信贷支持。无论是强制性政策，还是监管性政策和市场信息化工具，在具体经济激励政策方面还存在一定的改进空间。这也导致无论是对于信贷市场还是证券市场，都普遍存在金融产品在资金量、周期上的供需错配问题，限制了绿色产业的融资需求与有限的市场金融供给实现准确对接。如何进行经济激励并没有形成系统完整的基本法、专门法，也缺乏权威和实操性强的实施细则，导致推行经济激励政策的目标及相关概念、范畴、主体等不明确，政府、企业和个人在认定、推进绿色消费方面的责任和义务无章可循。

相关标准和评价制度仍待建立，重要指标缺乏相关数据。缺乏系统的评价体系是制约我国绿色消费发展的原因之一。绿色消费统计标准需统一，统计监测评价类别繁多。绿色消费的数据收集、统计监测和分析预测等相关工作仍存在绿色产品概念不清晰、统计标准不统一等问题。未来如何建立综合与分类相结合的统一评价指标体系，在不同地区、不同领域绿色消费水平和发展变化不一的情况下实现科学认证仍是需要研究的问题。

3.4 各重点领域政策措施需进一步完善

各地各部门虽采取有效措施深入贯彻执行《反食品浪费法》，但粮食浪费问题仍需进一步遏制。随着我国经济快速发展和城市化不断推进，居民收入水平稳步提高，食物浪费问题日益凸显，在餐饮领域的食物浪费问题尤为突出。粮食浪费多数发生于在外就餐。中国科学院地理科学与资源研究所和世界自然基金会在2018年联合发布的《中国城市餐饮食物浪费报告》显示，2015年餐饮业人均食物浪费量为93克/餐，浪费率达11.7%。据前瞻产业研究院统计，2018年，全国餐厨垃圾产生量达到1.08亿吨，日均近30万吨。2019年全国餐厨垃圾产生量突破1.21亿吨，日均33万吨。

衣着领域，绿色纺织再生产品应用缺乏相应的标准和认证体系，导致公众认可度较低。再生产品的安全性和合格性难以确定，生产行业和消费者无据可查。衣着领域缺乏二手服装的认证体系和再生纤维的认证体系，再生纤维的物理性能不如原生纤维，再生纤维用多少量、达到什么技术指标能满足相应的国家标准或行业标准的体系仍不完善。绿色设计有待进一步推广和加强，目前我国服装以混纺为主，许多特种纤维、特种服装不是单一成分原料，多成分原料使后续的回收利用难度加大，导致废旧纺织品难以得到广泛的回收利用。

建筑绿色化改造缺乏整体规划布局，民营企业参与的激励机制缺乏，财税政策支持力度有待加大。近年来，中国多地开展了不同程度的老旧小区改造工程，显现出一系列问题和不足。改造设计上偏重于单项改造，缺乏统一规划布局；倾向于简单的修补工程，提质增效难；缺乏后续的科学长效管理。同时，绿色化改造资金缺口较大，老旧小区改造多由政府承担，财政补贴和税收优惠等政策支持力度较小，社会资本参与渠道不健全、参与动力不足。

促进汽车绿色消费相关的财税政策未能覆盖全环节，相关基础设施建设有待加强。我国在促进汽车绿色消费方面先后出台了购置补贴、税收优惠等政策，并在车船税、成品油消费税等税种中体现了节能减排的政策导向，但现行税制中存在购置环节税负较高、使用环节税负较低的问题，不利于引导节约使用。新能源汽车交通政策覆盖面也不够广泛，仅在部分城市实施。新能源汽车补贴政策仍偏重购置环节，使用环节支持力度不够。且随着我国新能源汽车市场规模不断扩大，充换电基础设施作为重要支撑，仍存在基础设施建设滞后、互联互通水平亟须提升、服务模式有待创新完善等问题。

绿色物流缺乏系统性规划建设，有效约束激励机制尚未建立。我国在运输、存储、包装和回收等各个环节均发布过相关政策，支持绿色物流发展，但仍面临不少问题。首先是绿色物流立法滞后，缺乏系统性专项规划，相关主体的职责、权利与义务责任不明。现有政策更偏向于绿色包装及废弃包装回收利用，促进物流全环节绿色转型的政策支持力度较小。对于绿色物流政策的实施效果也缺乏动态的跟踪评价，未建立相应的绿色物流评估指南。

低碳生活类平台推广力度不足，平台建设缺乏政策支持。近年来，企业和政府在低碳生活类平台建设方面有所探索，如企业主导的蚂蚁森林数字平台和政府搭建的碳普惠平台，在引导居民践行低碳生活方式方面取得了一定成效，但数字化平台在推广和应用过程中面临诸多困难与挑战。目前构建低碳生活引导机制的政策基础较为薄弱，政府的引领作用有待进一步加强。各个平台对减排量的核算标准不统一，导致核算结果差异较大，容易使用户对减排数据的严肃性、科学性、有效性产生怀疑。

文旅产业与其他相关产业难以实现低碳化的产业协同。文旅产业发展伴随碳排放总量增加，旅游经济效益提升诉求难以避免企业低碳旅游成本上升等问题，游客低碳旅游消费观念和传统旅游消费观念之间也存在矛盾。此外，文旅产业还存在低碳旅游政策滞后于低碳旅游实践，低碳旅游建设滞后于低碳旅游活动，旅游碳排放统计困难，旅游碳排放补偿体系难以建立，中小型旅游企业低碳旅游意愿不高，游客低碳旅游意识尚未普遍形成等问题。

新能源绿色价值没有充分体现，配套政策相对滞后。绿色电力配额制尚未真正落地落实，绿证自愿认购的激励机制不足。在新能源占比高的地区，新能源参与电力市场后价格普遍走低，加之辅助服务分摊、系统偏差考核等因素，在市场中面临价格震荡、曲线波动、偏差考核、政策影响等多重风险。

还未形成完善的绿色低碳产品标准、认证和标识体系。统一的绿色产品标准、认证和标识体系亟待建立，法律法规和标准规范体系尚不完善，缺乏持续有效的激励手段。我国目前形成了环保、节能、低碳、有机、无公害等产品分别认证的复杂体系，导致绿色产品认证标识工作面临标识众多、认证重叠、管理分散、认证水平参差不齐等问题。同时，认证标识的法律法规和标准规范还不能满足对有关技术和产品进行科学评价的需要。企业对认证标识采信度不足，消费者辨识困难。碳标签体系建设起步较晚，虽然电器电子等行业领域率先开启碳标签认证试点计划，但实施效果并不理想，公众基于碳标签的认知程度偏低，企业碳标产品的销量也受影响。

绿色采购缺乏法律保障，绿色采购发展程度受到绿色产品认证制度的制约。我国的政府绿色采购目前还处于初级阶段，绿色采购清单缺乏强制执行力。由于绿色产品认证方法不规范，绿色产品认证机构标准不一致，政府绿色采购存在技术障碍。相关的政府采购人员素质与环保意识有待提高，阻碍了政府绿色采购的发展。

3.5 绿色消费的国际话语权仍需加强

2022年7月，联合国可持续发展解决方案联盟（Sustainable Development Solutions Network，SDSN）与德国贝塔斯曼基金会等联合发布了《2022年可持续发展报告》，评估了163个成员国2030年议程和可持续发展目标的落实情况，并进行了全球排名和地区比较。中国以综合指标得分72.4分排名第56位，在消除贫困、优质教育、清洁饮水与卫生设施、工业、创新和基础设施、负责任的消费和生产、体面工作和经济增长、可持续城市与社区、气候行动等方面成效显著；在消除饥饿、良好健康与福祉、性别平等、廉价和清洁能源、和平、公正与强大机构等方面均有改善和提升，展现出我国在履行国际承诺和为共同实现可持续发展目标所做出的不懈努力（见图3-1）。

3 中国绿色消费发展面临的主要问题与挑战

图 3-1 中国 2022 年 SDGs 落实情况

针对 SDG12——负责任的消费与生产，报告主要采用了 7 项评价指标，综合结果显示：我国整体落实情况成效显著，6 项指标排名提升；2 项指标趋势好转，电子垃圾人均产生量 1 项指标排名有所下降（见表 3-1）。其他 5 项因数据不足无法评估。

表 3-1 中国 SDG12 的完成情况

序号	SDG12	数值	年份	排名	趋势
1	城市固体垃圾[kg/(人·天)]	0.8	2019	提升	·
2	电子垃圾(kg/人)	7.2	2019	下降	·
3	生产端 SO_2 排放(kg/人)	18.0	2018	提升	·
4	进口所含 SO_2 排放(kg/人)	0.5	2018	提升	·
5	生产端 NO_x 排放(kg/人)	11.1	2015	提升	↑
6	进口所含 NO_x 排放量(kg/人)	1.2	2015	提升	↑
7	废塑料出口量(kg/capita)	0.0	2020	提升	

对比中国国际发展知识中心 2021 年 9 月发布的《中国落实 2030 年可持续发展议程进展报告（2021）》，可以看出，双方评价指标与话语体系并不一致，我国在该领域的诸多重要进展无法开展横向国际比较或量化。绿色消费领域"做得多、说得少"，大量工作无法在国际场合予以定量评价，在国际话语体系的权重仍然较小。

粮食领域同样也存在这一问题。联合国粮食及农业组织（Food and Agriculture Organization of the United Nations，FAO）发布的《2022 年粮食及

农业相关可持续发展目标指标进展跟踪》，在论述减少粮食损耗方面取得的进展时，对我国的评价是止步不前，这与国内取得的成效存在一定的时滞。

3.6 俄乌冲突、疫情防控等风险叠加，严重冲击绿色消费发展进程

俄乌冲突，叠加全球新冠疫情、气候变化、自然灾害和贸易摩擦等多重风险影响，能源、粮食供给压力和不确定性剧增，严重冲击了全球经济，波及绿色消费进程。国际货币基金组织（IMF）在《世界经济展望》中预测，2023年全球经济将面临增长乏力，增速将从2021年的6.0%放缓至2022年的3.2%，再到2023年的2.7%，俄乌冲突是造成这一不利局面的首要原因。

联合国环境规划署（UNEP）在《2022年排放差距报告》中指出，全球温室气体减排力度仍不够，距离巴黎协定设定目标还很远，如果不采取额外行动，当前政策将导致21世纪全球升温2.8℃。全球正经历日益复杂的能源、气候变化和生存危机，俄乌冲突无疑加剧了三大危机。

俄乌冲突对和平与发展的国际秩序造成严重冲击。从宏观来看，冲突对我国的贸易，特别是通过进出口、利用国际大循环来解决国内资源环境约束造成影响。长江产业经济研究院的研究表明，俄乌冲突对中国初级产品供应安全的冲击主要体现在粮食、传统能源、金属资源以及稀有气体等几个方面。2021年，我国从俄罗斯进口的商品，进口额占比靠前的为木材（39%）、钾肥（33%）、煤（26%）、铅矿（24%）、精炼镍（18%）、石油（16%）、铂（12%）、铝（12%）、铜（11%）、天然气（6%）；我国从乌克兰进口商品的进口额占比靠前的分别是葵花油（68%）、植物油脂（42%）、玉米（29%）和大麦（26%）。特种资源和稀有气体供应方面，俄罗斯的铂矿和钯出口受阻，将进一步影响全球新能源汽车芯片供应，对新能源汽车产销各国带来冲击；乌克兰的氖气供应占全球50%的市场份额，俄乌冲突爆发以来，氖气价格从1700元/m³上涨至15000元/m³，上涨近8倍，氖气资源供应短缺也将影响全球芯片制造供应国的生产。但中国对俄罗斯的贸易依

存度在2%左右，对乌克兰的贸易依存度一直低于1%；就贸易总量来说，俄乌冲突对中国的整体影响较为有限。

从微观来看，俄乌冲突、疫情防控均对恢复消费者信心、创造消费环境带来负面影响。消费者普遍存在避险情绪，消费不确定性增加，个人加大对黄金、外汇、债券等中长期避险资产的投资，个人消费更加重视对衣、食、住、行等基本需求的储备性消费，与疫情防控形势叠加，消费更加重视"有没有"的问题，而对消费是否绿色、低碳则无暇顾及。炫耀性消费、报复性消费通过社交媒体放大，消费分层现象更为明显。与这些基础消费相关，生活方式和消费环境的变化直接带来的则是快递、外卖行业的垃圾量激增，消毒、防疫等防护性措施的资源、环境影响加剧。据深圳大学团队估算，2019年外卖行业共产生约90万吨垃圾，其中塑料类约54万吨。清华大学研究团队则估算得出，外卖行业在2020年共产生了160万吨塑料垃圾，塑料使用量仍在加大，塑料污染危害正在加剧。而疫情防控带来的消毒剂等防护类产品的过度消费，将对土壤、水体和个人健康造成持久的新的危害。既要实现消费复苏，又要管控好消费的资源环境影响，绿色消费面临的挑战更为严峻。

4
中国进一步推动绿色消费发展的政策建议

许寅硕　赵宏德　崔梓涵

促进绿色消费是消费领域的一场深刻变革。全力推行生活方式和消费模式绿色化，倒逼生产方式绿色变革，是加快绿色转型、推动高质量发展的重要抓手。《实施方案》颁布以来，按照全面促进重点领域消费绿色转型、强化绿色消费科技和服务支撑、建立健全绿色消费制度保障体系、完善绿色消费激励约束政策四大方面22项重点任务和政策措施，明确了我国促进绿色消费的发展路径和阶段性目标，通过八大重点领域引领绿色消费促进工作。一年来的政策一致性评价和绿色消费发展指数均呈现积极态势，表明未来三年仍应将执行《实施方案》作为工作的重中之重，通过定量与定性相结合的评价手段，抓好重点领域的工作推进，通过研究项目来全面展示成绩、分享案例、重视挑战、明确路径。

为此，短期内应做好2023年的重点工作，加大政策研究支持力度，启动优秀案例征集评选工作，并通过论坛等形式宣传推广。中长期则应深耕《实施方案》的22项重点任务和措施，结合当前的目标和挑战，持之以恒加强落实。

4.1　年度重点工作建议

4.1.1　持续开展推进《实施方案》的政策研究

建立绿色消费的部际联席会议机制，加强对八大重点领域牵头部门的业务统筹和定期调度，系统收集、整理各牵头部门在绿色消费政策制定、技术支持、服务保障、激励约束方面的最新举措和务实成效，加强政策目标与《实施方案》年度目标的衔接，查摆在推进过程中遇到的困难与挑战，及时总结经验，确保《实施方案》的绿色引领作用。

4.1.2 适时启动绿色消费优秀案例征集工作

由绿色消费研究机构发起，联合行业协会、科研院所等机构，以2020~2022年为区间，面向社会公开征集绿色消费优秀案例，案例需能够在促进绿色消费方面具有参考示范价值，具备一定可复制性和代表性，并适合向社会公开推广。通过组织领域专家推荐评比，营造全民广泛参与绿色消费的氛围，为进一步倡导绿色消费行为、锚定绿色消费创新提供实践支持。

4.1.3 举办绿色消费论坛，发布《绿色消费年度发展报告》

召开全国性的绿色消费论坛，邀请政府机构、科研院所、行业企业等各方代表，围绕《实施方案》的推进落实，设置专题论坛，交流经验，分享成果。通过论坛，向各方介绍政策建议的研究成果和年度发展报告的指标评价结果，发布《绿色消费年度发展报告》，进一步扩大绿色消费的影响力。同时将研究工作与宣传更好地结合，为稳步实现《实施方案》提出的2025年及2030年的目标打下坚实基础。

4.2 促进绿色消费工作的政策建议

4.2.1 将绿色消费议题纳入立法和法律修订进程

在《实施方案》的基础上制定国家中长期战略，把推进"双碳"目标与国家整体的绿色消费和绿色生活方式相关战略结合起来，将低碳消费路径和政策融入国家绿色消费战略甚至高质量发展战略当中。在法律体系建设方面，以"双碳"目标为基础，推进绿色消费相关立法，完善绿色消费与低碳消费在国家顶层战略布局与法律体系建设方面的衔接。根据绿色消费重点领域的立法目的及其与"双碳"目标的关联程度,将"双碳"推进政策的指导性要求和目标融入绿色消费的立法框架中,把绿色消费相关政策的重要行动转化为具体的法律内容,进一步推进"双碳"目标融入绿色消费法典。

加快修订相关法规制度,将建立完善绿色生产与消费法律议题纳入国家立法进程。优先考虑完善《政府采购法》,加大政府绿色公共采购力度,扩大范围,建议尽快出台政府绿色采购法,为推行政府绿色采购提供法律依据,推动强制性绿色公共采购。修订《招标投标法》,健全绿色采购的招标方式,建立公开、公平的招标机制。比如,招标信息中应当公开对绿色产品的要求、采购时间等。修订现行的《清洁生产促进法》和《循环经济促进法》,可以通过整合形成绿色生产与消费法,也可以通过合理界定两个法律所规范的边界,强化企业的绿色生产和消费义务,增强法律的约束性,作为推进绿色生产与消费的主干法律。

4.2.2 高度关注绿色消费重点领域具体政策推进和完善情况

第一,在绿色食品领域,需进一步完善对食品浪费行为的监管体系,明确食品浪费标准。严格按照相关法律要求确定工作目标,完善相关配套制度,强化监督管理;针对立法定责中模糊的区域,制定对应的规范性文件;制定具体反食品浪费措施。通过政策引导,并借助行业组织的力量,引导消费者合理饮食,支持相关企业和单位开展绿色节约试点,营造"厉行节约、反对浪费"的社会氛围。进一步优化外卖平台相应的营销机制。在点餐的页面上以醒目的方式提示消费者按需适量点餐,并明确标注餐品的规格、风味、建议消费人数等信息,建立消费者点餐的积分奖励机制,引导消费者理性消费。建立统一的食品浪费标准,同时统一处罚标准,树立行业威信。鼓励消费者监督和举报食物浪费现象与存在餐饮消费安全隐患的问题,形成全社会的节约风尚和反对食品浪费的自觉意识。

第二,在绿色衣着领域,大力推进绿色衣着领域废旧纺织品再利用,引入市场化机制推动废旧纺织品循环利用产业发展，推进旧衣"二手市场"的开放和建立，建设再生产品认证体系。强化衣着产品全生命周期绿色管理，开展绿色产品评价，发布绿色产品目录，促进绿色生产与绿色消费良性互动。开发推广绿色制造技术，推广无水/少水印染加工技术和装备，加快熔体直纺、印染短流程等节能技术推广应用。

第三，建立完善老旧小区改造更新治理机制，完善绿色化改造标准体系和监管制度，加强居住绿色化的政策评价。明确老旧小区改造更新过程中各参与者的角色和职能，搭建共商共建共治共享机制，创新多元主体合作的城市更新项目开发模式；建立能反映多方诉求的协同组织与推进机制。创新财政税收支持政策，运用贴息等工具，发挥财政资金的引导撬动作用，激励金融机构加大金融支持力度。完善绿色化改造标准体系，放宽绿化、日照等指标限制，编制绿色化改造清单，支持节能化改造一步到位达到新建建筑标准。优化管理和监管流程，简化审批、投诉、监管程序。在新建建筑方面，重点关注如何推进装配舒适度的问题，在精度等方面与舒适度匹配；在既有建筑改造方面，将既有建筑改造的标准从设计端下沉落到产品体系上，同时积极发挥建筑师智慧，结合潜在客户群调研反馈，在户型设计方面进行绿色居住改造。

第四，研究制定汽车行业绿色生产与消费政策体系。汽车生产环节，尽快制定汽车空调制冷剂替代相关政策和标准，进一步鼓励开发和使用非氢氟碳化物（HFCs）类替代品和替代技术，明确汽车空调制冷剂替代时间表以及技术路线，运用财税政策加快推动空调制冷剂的替换进程；汽车购置环节，推动税制改革，在保障汽车税收总体平衡的前提条件下，以现行汽车税制为基础，更好地平衡购置环节税负和使用环节税负，引导节能减排；汽车使用环节，加强税制同能效指标的直接挂钩，使排量指标更直接地反映汽车产品的能效情况。提升绿色汽车产品的使用便利性，降低使用成本；报废回收环节，推动完善动力蓄电池回收政策和标准，完善再制造产业相关政策以及同保险产业的融合发展，推动再制造产业发展。

第五，制定国家绿色物流业发展专项行动计划，建立绿色物流评价制度。明确绿色仓储、绿色包装、绿色运输与配送、逆向物流回收体系中的责任主体，确定中长期考核指标和目标，明确政府、行业和消费者各方责任，助力电商物流绿色发展。进行绿色包装评价，开展物流包装绿色采购。推进包装标准化，建立统一的物流包装逆向回收体系，打破企业间壁垒，促进物流包装的循环再利用。

第六，促进绿电市场化发展，激发全社会绿色电力消费潜力。促进"配额制"落地实施，明确相关主体考核责任，增强制度执行力。地方政府应制定科学合理的新能源发展规划和电网建设规划，推动新能源大规模开发利用，配合"绿证"和电力市场交易等一系列政策的实施，进一步扩大新能源产业发电空间。建立健全电力需求侧管理专项资金，完善峰谷电价制度等配套政策，为用户开展电力需求侧管理提供良好环境。在现有电力市场交易模式的基础上，以保证电网安全稳定运行为前提，坚持新能源优先发电原则，为新能源调度和交易创造良好外部条件。打破新能源消纳的区域壁垒，电力交易机构及电网调度机构创造条件提高新能源消纳比例。构建绿色电力消费联盟，将电力供给方、电网、电力需求方、研究机构等多个利益相关方纳入其中，传递企业需求，共同推动绿色电力消费成为新的能源消费趋势，助力企业、社会、国家可持续发展目标的实现。对认购绿色电力的单位和个人实施更多的激励措施，增强用户主动购买绿色电力的意愿。

第七，将低碳旅游、绿色消费纳入文旅政策和文旅规划体系。加强低碳文旅发展的地方政策支持。建立文旅行业与相关行业联动降碳机制。建立文旅碳排放统计体系。探索低碳文旅补偿机制。制定绿色低碳文旅国家标准或行业标准。推动文旅目的地、企业实现全要素绿色低碳转型；开展低碳环境教育和科普研学。

第八，加强政策的目标导向，推动公共机构绿色低碳改造。制定完善政府绿色采购相关法律，建立绿色采购规范，提高政府采购人员绿色采购意识。将各级政府部门、事业单位、国有企业等主体纳入绿色采购范畴，并扩大绿色采购产品和服务范围，探索实行强制绿色采购制度，逐步扩大政府采购绿色低碳产品范围。建立完善绿色采购标准体系，及时准确地发布绿色采购清单,让政府等公共机构和国有企业率先在绿色采购与碳中和等方面发挥更多的示范引领作用。对任何公共支出用途设立能效评估标准,设立政府采购的节能标准门槛;针对政府机构电耗、油耗、气耗等能耗科目,制定和实施政府机构能耗使用定额预算标准和用能支出标准;在政府机构建筑中全面普及绿色照明、绿色电器、能耗智能管理;继续深入推进政府电子化办公,建设电子化政府,减少办公能耗。

4.2.3 完善绿色产品和服务认证体系

发挥绿色标识认证引领作用,实现生产链条与消费市场的有效链接。在推进工业绿色升级和工业碳达峰工作中,重点研发和完善工业生产以及制造体系相关重点行业的绿色标识标准和认证体系,如钢铁、化工、有色、建材、纺织品、造纸、皮革等,全面推动行业实现绿色低碳转型。

加快碳标签体系建设。目前全球有1000多家知名企业,如IBM、宜家、沃尔玛等要求其供应商提供产品碳标签,欧盟碳边境调节机制(CBAM)也于2023年5月生效,这些都对中国出口企业构成了新的挑战。我国应提高中国碳标签认证的能力,完善碳足迹核算与认证标准,增强中国碳标签的国际认可度与影响力,预防未来与环保相关的潜在国际贸易风险。

扩大绿色生态产品供给,推动服务认证激励机制建立。未来应进一步完善绿色低碳产品和服务认证体系,通过制定绿色标准认证制度,激励企业从源头上减少废弃垃圾与污染物品的产生;通过市场标识给予企业绿色产品以实质肯定,激发绿色产品制造热情;通过建立节能标识、环境标识和绿色产品标识等标准制度,解决市场不完全信息难题,消除消费市场绿色购买行为的盲目性,帮助消费者迅速识别绿色低碳产品和服务。

优化完善标准认证体系。加强与国际标准衔接,大力提升绿色标识产品和绿色服务市场的认可度与质量效益。健全绿色能源消费认证标识制度,引导提高绿色能源在居住、交通、公共机构等终端能源消费中的比重。完善绿色设计和绿色制造标准体系,加快节能标准更新升级。制定重点行业和产品温室气体排放标准,引领带动产品和服务持续提升绿色化水平。

提高绿色标识认证认可度。建立从来源、去向至责任均可究的绿色标识认证体系，确保认证过程全方位严格监管。推动国际合作，深化国际绿色标识的互认机制，提高国内绿色标识国际认可度。

4.2.4 深入强化推动绿色消费的激励约束政策

进一步完善居民用水、用电、用气阶梯价格制度，引导用户错峰储能和用电。逐步扩大新能源汽车和传统燃油汽车的成本差异，鼓励新能源汽车消费。完善城市公共交通价格形成机制，统筹考虑城市承载能力、企业运营成本和交通供求，建立多层次、差异化价格体系，增强公共交通吸引力。探索实施有利于缓解城市交通拥堵、有效促进公共交通优先发展的停车收费政策。建立健全餐饮企业餐厨垃圾计量收费机制，对超额定额逐步实行累进加价。建立健全城市生活垃圾处理收费制度，逐步推行分类定价和计量收费。鼓励有条件的地方建立农村生活污水和垃圾处理收费制度等。

增强财政支持精准性。完善政府绿色采购标准，加大绿色低碳产品采购力度，扩大绿色低碳产品采购范围，提高绿色低碳产品在政府采购中的比例。落实和完善资源综合利用税收优惠政策，更好地发挥税收对市场主体绿色低碳发展的促进作用。鼓励有条件的地区对智能家电、绿色建材、节能低碳产品等消费品予以适当补贴或贷款贴息。推广更多市场化激励措施。探索实施全国绿色消费积分制度，鼓励地方结合实际建立本地绿色消费积分制度，以兑换商品、折扣优惠等方式鼓励绿色消费。鼓励各类销售平台制定绿色低碳产品消费激励办法，通过发放绿色消费券、绿色积分、直接补贴、降价降息等方式激励绿色消费。

加大金融支持力度。引导银行保险机构规范发展绿色消费金融服务，推动消费金融公司绿色业务发展，为生产、销售、购买绿色低碳产品的企业和个人提供金融服务，扩大金融服务的覆盖面，提高金融服务的便利性。稳步扩大绿色债券发行规模，鼓励金融机构和非金融企业发行绿色债券，更好地为绿色低碳技术产品认证和推广等提供服务支持。

制定针对生态文明建设和绿色转型背景下全面推进绿色消费的政策法

规，有效规范企业生产、人民生活、消费者购买和使用等相关行为，包括生产过程中严格限定排污和能耗、政府采购过程中对标绿色采购清单等。一方面，引导社会公众积极主动参与绿色公共消费行为实践，引导社会公众树立绿色消费理念，切实履行绿色公共消费行为，构建全民参与生态文明建设的评价体系和政策措施；另一方面，实行绿色信息法制公开化、透明度，设定比较完善的审批程序和环境执法，为社会公众做出理性的科学决策提供信息基础。加强针对绿色低碳产品的质量安全责任保障，严厉打击虚标绿色低碳产品行为，将有关行政处罚等信息纳入全国信用信息共享平台和国家企业信用信息公示系统。严格依法处罚生产、销售列入淘汰名录的产品、设备行为。

4.2.5 大力促进消费者绿色决策信息工具创新发展

在行业和产品信息上，应加快发展消费者信息工具，从制度、信息平台、指标等多方面入手，建立国家统一的认证制度和多样化的消费者信息工具，在约束企业行为对环境影响的同时，为消费者提供更多权威的品牌和产品信息，引导消费者做出可持续性消费决策。

根据不同行业特征，在国家层面建立环境评价工具。参考不同国家的评价工具，结合生命周期评价或生命周期成本评价方法，建立符合我国行业特点的评价工具。作为一种可量化的环保绩效考核体系，可以反映不同品牌和产品的环境效益，从而为消费者决策提供可靠信息。

完善碳标志制度和可持续性标准，增强人们对绿色低碳品牌的了解。在结合全球性可持续标准的基础上，完善我国不同行业的碳标志制度和可持续标准，可以在规范行业行为、增强减排效果的同时，增强消费者对于气候变化影响的认识，提高产品在能耗等方面的信息透明度。

建立工具性网站和权威的信息平台，为消费者提供查询产品碳排放量的渠道。对行业内不同行业和产品的二氧化碳排放量进行整理和公开，结合颜色、图形等视觉设计，提供针对不同类型产品和服务的绿色标准，帮助消费者快速找到更可持续地消费的绿色标志，使消费者更容易将可持续的购买决策融入日常生活中。

加大对环境标识的设立和推广，设计易于被消费者理解的标识。通过标识的设计来显示产品的成分和对环境的影响，帮助消费者获得可视化的有效信息。环境标识的设计还可以约束企业的生产行为，促进企业优化产品，从而使企业采取更加可持续的行动，提高环境绩效。

强化基础设施建设。面向绿色消费不同领域的不同对象，推进绿色低碳标识基础服务平台、企业级绿色低碳标识服务平台、园区级绿色低碳标识服务平台、行业级绿色低碳标识服务平台等基础设施建设，提供绿色消费产品碳足迹追踪、碳效评价、碳排放监测等服务。

4.2.6 构建绿色消费统计制度，开展绿色消费监测、数据收集和跟踪评价

构建全面反映消费者可持续消费状况和水平的全国统一的绿色消费统计指标体系，确立各领域绿色产品市场消费成效的评估方法，为全国范围内推动绿色消费的相关统计、信息公开以及制定相关政策目标、确定工作任务提供数据基础；分阶段、分层次推进绿色消费碳效评价应用，围绕重点区域和重点领域开展碳效评价，探索碳效评价在衣、食、住、行、用等领域的创新应用，遴选一批碳效评价试点企业和标杆应用，形成可复制、可推广的技术和经验。

4.2.7 创新绿色消费的传播策略

制订完整的居民绿色消费行动方案。一是构建指标体系。由政府部门牵头，组织经济学、地理学、社会学等领域的专家、市民代表研究制定出一个绿色消费指标体系与标准。二是出台行为守则。结合实际出台"居民绿色消费行为守则"，以有效引导居民消费的绿色转型。三是颁布指导手册。收集、整理国内外居民绿色消费的小窍门和实用方法，按餐饮、服饰、交通等要素分门别类地总结形成便于居民学习、操作的"居民绿色消费指导手册"，明确告知公众，为什么要绿色消费，什么样的消费行为是绿色消费，

选择何种消费方式既能够满足基本生活和未来发展需求还能够实现减碳效益，通过现实案例引导人们主动选择绿色消费。四是发出倡议书。为提高居民绿色消费水平、提高居民绿色消费意识、加快居民绿色消费转型，发布绿色消费倡议书。五是做好一批试点。选取若干绿色生活示范学校、示范社区等，逐步建立一批有带动性、示范性和辐射性的绿色生活示范点。

4.2.8 加强绿色消费国际合作

建立权责明确的绿色消费国际合作推进体制机制和技术支持机构。进一步明晰经济综合、行业主管和生态环境等政府机构在推动绿色消费国际合作中的职能定位，制定绿色消费政府部门责任清单，建立国际化的联动机制，形成推动合力。同时，完善绿色消费工作的基础设施，以支持绿色消费国际合作研究、信息公开、监测评估、宣传教育、能力建设等具体事务。

借鉴国际经验，加速深化绿色消费转型。将可持续性的考量贯穿制定消费绿色转型的愿景和路径以及实施运行的各个层面，加强绿色消费国际合作方面的监管，实施市场化政策、措施，开展教育活动。发动教育示范活动，推广绿色生活方式，例如，保护生物多样性、提升资源利用效率、减缓和适应气候变化、减少贫困、增加社会红利。通过网络、教育活动和认证体系为消费者提供产品可持续性相关的信息。

推进绿色认证结果互认互通和采信推广，推动国际互认，便捷产品贸易。严格落实认证机构对认证结果的主体责任，加强绿色认证机构的信用监管，强化认证结果的有效性，形成来源可查、去向可追、责任可究的信息链条，形成完善的绿色标识认证监督和评估体系。在建立绿色贸易体系方面，继续深化绿色认证国际互认，便捷国际贸易。

第 2 篇

中国绿色消费重点领域年度进展评价

5 绿色消费政策体系的发展评价

任 玥 贾语晨 陈 刚 刘 倩 钱书杰

本章采用 PMC（Policy Modeling Consistency）指数模型，对各领域的政策进行一致性分析，从而量化分析目前各领域绿色政策的完整性情况。

PMC 指数评价能够识别系列政策中的一致性水平以及进行优、缺点分析，可用于判断未来政策的重点方向并提高政策体系质量。PMC 指数模型通过对等权重、不限数目的二级变量进行二进制赋值，在此基础上计算 PMC 指数和绘制 PMC 曲面，进行政策优劣的直观评价。

本书利用 PMC 指数模型，对《实施方案》出台后绿色食品、绿色衣着、绿色居住、绿色交通、绿色用品、绿色文旅、绿色电力和公共机构八个领域的绿色消费政策进行量化评价。PMC 指数模型的具体评价步骤如下。

①政策变量的分类以及参数识别。
②PMC 指数模型测算方式说明。
③PMC 指数的测算与评价。
④PMC 曲面绘制及结论归纳。

5.1 政策评价体系的变量分类与参数识别

基于已有的 PMC 指数模型相关研究，及《实施方案》中对于八大领域绿色消费具体内容的阐释，对 PMC 指数模型的评价体系进行变量设置。在标准 PMC 指数模型的基础上，本书对 PMC 指数模型进行了一级变量分类、三级变量细分，以及根据不同领域内容要求设置不同的三级变量三项创新性调整，在政策一致性的基础上进一步衡量了政策完备性，如表 5-1 所示。

表 5-1　绿色消费领域通用型评价体系

类别	一级变量	二级变量
通用型客观评价	政策性质	预测、监管、建议、描述、引导、诊断
	政策时效	长期、中期、短期
	政策级别	国务院、国家部委、省市地委、省市厅局、区管委会
	政策参与	发改委、领域主要部门、其他部门
	政策公开	—
通用型主观评价	政策评价	目标明确、规划翔实、鼓励创新、方案科学、依据充分

首先，根据变量评价方式的不同，将变量分为通用型客观评价、通用型主观评价和特征型三类。

其中，通用型评价是指可以广泛应用于各类政策中的评价指标，变量设置参考了多篇 PMC 模型应用论文，具有较高的普遍实用价值。而通用型客观评价中的变量在各类政策的评价不仅具有普适性，且其变量取值可以根据政策给出的特定信息客观地进行存在性评价。该分类下设政策性质、政策时效、政策级别、政策参与、政策公开 5 项可以客观评价的指标。政策性质考察政策文件中是否存在建议性、监管性等多种不同性质内容以实现政策目标。政策时效考察政策性文件是否设置了不同时间限度的具体政策目标、要求或规定，从而在不同的时间背景下制定不同的政策内容以达到政策目的。政策级别考察一项政策从国家到地方的贯彻出台情况，以分析政策的可落实性。政策参与考察一项政策中各有关部门联动程度的高低，例如财政部、商务部、生态环境部等多部门联合出台的政策往往在经济、环境上同时具有政策规定，进而多方发力有效达到预期目标。政策公开衡量一项政策是否公开可查，进一步衡量了政策的完备性。

通用型主观评价中的变量同样具有普遍适用的特性，且评价标准较为主观，需要结合整篇政策内容作出概括性评价。通用型主观评价变量为政策评价，用以衡量政策内容的完备性。衡量标准包括但不限于是否具有明确目标，其政策规划详细、可落实等。

特征型评价变量是指特殊适用于绿色消费领域的政策评价变量。根据《实施方案》，提取出绿色消费发展的主要参与对象、绿色消费政策涉及的主要领域、绿色消费激励约束和保障支撑体系以及各领域绿色消费发展具体内容，从而总结提炼出特征型评价变量。其中，政策对象衡量了政策文件是否全面地作用于绿色消费全链条过程中涉及的客体，从而衡量政策对绿色消费对象的覆盖完备性。政策领域考察了政策文件是否全面地涉及绿色消费相关领域，包括但不限于社会领域、经济领域等。政策功能下设变量基于《实施方案》中"强化绿色消费科技和服务支撑"、"建立健全绿色消费制度保障体系"及"完善绿色消费激励约束政策"三项内容总结提炼而成，完备地考察了绿色消费政策的功能。政策覆盖则是完全由《实施方案》中对绿色消费发展的要求创新而来，完整地衡量各领域出台政策的完备性和《实施方案》内容的被覆盖程度（见表5-2）。

表5-2 绿色消费领域特征型评价体系

类别	一级变量	二级变量
绿色消费特征型评价	政策对象	政府、产业、企业、消费者、社会
	政策领域	经济、社会、政治、环境、技术
	政策功能	约束类（法律制度、统计制度、标准制度、处罚制度） 激励类（财政支持、金融支持、价格机制、市场化激励措施） 保障类（科技支撑、服务支撑、认证支撑、监测支撑、信息支撑）
	政策覆盖	指标覆盖率、政策覆盖率

表5-3列示了评价体系的一、二级指标变量，包括一级变量10个、二级变量37个。其中的"*"在表后计算方式中进行说明。

表 5-3 绿色消费领域政策 PMC 评价体系变量设置

类别	一级变量	编号	二级变量	编号	二级变量
通用型客观评价变量	政策性质 X_1	X_{1-1}	预测	X_{1-2}	监管
		X_{1-3}	建议	X_{1-4}	描述
		X_{1-5}	引导	X_{1-6}	诊断
	政策时效 X_2	X_{2-1}	长期	X_{2-2}	中期
		X_{2-3}	短期	—	—
	政策级别 X_3	X_{3-1}	国务院	X_{3-2}	国家部委
		X_{3-3}	省市地委	X_{3-4}	省市厅局
		X_{3-5}	区管委会	—	—
	政策参与* X_4	X_{4-1}	发改委	X_{4-2}	领域主要部门
		X_{4-3}	其他部门		
	政策公开 X_5	—	—	—	—
通用型主观评价变量	政策评价 X_6	X_{6-1}	目标明确	X_{6-2}	规划翔实
		X_{6-3}	鼓励创新	X_{6-4}	方案科学
		X_{6-5}	依据充分	—	—
特征型评价变量	政策对象 X_7	X_{7-1}	政府	X_{7-2}	产业
		X_{7-3}	企业	X_{7-4}	消费者
		X_{7-5}	社会	—	—
	政策领域 X_8	X_{8-1}	经济	X_{8-2}	社会
		X_{8-3}	政治	X_{8-4}	环境
		X_{8-5}	技术	—	—
	政策功能 X_9	X_{9-1}	约束类*	X_{9-2}	激励类*
		X_{9-3}	保障类*	—	—
	政策覆盖 X_{10}	X_{10-1}	指标覆盖率*	X_{10-2}	政策覆盖率

此外，第二项创新体现在政策参与 X_4、政策功能 X_9 和政策覆盖 X_{10} 指标下设的细化三级变量上。

根据《实施方案》，将各领域所要求的负责部门提取为 X_4 的三级变量，因八大领域所涉及的部门各不相同，本书将 X_4 中的三级变量设置为随领域而改变的变量（见表5-4）。

表 5-4 绿色消费领域政策 PMC 评价体系中政策参与的变量设置

领域	X_{4-2}领域主要部门	X_{4-3}其他部门
绿色食品	农业农村部	工业和信息化部、教育部、民政部、商务部、国务院国资委、国家市场监管总局、国家粮食和储备局
绿色衣着	—	工业和信息化部、教育部、民政部、住房和城乡建设部、商务部、国务院国资委
绿色居住	住房和城乡建设部	工业和信息化部、自然资源部、农业农村部、国家市场监管总局、国家能源局
绿色交通	交通运输部	工业和信息化部、住房和城乡建设部、商务部、国家市场监管总局、国家能源局、国家邮政局
绿色用品	工业和信息化部	商务部、国家市场监管总局、国家邮政局
绿色文旅	文化和旅游部	自然资源部、生态环境部、交通运输部、商务部
绿色电力	国家能源局	工业和信息化部、生态环境部、住房和城乡建设部、国务院国资委
公共机构	国家机关事务管理局	财政部、住房和城乡建设部

根据《实施方案》具体内容，政策功能变量 X_9 中的约束类、激励类、保障类二级变量均下设三级变量。其中，约束类包括法律制度、统计制度、标准制度和处罚；激励类包括财政支持、金融支持、价格机制和市场化激励措施；保障类变量包括科技支撑、服务支撑、认证支撑、监测支撑和信息支撑，如表 5-5 所示。

表 5-5 绿色消费领域政策 PMC 评价体系 X_9 变量的三级细分变量设置

一级变量	二级变量	三级变量	三级变量评价标准
政策功能 X_9	约束类 X_{9-1}	法律制度	是否有相关法律法规的设立
		统计制度	是否有统计制度
		标准制度	是否有标准制定
		处罚	是否有对违法的惩罚措施

续表

一级变量	二级变量	三级变量	三级变量评价标准
政策功能 X_9	激励类 X_{9-2}	财政支持	是否有政府采购、税收优惠、补贴贷款贴息等激励措施
		金融支持	是否有金融服务、债券、基金、保险等金融激励措施
		价格机制	是否有电价、水价、气价、停车收费、厨余垃圾计费、污水及生活垃圾处理收费等激励优惠
		市场化激励措施	是否有积分、折扣优惠、消费券、降息、以旧换新、抵押金等激励措施
	保障类 X_{9-3}	科技支撑	是否有技术支撑、供销支撑、物流配送支撑、资源共享、二手交易、循环利用等保障支撑
		服务支撑	是否有推动产供销全链条衔接畅通、加快发展绿色物流配送、拓宽闲置资源共享利用和二手交易渠道、构建废旧物资循环利用体系等保障支撑
		认证支撑	是否建立认证、标识体系等
		监测支撑	是否建立统计监测、数据收集、分析预测、指数、指标评价等
		信息支撑	是否建立指导机构、信息平台、产品清单、购买指南等

同时，因八大领域重点要求不同，本书创新地将 X_{10} 中的三级变量设置为随领域而改变的变量。根据《实施方案》中各领域绿色消费具体内容，提炼出绿色消费重点领域绿色转型关键信息指标，具体指标细节详见附录。将各领域关键信息指标设定为各领域指标覆盖率（X_{10-1}）的细分三级指标。若政策文件中有提及相关信息指标内容，则该信息指标所对应的三级变量取值为1，反之为0。同时，因三级变量计算二级变量的方式为取算数平均值，即衡量了具体领域的指标覆盖比率，可以排除各领域三级变量数量不同所可能带来的误差。

各指标变量的具体评分标准详见表5-6。

表 5-6 二级变量评分标准

一级变量	二级变量	评分标准
X_1	预测	判断待评价政策是否具有预测性
	监管	判断待评价政策是否涉及监管
	建议	判断待评价政策是否有建议内容
	描述	判断待评价政策是否有描述内容
	引导	判断待评价政策是否有指导性
	诊断	判断待评价政策是否有诊断内容
X_2	长期	判断待评价政策是否具有长期内容（多于10年）
	中期	判断待评价政策是否具有中期内容（5~10年）
	短期	判断待评价政策是否具有短期内容（1~5年）
X_3	国务院	判断待评价政策主体是否包括国务院
	国家部委	判断待评价政策主体是否包括国家部委
	省市地委	判断待评价政策主体是否包括省市地委
	省市厅局	判断待评价政策主体是否包括省市厅局
	区管委会	判断待评价政策主体是否包括区管委会
X_4	发改委	判断待评价政策是否有发改委参与
	领域主要部门	判断待评价政策是否有领域主要部门参与
	其他部门	判断待评价政策其他部门参与程度（具体部门设置详见表5-4）
X_5	—	判断待评价政策是否公开
X_6	目标明确	判断待评价政策目标是否明确
	规划翔实	判断待评价政策规划是否翔实
	鼓励创新	判断待评价政策是否创新
	方案科学	判断待评价政策方案是否科学
	依据充分	判断待评价政策依据是否充分
X_7	政府	判断待评价政策对象是否包括政府
	产业	判断待评价政策对象是否包括产业
	企业	判断待评价政策对象是否包括企业
	消费者	判断待评价政策对象是否包括消费者
	社会	判断待评价政策对象是否包括社会
X_8	经济	判断待评价政策所涉及领域是否包括经济
	社会	判断待评价政策所涉及领域是否包括社会
	政治	判断待评价政策所涉及领域是否包括政治
	环境	判断待评价政策所涉及领域是否包括环境
	技术	判断待评价政策所涉及领域是否包括技术

续表

一级变量	二级变量	评分标准
X_9	约束类	判断待评价政策是否存在约束类（四个三级变量）相关措施（详见表5-5）
	激励类	判断待评价政策是否存在激励类（四个三级变量）相关措施（详见表5-5）
	保障类	判断待评价政策是否存在保障类（五个三级变量）相关措施（详见表5-5）
X_{10}	指标覆盖率	各领域的关键指标有多少项被政策提及
	政策覆盖率	各领域出台政策数量的多少

5.2 政策一致性指数模型的方法说明

结合标准PMC模型的使用及本书对于PMC模型的创新，对各指标变量取值及计算方式作出如下设定。

其中，在 $X_1 \sim X_3$、$X_5 \sim X_8$ 的测算中，一级变量的测算需利用领域内各项政策的评估值。本书将表中一级变量下设的全部二级变量规定为权重相等、参数值为0或1的二进制变量。若某项政策内容符合相应的二级变量含义或具有相应的二级变量的特征，则对应二级变量在该政策下的测算中设定取值1；反之，则二级变量设定取值为0。通过计算二级变量的平均值进一步得出各政策一级变量的取值，而对于具体领域中一级变量 $X_1 \sim X_8$ 的取值，则用该领域下各政策相应一级变量的算数平均值来度量。

X_4 需根据等权重二进制赋值法测算二级变量 X_{4-3} 下设的取值，并取算数平均值作为二级变量取值。将 X_4 的三个二级变量 X_{4-1}、X_{4-2} 和 X_{4-3} 分别赋权重0.4、0.5、0.1进行加权平均作为一级变量 X_4 的取值。

X_9 需先根据等权重二进制赋值的方式先测算三级变量的取值，并将算数平均值视为相应二级变量的取值，并用二级变量的取值计算算数平均值，作为 X_9 变量最终的测算取值。

X_{10-1} 需先对三级变量进行 0、1 取值。若该领域存在一政策文件提及相关信息指标内容,则在该领域中,该信息指标所对应的三级变量取值为 1,反之,若不存在任何政策文件提及信息指标内容,则该指标对应的三级变量取值为 0。后续二级变量测算方式同样为对应三级变量的算数平均值。

X_{10-2} 根据各领域政策数量统计,目前统计结果显示绿色食品领域为相关政策数量最多的领域,共计 19 条,因而将 19 条作为该项变量评价基准线,各领域 X_{10-2} 取值为该领域相关政策条数与基准线比值,即 $n/19$。

X_{10} 取值则为其所有二级指标变量的算数平均值,即 X_{10-1} 和 X_{10-2} 的平均值。

5.3 绿色消费各领域政策 PMC 评价结果与分析

通过文本挖掘和内容分析法对 67 项政策性文件的相关文本数据进行筛选和分析,对投入产出表中的各二级变量进行赋值,根据 PMC 指数计算公式计算得到 8 个领域的 PMC 得分并按从高到低排序(见表 5-7)。

$$PMC = \sum_{i=1}^{10} X_i \quad i = 1, 2, 3, \cdots, 10;$$

$$X_i = \frac{\sum_{t=1}^{n} X_{ti}}{n} \quad t = 1, 2, 3, \cdots;$$

$$X_{ti} = \frac{\sum_{j=1}^{m} X_{ti:j}}{m} \quad j = 1, 2, 3, \cdots;$$

i:一级变量,j:二级变量,t:领域内政策数。

表 5-7 八大领域 PMC 指数汇总

变量	绿色居住	绿色电力	绿色衣着	绿色用品	绿色交通	绿色食品	绿色文旅	公共机构	均值
X_1	0.618	0.628	0.556	0.500	0.488	0.535	0.542	0.444	0.539
X_2	0.471	0.487	0.444	0.281	0.190	0.298	0.250	0.333	0.344
X_3	0.776	0.723	0.600	0.758	0.771	0.632	0.850	0.711	0.728

续表

变量	绿色居住	绿色电力	绿色衣着	绿色用品	绿色交通	绿色食品	绿色文旅	公共机构	均值
X_4	0.738	0.638	0.676	0.630	0.690	0.436	0.630	0.519	0.620
X_5	1	1	1	1	1	1	1	1	1
X_6	0.765	0.831	1	0.716	0.686	0.716	0.900	0.511	0.766
X_7	0.612	0.662	0.733	0.505	0.514	0.442	0.400	0.489	0.545
X_8	0.553	0.554	0.533	0.400	0.357	0.316	0.250	0.422	0.423
X_9	0.475	0.508	0.544	0.351	0.239	0.289	0.192	0.328	0.366
X_{10}	0.947	0.731	0.454	0.938	0.770	0.944	0.405	0.612	0.725
PMC	6.955	6.762	6.540	6.079	5.705	5.608	5.419	5.369	6.054
领域等级	良好	良好	良好	良好	良好	良好	良好	良好	良好
排名	1	2	3	4	5	6	7	8	

根据 PMC 得分情况与领域等级评价标准（见表 5-8），对各领域的绿色消费政策进行评价。

表 5-8 领域等级评价标准

得分范围	[0,3]	(3,5]	(5,7]	(7,9]	(9,10]
等级评价	领域完善度不良	领域完善度可接受	领域完善度良好	领域完善度优秀	领域完善度最优

当 PMC 计算结果落入（9，10］表示领域完善度最优；落入（7，9］表示领域完善度优秀；落入（5，7］表示领域完善度良好；落入（3，5］表示领域完善度可接受；而落入［0，3］表示领域完善度不良。

根据表 5-7 的结果，从整体上看，自《实施方案》出台以来，各领域出台政策完善度均在良好水平。其中，绿色居住、绿色电力和绿色衣着消费领域相关政策自《实施方案》出台以来发展相较而言更为完善，PMC 指数均达到 6 以上。

从纵向对比来说，整个绿色消费领域在政策级别 X_3、政策公开 X_5、政

策评价 X_6 及政策覆盖 X_{10} 4 个一级变量上表现优异,变量评分均分均大于 0.7,说明大部分政策有其明确的目标,并有其科学翔实的规划方案、充分的依据和创新的方法帮助其达到目标;同时,针对各项政策,从国家部委到区县政府、管委会均有相应政策的出台或转发,更加有利于未来政策的实施和落实;此外,自《实施方案》出台以来,各领域政府部门积极发布相关政策,落实实施方案的目标要求,政策覆盖水平较高。

而政策时效 X_2、政策领域 X_8 和政策功能 X_9 则分别仅有 0.344、0.423 和 0.366,明显小于其他各项指数平均值,说明各项政策在出台时未明确政策发挥作用的时间期限,或没有细化具体时间下的具体目标或行为;单一政策所涉及的领域相对较少,对经济、社会、政治、环境、技术等领域覆盖较单一;且各项政策的激励保障措施完善度相对较差,有可能会影响政策的具体落实效率或效果。

PMC 曲面是从多维视角来反映政策的优、劣势,通过图像的方式可以更加直观生动地展现各领域的优、劣势。将各个领域的 PMC 指数得分转化为 PMC 矩阵,其中因 X_5 为政策公开,在本书的研究对象间无区分度,故在此只将 $X_1 \sim X_4$ 及 $X_6 \sim X_{10}$ 的得分放入 3×3 的 PMC 矩阵,由此构成三维曲面坐标,以此分析各领域绿色政策发展情况。

$$\text{PMC 矩阵} = \begin{pmatrix} X_1 & X_2 & X_3 \\ X_4 & X_6 & X_7 \\ X_8 & X_9 & X_{10} \end{pmatrix}$$

同时,将各领域中 $X_1 \sim X_{10}$ 10 个指标维度的取值,绘入 PMC 曲面图和蛛网图中(见图 5-1~图 5-16),并与各变量取值均值进行对比,进而分析各领域绿色政策发展特征。

(1)绿色居住消费评价结果

对于绿色居住领域而言,领域整体发展水平较高,PMC 指数排到 8 个领域中的首位,各项变量的评分较为均衡,政策覆盖 X_{10} 显著高于平均值。仅有政策评价 X_6 一项评分略低于平均值,且与平均值差距不大。

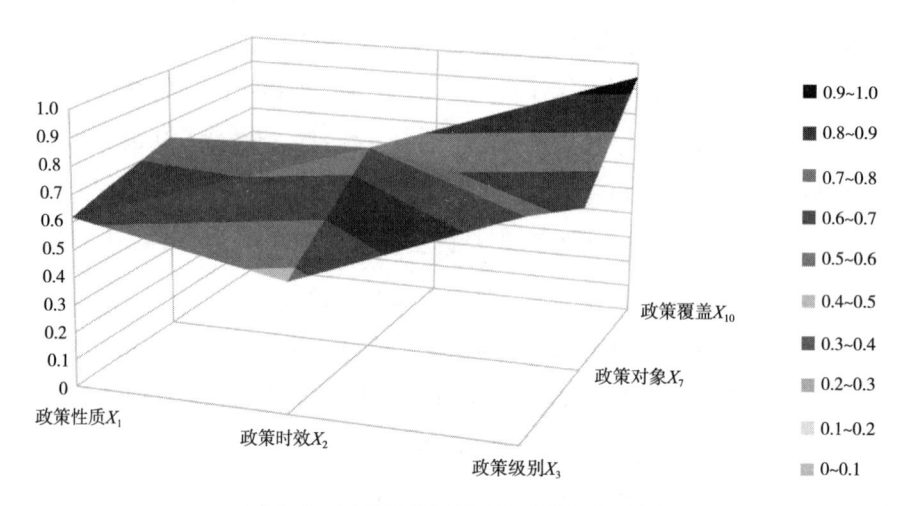

图 5-1　绿色居住消费 PMC 指数曲面图

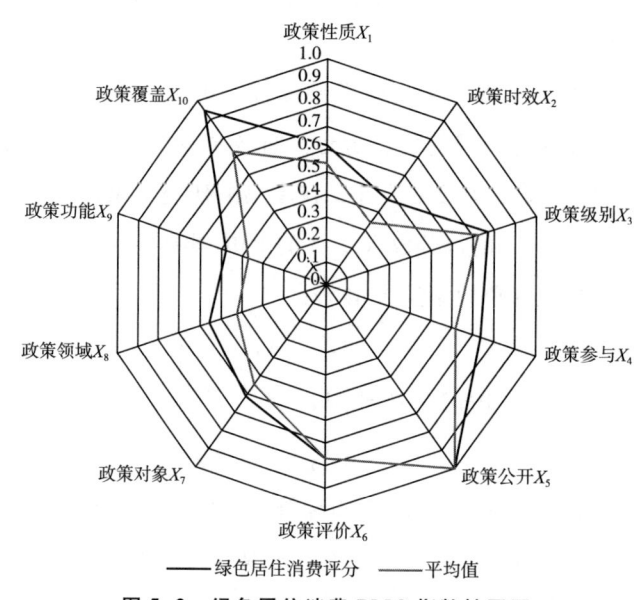

图 5-2　绿色居住消费 PMC 指数蛛网图

（2）绿色电力消费评价结果

对于绿色电力而言，该领域整体情况较好，位列全部领域第二。各项指标发展较均衡，且除政策级别 X_3 外均高于平均水平。其中低于平均水平的政策级别 X_3 与平均值差值较小，仅为 0.005。

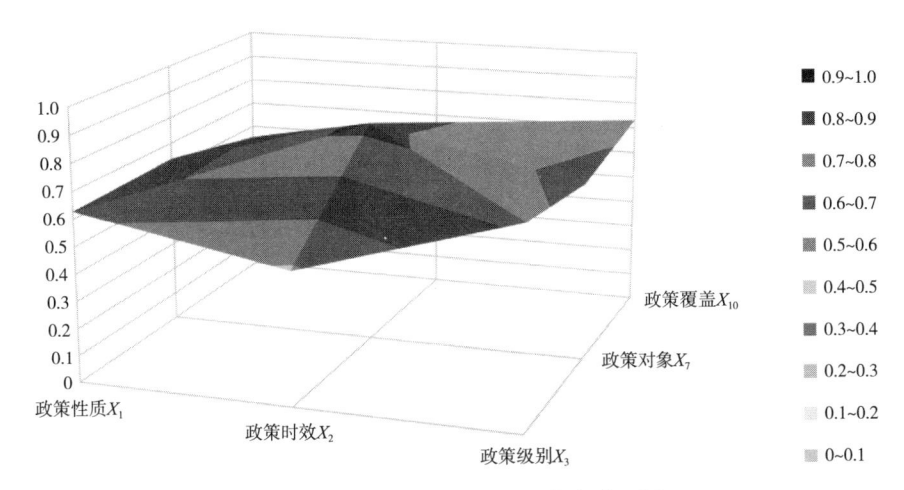

图 5-3 绿色电力消费 PMC 指数曲面图

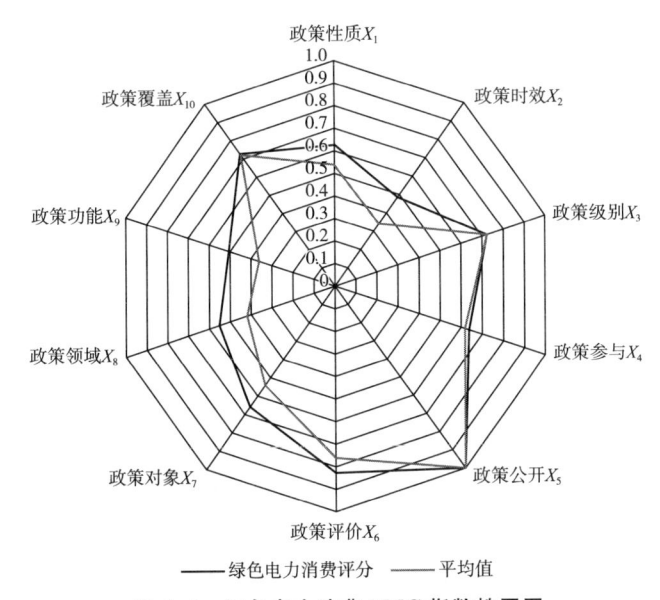

图 5-4 绿色电力消费 PMC 指数蛛网图

（3）绿色衣着消费评价结果

绿色衣着领域，可以很明确地看出，当前领域所出台的政策覆盖 X_{10} 明显较差，其问题关键在于该领域政策数量仅为三条，远小于其他领域。同时，政策级别 X_3 的覆盖也并不完善，整体而言，各层级政策出台积极性相对低于其他领域。但同时，三个文件中的政策与《实施方案》中绿色衣着的内容关联度较高，且政策完善度较高，政策评价 X_6、政策对象 X_7 和政策功能 X_9 这三个变量评分显著高于平均值，尤其是政策评价 X_6 这个变量的评分达到了满分，说明绿色衣着新出台政策整体质量较高、覆盖较全面。

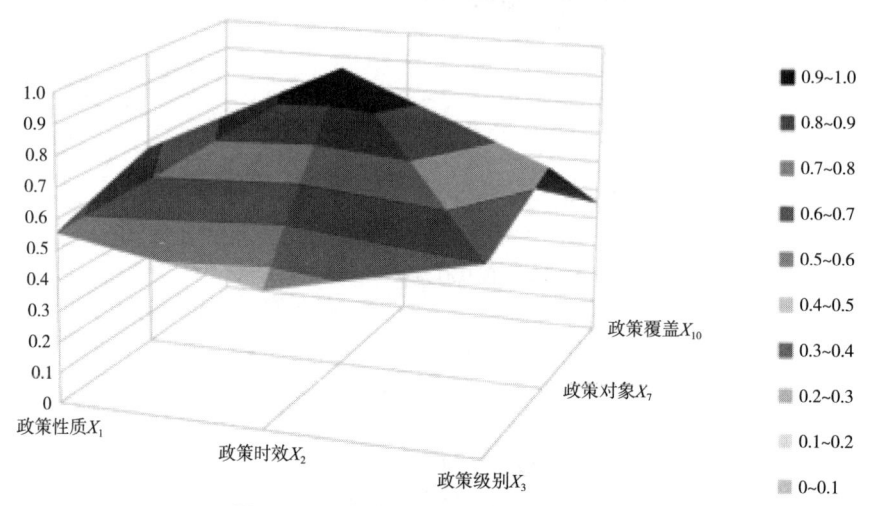

图 5-5　绿色衣着消费 PMC 指数曲面图

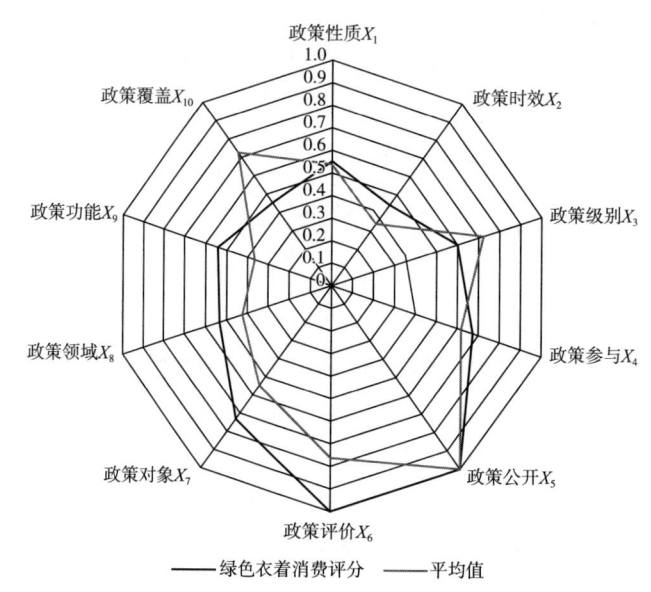

图 5-6　绿色衣着消费 PMC 指数蛛网图

5 绿色消费政策体系的发展评价

（4）绿色用品消费评价结果

对于绿色用品而言，政策覆盖 X_{10} 评分较高，明显高于平均水平，政策级别 X_3、政策参与 X_4 略高于平均水平。其他变量评分均低于各领域平均值，但整体而言与均值相差较小。可以看出，绿色用品领域相关政策在具有绿色消费特征的评价变量上存在一定的缺失和不足，同时在政策时效的覆盖上也存在提升空间。

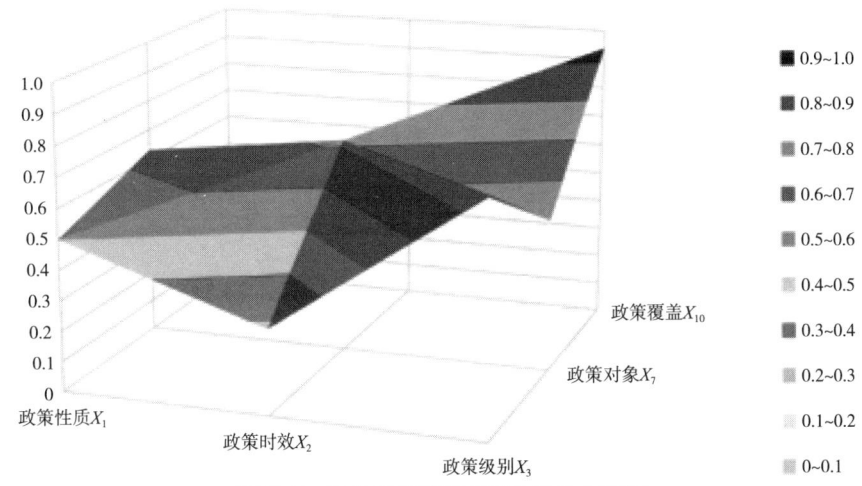

图 5-7　绿色用品消费 PMC 指数曲面图

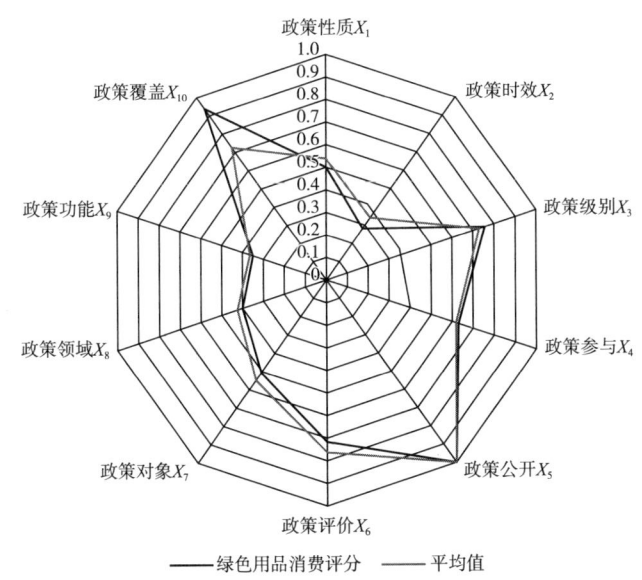

图 5-8　绿色用品消费 PMC 指数蛛网图

（5）绿色交通消费评价结果

绿色交通领域政策完善度仍有待提高。其中，只有政策级别 X_3、政策参与 X_4 和政策覆盖 X_{10} 三个变量评分略高于平均值，其余变量评分均低于平均水平。其中政策时效 X_2 和政策功能 X_9 两个变量评分与平均值差距最大，该领域内较多政策都仅有一个甚至没有具体规定政策时效期限。同时，在激励保障措施上，绿色交通领域也相对较为不完善。

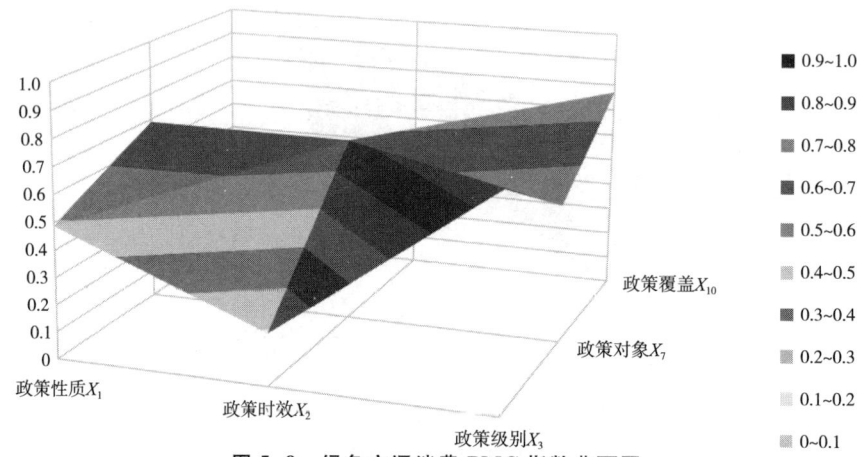

图 5-9　绿色交通消费 PMC 指数曲面图

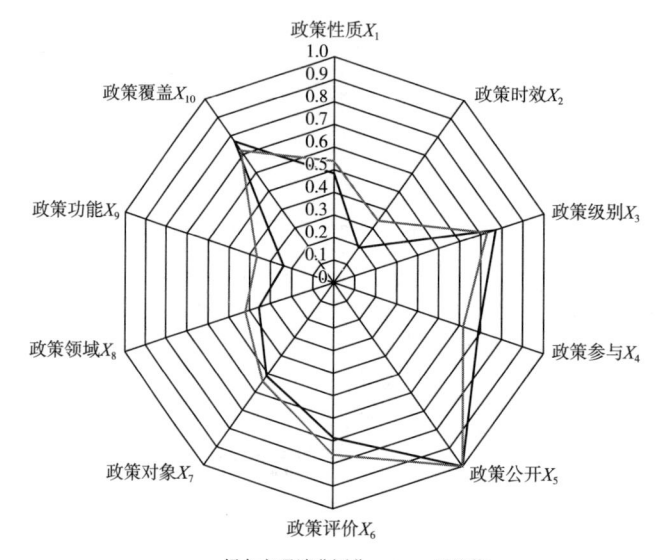

图 5-10　绿色交通消费 PMC 指数蛛网图

（6）绿色食品消费评价结果

绿色食品领域各项政策的效率相对较低。该领域政策覆盖 X_{10} 评分显著高于平均水平，究其原因在于其二级变量政策覆盖评分为所有领域最高之一，拥有 19 条绿色食品消费相关政策，被设置为取值为 1 的基准线。但除政策覆盖 X_{10} 变量外，其余变量评分均低于各领域平均值，而政策参与 X_4 和政策领域 X_8 这两个变量评分则与平均值相差最大，说明绿色食品这一领域新出台的政策参与部门较为单一、部门联合度较低，涉及领域不全面。

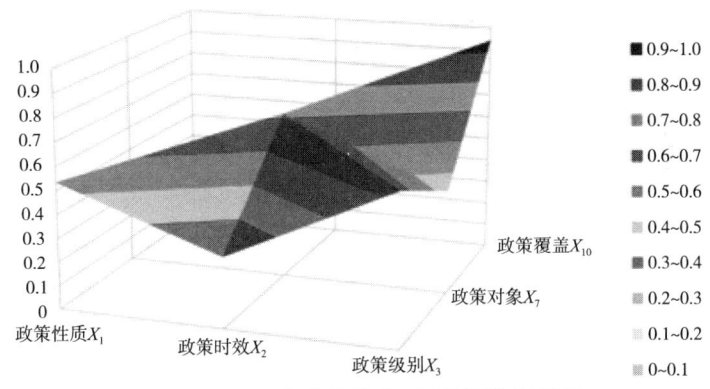

图 5-11 绿色食品消费 PMC 指数曲面图

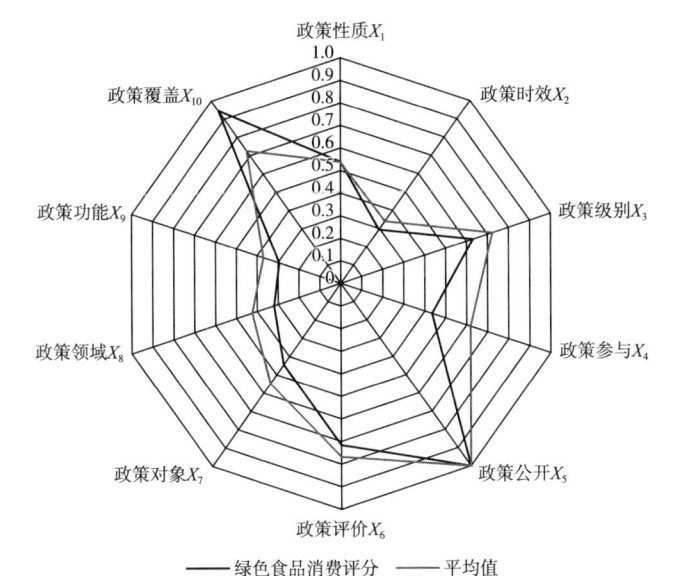

图 5-12 绿色食品消费 PMC 指数蛛网图

(7) 绿色文旅消费评价结果

对于绿色文旅而言,其变量政策级别 X_3 和政策评价 X_6 评分较高,显著高于各领域平均水平,但政策时效 X_2、政策对象 X_7、政策领域 X_8、政策功能 X_9 和政策覆盖 X_{10} 等多个变量评分均明显低于平均水平,政策数量也仅为 4 条,明显低于各领域平均数量。

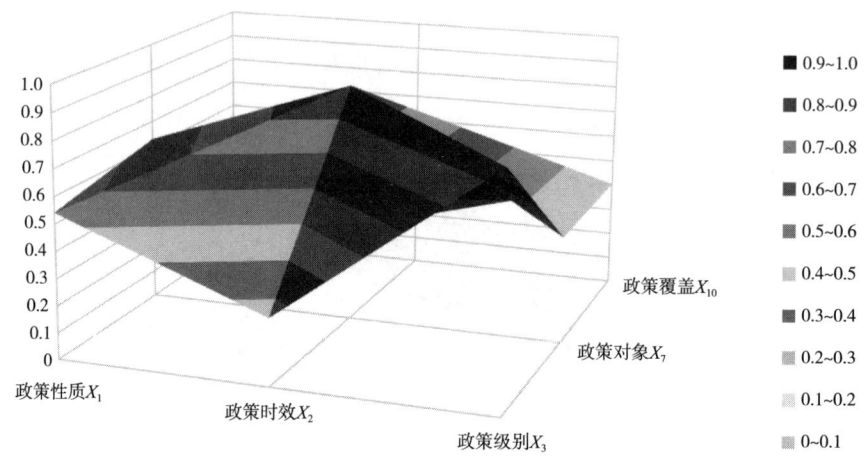

图 5-13 绿色文旅消费 PMC 指数曲面图

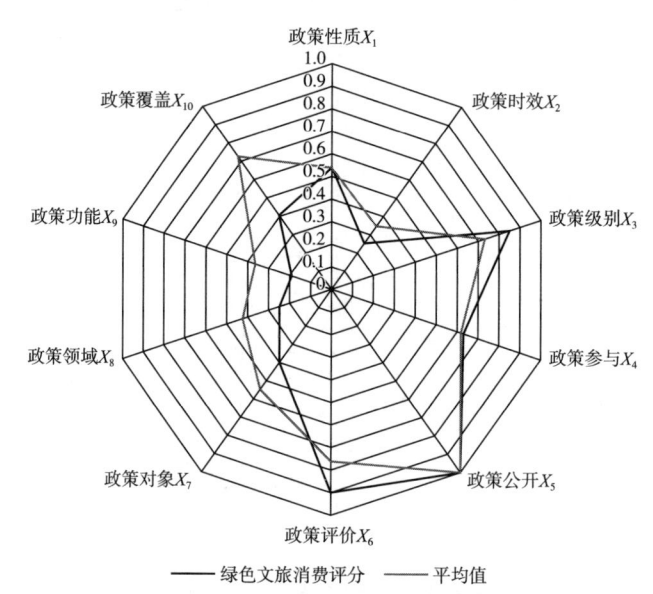

图 5-14 绿色文旅消费 PMC 指数蛛网图

（8）公共机构绿色消费评价结果

对于公共机构而言，其整体发展相对较为不完善，各项变量评分均低于平均水平，相差最为明显的是政策评价 X_6，同时政策性质 X_1、政策参与 X_4、政策对象 X_7 和政策覆盖 X_{10} 评分也与平均水平相差较大，明显可以看出该领域在实际的政策规定中内容较为宽泛、粗略，所起的作用相对较小，并且缺乏对不同政策对象的规范，政策覆盖较差。

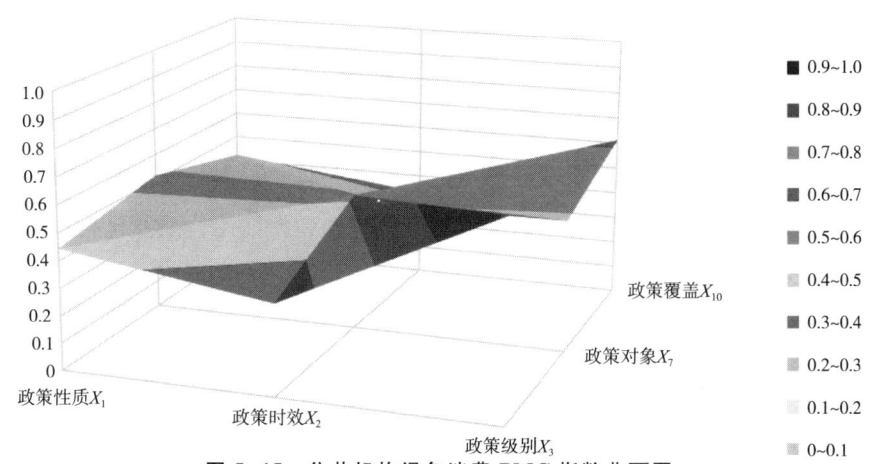

图 5-15　公共机构绿色消费 PMC 指数曲面图

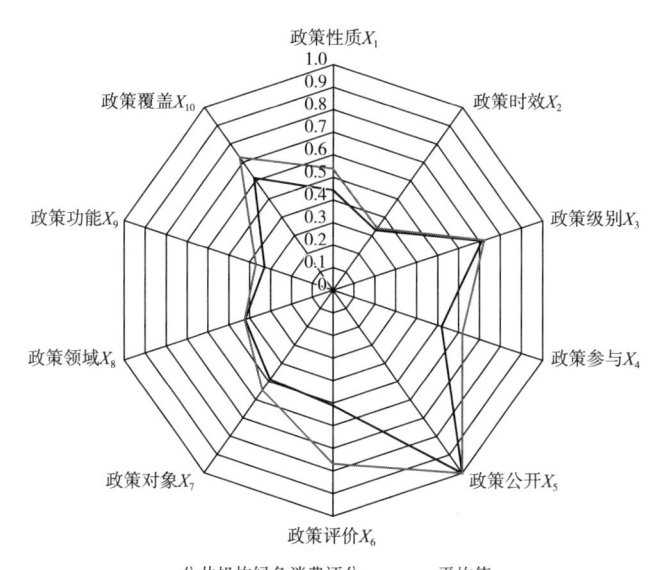

图 5-16　公共机构绿色消费 PMC 指数蛛网图

5.4 PMC 评价主要结论

5.4.1 各领域出台政策完善度均为良好

自《实施方案》出台以来绿色居住、绿色电力和绿色衣着消费领域相关政策出台更为迅速，内容更为完善。绿色居住、绿色电力领域分别出台了 17 项和 13 项绿色消费相关政策，涉及包括国家发展改革委在内的《实施方案》所要求的各自领域的 7 个和 6 个主要部门，覆盖了经济、社会、环境、技术多个维度。绿色衣着领域虽仅出台 3 项有关政策，但每项政策的内容覆盖都较为全面，具有较高的绿色消费领域针对性和特征性，涉及包括国家发展改革委在内的《实施方案》要求的 7 个主要部门，覆盖了经济、社会、环境、技术多个维度。绿色居住、绿色电力和绿色衣着三个领域的 PMC 指数分别为 6.955、6.762 和 6.540，均高于 6.5，依序排名八大领域的前三。

5.4.2 各重点领域的政策完善度和完善建议

如《关于促进绿色智能家电消费若干措施》《关于搞活汽车流通 扩大汽车消费若干措施的通知》《关于印发〈城市绿色货运配送示范工程管理办法〉的通知》等多项政策在出台时未明确政策发挥作用的时间期限，且并未明确具体时间下的具体目标或行为要求，可能会影响政策的具体落实效率或效果。

政策内容上，激励保障等制度尚不完善。如《革命老区重点城市对口合作工作方案》等政策未明确提及约束类措施，《关于做好 2022 年地理标志农产品保护工程实施工作的通知》等政策未明确提及激励类措施，《关于印发〈城市绿色货运配送示范工程管理办法〉的通知》等政策未明确提及保障类措施，甚至有部分政策如《成都建设践行新发展理念的公园城市示范区总体方案》等未明确提及任何与激励保障等政策功能相关的内容。

各项政策所覆盖的领域各不相同。对于经济、社会、政治、环境、技术五大政策领域，有多项政策仅仅覆盖其中的一项，如《关于印发〈巴蜀文化旅游走廊建设规划〉的通知》仅涉及环境领域内容，《关于开展公物仓创新试点建设单位征集工作的通知》仅涉及社会领域内容等。整体来说，社会和政治领域被涉及的比率较低。因此，政策覆盖需要结合政策措施施政的重点进一步考察。

各领域的具体分析如下。

（1）绿色居住领域政策完善度排名首位

绿色居住领域整体发展水平较高，自《实施方案》发布至 2022 年 8 月 31 日，包括国家发展改革委、住建部在内的《实施方案》中明确要求的 7 个主要部门共出台 17 项绿色消费相关政策，PMC 指数为 6.955，位列 8 个领域首位，且各项评价指标评分较高且均衡。

在该领域，《"十四五"建筑节能与绿色建筑发展规划》《"十四五"现代能源体系规划》《"十四五"可再生能源发展规划》3 项政策的前九个一级变量加总值达到 7 以上，且各个变量评分均较高。尤其是在指标覆盖率上，仅《"十四五"建筑节能与绿色建筑发展规划》1 项政策就涵盖了 7/9 的信息指标要求，内容信息全面，对该领域整体 PMC 指数有较大的拉动作用。

在该领域的发展中，政策覆盖等方面完善度都较高，仅有政策评价一项指标评分略低于平均值，因此，未来在保持现有发展水平的基础上，其政策框架可以更为完整和明晰，更加详细地阐明政策目标、规划、依据等，坚持科学和创新的原则，从而更有效地从各个视角实现绿色居住消费的发展。

（2）绿色电力政策系统全面

绿色电力领域整体发展情况较好，自《实施方案》发布至 2022 年 8 月 31 日，包括国家发展改革委、国家能源局在内的《实施方案》中明确要求的 6 个主要部门，共出台 13 项绿色消费相关政策，PMC 指数为 6.762，位列全部领域第二。

该领域各项指标发展较为均衡。《关于完善能源绿色低碳转型体制机制和政策措施的意见》《"十四五"可再生能源发展规划》《"十四五"现代能源体系规划》《减污降碳协同增效实施方案》4项政策的前九个一级变量加总值均达到7以上，且各个变量评分均较高，对该领域整体PMC指数有较大的拉动作用。

未来应继续保持现有发展水平，并更关注所发布的政策在各个政策级别中的贯彻，进一步督促各级政府部门积极出台与国家政府或相关部门发布的主要政策相关的政策文件和通知，结合当地情况，进一步细化相关政策要求，从而推动该领域绿色消费政策的贯彻和实施。

（3）绿色衣着政策覆盖率有待提高

绿色衣着领域自《实施方案》发布至2022年8月31日，包括国家发展改革委在内的《实施方案》中明确要求的7个主要部门，共出台3项绿色消费相关政策，PMC指数为6.540，位列全部领域第三。

该领域关键问题在于统计期间政策出台数量明显不足，从而严重拉低了政策覆盖指标 X_{10} 的评分，进一步影响了该领域PMC指数。同时，政策级别也较不完善，整体来说，各层级政策出台积极性相对低于其他领域。

但该领域其他关键指标评分均较高，尤其是政策评价 X_6、政策对象 X_7 和政策功能 X_9 这三个变量评分显著高于平均值。3项政策中有1项政策《关于加快推进废旧纺织品循环利用的实施意见》的前九个一级变量加总值均达到7.2。

各项政策内容本身质量和完善度较高，与《实施方案》内容关联度也较强，但政策出台数量和发布数量较少。在未来发展中，在保持当前政策质量的基础上，该领域应着重提升部门出台政策的积极性，各主要部门应积极出台相关领域绿色消费政策，更高效地实现《实施方案》中的内容信息指标要求。同时，从国家部门到省（区、市）、市、县各层级政府也应提高政策发布积极性。

（4）绿色用品政策环境和激励措施有待改善

绿色用品领域自《实施方案》发布至2022年8月31日，包括国家发展改革委、工信部在内的《实施方案》中明确要求的5个主要部门，共出台19项绿色消费相关政策，出台政策数量位列领域首位，PMC指数为6.079。

该领域政策出台积极性很高，领域内出台政策数量第一，且政策级别X_3、政策参与X_4的得分也高于平均水平，说明该领域内各个省（区、市）、市、县政府积极地发布或转发国家级有关政策，并积极细化完善为适用于当地执行的政策性文件。同时，虽每项政策所覆盖的内容信息指标数量较少，但因政策出台积极性高，总体而言该领域的指标覆盖情况较好。

整体来说，各项政策内容的完善度较为一般，《信息通信行业绿色低碳发展行动计划（2022—2025年）》1项政策的前九个一级变量加总值均达到7以上，9项政策的前九个一级变量加总值不足5，导致该领域PMC指数评分相对较为一般。

在未来发展中可以重点关注提高政策内容的完善度，明确文件中政策时效是否提及并与分时期的政策目标和内容对应；完善政策内容框架，详细阐明政策目标、规划、依据等，坚持科学和创新等原则；更全面地覆盖对各个政策对象的要求和目标；多样化政策领域，从经济、社会、政治、环境、技术多角度规范政策细节；完善政策功能，补充各项激励保障类措施，提高政策效率。

（5）绿色交通政策更新较快，激励保障措施有待完善

绿色交通领域自《实施方案》发布至2022年8月31日，包括国家发展改革委、交通运输部在内的《实施方案》中明确要求的7个主要部门，共出台15项绿色消费相关政策，PMC指数为5.705。

该领域有《贯彻落实〈中共中央 国务院关于完整准确全面贯彻新发展理念做好碳达峰碳中和工作的意见〉的实施意见》《关于印发〈交通领域科技创新中长期发展规划纲要（2021—2035年）〉的通知》两项政策表现良好，前九个一级变量加总值均达到6以上，这两项政策的政策评价和政策功能得分高于同领域其他政策。而有3项政策前九个一级变量加总值不足4。

该领域政策出台积极性也较好，政策数量相对较多，且整体领域的政策层级较全面，X_3、X_4和X_{10}评分均高于平均水平。但其他政策评价指标得分

均低于平均水平。尤其是政策时效 X_2 和政策功能 X_9 评分显著低于平均水平。《关于搞活汽车流通　扩大汽车消费若干措施的通知》《关于做好绿色出行创建行动考核评价有关工作的通知》等多项政策没有具体规定政策时效期限。《关于印发加力帮扶中小微企业纾困解难若干措施的通知》等政策几乎没有明确提及激励保障措施。

在未来的发展中，应注重在政策中明确其不同时效期限，并充分利用激励保障等措施，进一步提升政策效力。

（6）绿色食品政策出台较多，政策功能和各部门参与度有待提高

绿色食品领域自《实施方案》发布至 2022 年 8 月 31 日，包括国家发展改革委、农业农村部在内的《实施方案》明确要求的 9 个主要部门，共出台 19 项绿色消费相关政策，出台政策数量位列领域首位，PMC 指数为 5.608。

其中，《"十四五"推进农业农村现代化规划》前九个一级变量加总值达到 7.4，另外《农业农村减排固碳实施方案》前九个一级变量加总值也在 6 以上。但有 7 项政策前九个一级变量加总值不足 4，显著拉低了该领域 PMC 指数评分。

可以看出，绿色食品领域新出台政策数量最多，但各项政策的效率相对较低。政策对象较为集中，涉及领域相对较为单一，新出台政策多为活动通知类或倡议类政策（如《关于开展 2022 年度家庭健康主题推进活动的通知》等），较少有完全针对绿色食品消费出台的政策，在政策全面度上仍有待提升。同时，各项政策功能较为不足，《关于开展 2022 年度家庭健康主题推进活动的通知》《关于统筹做好 2022 年春季学校新冠肺炎疫情防控和食品安全工作的通知》等多项政策未明确提及有关激励保障措施。

此外，该领域政策参与度明显低于各领域平均水平，说明各有关部门在政策中的参与度较低。

在未来发展中，提升各部门单位在政策中的参与度和联动能力，并从财政、经济、市场、环境等多方面贯彻落实该项政策。同时，还应完善细化针对不同政策对象和政策时效的目标规定与内容要求，从而进一步提升政策的

具体落实效率和效果。

（7）绿色文旅政策的绿色消费内容完善度有待提高

绿色文旅领域自《实施方案》发布至 2022 年 8 月 31 日，包括国家发展改革委、文化和旅游部在内的《实施方案》明确要求的 6 个主要部门，共出台 4 项绿色消费相关政策，PMC 指数为 5.419。

该领域 4 项政策前九个一级变量加总值较平均，都处于 [4.5, 5.5]，因此也限定了该领域 PMC 指数的可能区间。

很显然，政策覆盖情况较差，体现在政策数量较少，且内容信息指标覆盖率为 4/6，相对较低，导致总体的政策覆盖指标评分显著低于平均水平。同时该领域政策功能也明显不足，4 项政策，尤其是《关于开展"美丽中国·美好生活"2022 年国内旅游推广活动的通知》对于激励保障措施的规定较少。

同时，该领域的政策级别高于平均水平，说明该领域各个省（区、市）、市、县政府积极发布或转发国家级有关政策，并积极细化完善为适用于当地执行的政策性文件。且各项政策框架较为完善，政策评价得分高于平均水平，其中《关于印发〈巴蜀文化旅游走廊建设规划〉的通知》和《关于推动文化产业赋能乡村振兴的意见》在政策评价上有较大的亮点，很好地满足了目标明确、规划翔实、鼓励创新、方案科学和依据充分的要求。

未来应着眼于政策内容上的完备性，提升政策对象、所涉及领域、激励保障约束等功能上的全面性和广泛性。同时，应鼓励各部门积极出台相关领域政策，促进《实施方案》内容的贯彻落实。

（8）公共机构政策框架有待完善、内容有待细化，整体水平有待提高

公共机构绿色消费领域整体发展完善度相对较低，自《实施方案》发布至 2022 年 8 月 31 日，包括国家发展改革委、国管局在内的《实施方案》明确要求的 4 个主要部门，共出台 9 项绿色消费相关政策，PMC 指数为 5.369。

该领域内所有指标的评分都低于各领域平均水平，其中政策评价 X_6 的评分显著低于平均水平，此外政策性质 X_1、政策参与 X_4、政策对象 X_7 和政

策覆盖X_{10}四项指标也与各领域平均水平相差较大。

在政策数量相对居中的情况下，明显可以看出该领域新出台政策内容较为宽泛、粗略，政策框架相对较为不完善，并且缺乏对不同政策对象的规范。因而，在公共机构政策未来的发展中，应更加关注政策的质量及完善度，针对有关内容补充更多翔实的目标规划；完善政策内容框架，详细阐明政策目标、规划、依据等，坚持科学和创新等原则；更全面地覆盖对各个政策对象的要求和目标；多样化政策领域，从经济、社会、政治、环境、技术多角度规范政策细节；完善政策功能，补充各项激励保障类措施，提升政策效率；同时，应提升各部门单位在政策中的参与度和联动能力，从而更好地推动公共机构绿色消费的进一步发展。

6
绿色消费发展的综合评价

刘轶芳 任静怡 彭业驹

6.1 绿色消费发展综合评价的依据

《实施方案》明确指出绿色消费的发展目标为到2025年绿色消费理念深入人心,奢侈浪费得到有效遏制,绿色低碳产品市场占有率大幅提升,重点领域消费绿色转型取得明显成效,绿色消费方式得到普遍推行,绿色低碳循环发展的消费体系初步形成。到2030年,绿色消费方式成为公众的自觉选择,绿色低碳产品成为市场主流,重点领域消费绿色低碳发展模式基本形成,绿色消费制度政策体系和体制机制基本健全。通过对发展目标的分解,本书将上述目标总结为以下五个方面——遏制奢侈浪费的情况、绿色消费方式的促进情况、低碳循环发展体系建设情况、绿色低碳产品发展情况和绿色消费政策体系的构建情况,并以此作为绿色消费发展的分维度。在衡量绿色消费总体发展情况的同时,也根据上述五个维度进行指数分解,相对应地构建五个分指数。以期整体了解我国绿色消费发展的综合水平,并进一步识别当前绿色消费发展各维度的短板与不足。

6.2 绿色消费发展指数指标体系构建

绿色消费发展指数指标体系包括:绿色消费发展总指数、五个维度

（遏制奢侈浪费、绿色消费方式、低碳循环发展体系、绿色低碳产品、绿色消费政策体系）的绿色消费发展分指数、8 个重点领域（绿色食品、绿色衣着、绿色居住、绿色交通、绿色用品、绿色文旅、绿色电力和公共机构）的绿色消费发展指数。绿色消费发展指数指标体系如图 6-1 所示。

6.2.1 绿色消费发展指数指标选取

本书基于《实施方案》对重点领域消费绿色转型的工作部署，查找相关政策文件与发展报告，梳理出 244 个评价绿色消费发展水平的关键信息点，以此作为构建绿色消费发展指数的指标全集。

进一步依据绿色消费发展的分维度，将上述指标进行归类对应，以此作为绿色消费发展分解指数的合成指标原始集。遏制奢侈浪费维度，从资源类、能源类、碳排放类以及垃圾类 4 个方面进行考察；绿色消费方式维度，从产品销售、市场规模和消费转型 3 个方面进行考察；低碳循环发展体系维度，从循环利用和垃圾处理能力两个方面进行考察；绿色低碳产品维度，从企业和产品认证、绿色低碳产品生产、绿色低碳领域投资 3 个方面进行考察；绿色消费政策体系维度，本书梳理了自 2022 年 1 月 28 日以来各相关政府部门发布的促进八个重点领域消费绿色转型的政策文件，在此基础上，计算各领域的政策一致性指数（PMC 指数），以此来测度绿色消费政策体系维度的分指数。

绿色消费发展指数指标体系的具体内容见表 6-1。

6.2.2 重点领域发展指数指标选取

《实施方案》明确提出了八大重点领域，分别是绿色食品、绿色衣着、绿色居住、绿色交通、绿色用品、绿色文旅、绿色电力、公共机构。本书针对各领域绿色消费发展情况，进行分领域绿色消费的评价。

6 绿色消费发展的综合评价

图 6-1 绿色消费发展指数指标体系

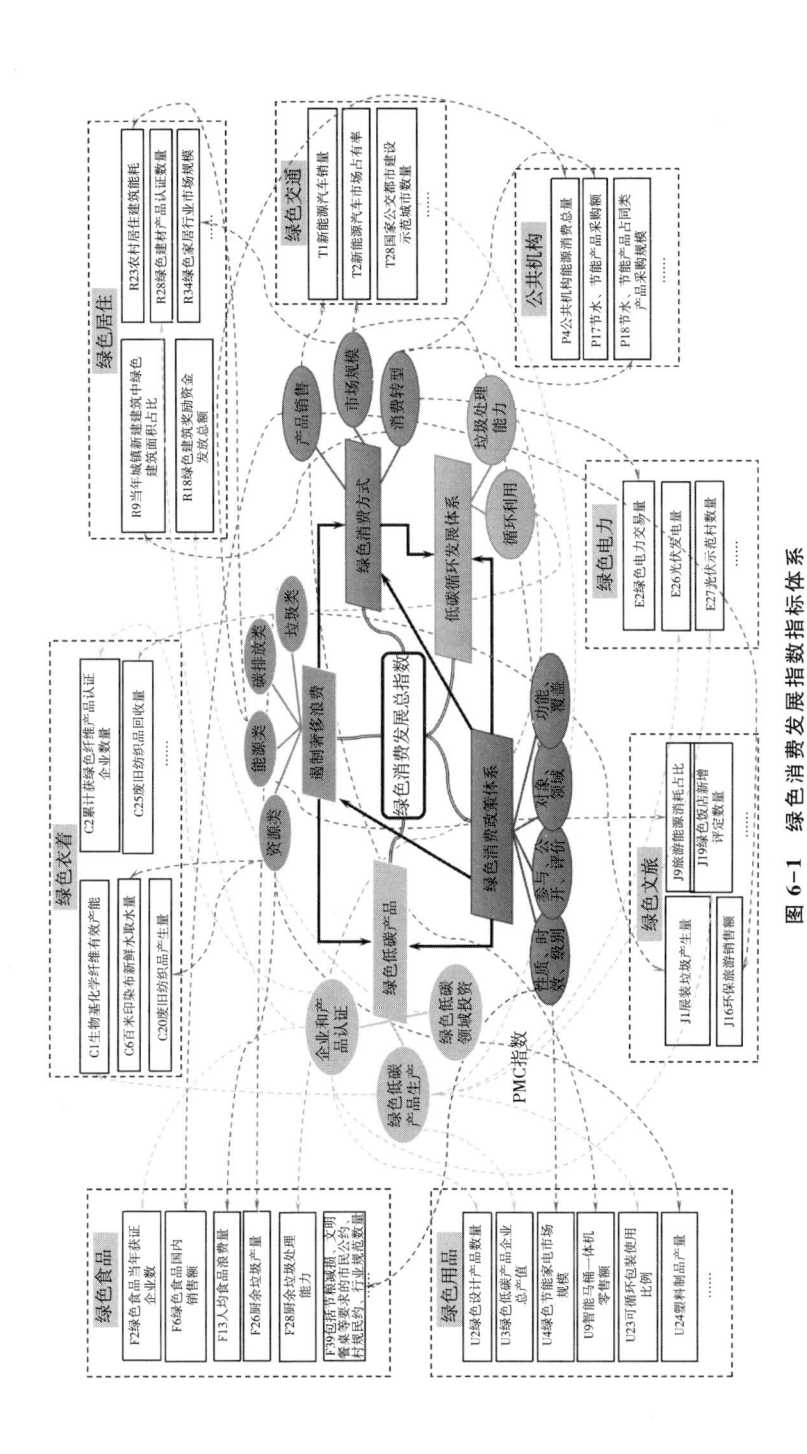

表 6-1　五大维度分指数评价指标

指数名称		指标类别	指标示例
绿色消费发展指数	遏制奢侈浪费分指数	资源类	农产品加工转化率(+)
		能源类	城镇居住建筑单位面积能耗(−)
		碳排放类	公共机构单位建筑面积碳排放(−)
		垃圾类	厨余垃圾产量(−)
	绿色消费方式分指数	产品销售	绿色食品国内销售额(+)
		市场规模	新能源汽车市场占有率(+)
		消费转型	全国绿色建筑累计建筑面积(+)
	低碳循环发展体系分指数	循环利用	废旧纺织品综合利用量(+)
		垃圾处理能力	厨余垃圾处理能力(+)
	绿色低碳产品分指数	企业和产品认证	绿色饭店新增评定数量(+)
		绿色低碳产品生产	铁路电气化比例(+)
		绿色低碳领域投资	绿色建筑奖励资金发放总额(+)
	绿色消费政策体系分指数	重点领域	各领域 PMC 指数得分

绿色食品领域，选取了农产品加工转化率、绿色食品国内销售额、厨余垃圾处理能力、绿色食品有效用标产品总数等 39 个指标对 5 个维度分别进行评价，并合成绿色食品发展指数。

绿色衣着领域，选取了废旧纺织品综合利用量、累计获绿色纤维产品认证企业数量、生物基化学纤维有效产能等 29 个指标合成绿色衣着发展指数。

绿色居住领域，选取了城镇新建建筑中装配式建筑比例、全国绿色建筑累计建筑面积、北方地区清洁取暖率等 43 个指标合成绿色居住发展指数。

绿色交通领域，选取新能源汽车市场占有率、换电车辆销量、燃料电池汽车销量等 41 个指标合成绿色交通发展指数。

绿色用品领域，选取绿色包装应用比例、废塑料回收量、绿色产品工厂数量、绿色设计产品数量等 25 个指标合成绿色用品发展指数。

绿色文旅领域，选取了乡村旅游接待游客数量、旅游骑行公里数、绿色饭店新增评定数量等 18 个指标合成绿色文旅发展指数。

绿色电力领域，选取了绿色电力交易量、风电利用率、新增建筑太阳能光伏装机容量等29个指标合成绿色电力发展指数。

公共机构领域，选取公共机构推广应用新能源汽车数量，公共机构人均用水量，节水、节能产品占同类产品采购规模，环保产品占同类产品采购规模等20个指标合成公共机构发展指数。

6.3 绿色消费发展指数评价方法与权重设定

6.3.1 指标的标准化处理

绿色消费发展指数以2020年为基年，将各年指标值与基年进行比较，若该指标在观测年的表现优于基年，该指标的得分高。

对于正向指标，指标的标准化处理公式如下。

$$Y_i = \frac{(X_i - X_{2020})}{X_{2020}} \times 100 + 100$$

其中，Y_i为指标i的得分，X_i为该指标在观测年的统计值，X_{2020}为该指标在2020年的统计值。

对于负向指标，指标的标准化处理公式如下。

$$Y_i = \frac{(X_{2020} - X_i)}{X_{2020}} \times 100 + 100$$

其中，Y_i为指标i的得分，X_i为该指标在观测年的统计值，X_{2020}为该指标在2020年的统计值。

6.3.2 指数的合成方法

将所有指标打分加权汇总合成得到指数得分，具体公式如下。

$$F_i = \sum_{j=1}^{m} \lambda_{ij} Y_{ij}$$

$$Z = \sum_{i=1}^{n} \omega_i F_i$$

其中，Y_{ij} 为第 i 个维度下第 j 个指标的得分，λ_{ij} 为第 i 个维度下第 j 个指标的权重大小，m 为指标个数，F_i 为第 i 个维度的得分；ω_i 为第 i 个维度的权重，n 为评价维度的个数，Z 为绿色消费发展总指数。

6.3.3 数据来源

本书以 2021 年为评价年份，评分所用基础数据全部来源于公开数据，一方面保证了资料的公平性，另一方面也限制了获取资料的全面性。受资料获取渠道、政策是否公开等因素的影响，评价结果难免产生差异。

6.4 绿色消费发展指数计算

6.4.1 数据指标的选取

由于部分指标的更新进度较慢，且量化难度较高，难以从公开渠道收集到有关数据。综合考虑指标相关性与数据可得性，本年度最终筛选出如下数据可支撑指标来计算绿色消费发展指数（见表 6-2）。

表 6-2 绿色消费发展指数实际计算所使用指标

总指数	分指数	指标分类	具体指标*
绿色消费发展指数	遏制奢侈浪费分指数**	资源类	农产品加工转化率
			公共机构人均用水量
	绿色消费方式分指数	产品销售	绿色食品国内销售额
			换电车辆销量
			燃料电池汽车销量
			新能源汽车下乡累计销售量
		市场规模	LED 照明市场规模
			新能源汽车市场占有率
			智能家电市场占比

续表

总指数	分指数	指标分类	具体指标*
绿色消费发展指数	绿色消费方式分指数	消费转型	城镇新建建筑中装配式建筑比例
			全国绿色建筑累计建筑面积
			北方地区清洁取暖率
			农村电气化率
			城市公共汽电车客运量
			城市轨道交通客运量
			乡村旅游接待游客数量
			风电利用率
			光伏发电利用率
			节水、节能产品占同类产品采购规模
			环保产品占同类产品采购规模
	低碳循环发展体系分指数	循环利用	废旧纺织品综合利用量
			废塑料回收量
		垃圾处理能力	厨余垃圾处理能力
	绿色低碳产品分指数	企业和产品认证	绿色食品有效用标产品总数
			累计获绿色纤维产品认证企业数量
			入选绿色设计示范企业的建材企业数量
			绿色产品工厂数量
			绿色设计产品数量
			绿色饭店新增评定数量
		绿色低碳产品生产	充电桩保有量
			加氢站数量
			铁路电气化比例
			国家公交都市建设示范城市数量
			城市公共汽电车运营车辆
			自然碳汇量
			光伏发电量
	绿色消费政策体系分指数	绿色食品	各个领域PMC指数得分
		绿色衣着	
		绿色居住	
		绿色交通	
		绿色用品	
		绿色文旅	
		绿色电力	
		公共机构	

注：*指标数据来源详见附表说明。**遏制奢侈浪费维度由于筛选后可计算指标数量较少，仅有资源类指标。

6.4.2 指标权重确定

本书采用专家打分法，课题组面向行业专家、相关管理部门专家、学界专家形成了三份专家打分，在通过一致性检验的基础上，将三组专家打分求得平均值确定绿色消费发展指数的指标权重。为避免因指标数量过多，影响专家打分的准确性，专家只对分维度及指标类别的权重进行赋值，最终指标采取最具代表性指标，如同一类别下涉及多个指标，则采用等权处理。最终确定的权重值详见表6-3和表6-4。

表6-3 绿色消费发展指数权重

总指数	分指数	权重	指标分类	权重
绿色消费发展指数	遏制奢侈浪费分指数	25	资源类	40
			能源类	30
			碳排放类	20
			垃圾类	10
	绿色消费方式分指数	20	产品销售	40
			市场规模	35
			消费转型	25
	低碳循环发展体系分指数	15	循环利用	60
			垃圾处理能力	40
	绿色低碳产品分指数	10	企业和产品认证	50
			绿色低碳产品生产	30
			绿色低碳领域投资	20
	绿色消费政策体系分指数	30	绿色食品领域	29
			绿色衣着领域	7
			绿色居住领域	23
			绿色交通领域	13
			绿色用品领域	6
			绿色文旅领域	11
			绿色电力领域	4
			公共机构领域	7

假设第 i 个维度的权重为 W_i（所有维度的权重和为1），该维度下指标个数为 n，则该维度下任一指标的权重为 $W_i \times 1/n$（不考虑指标分类的情况下）。

表 6-4 重点领域发展指数权重

发展指数	评价维度	权重	发展指数	评价维度	权重
绿色食品发展指数	遏制奢侈浪费维度	35	绿色衣着发展指数	遏制奢侈浪费维度	15
	绿色消费方式维度	20		绿色消费方式维度	—
	低碳循环发展体系维度	15		低碳循环发展体系维度	20
	绿色低碳产品维度	15		绿色低碳产品维度	35
	绿色消费政策体系维度	15		绿色消费政策体系维度	30
绿色居住发展指数	遏制奢侈浪费维度	40	绿色交通发展指数	绿色消费方式维度	65
	绿色消费方式维度	20		绿色低碳产品维度	20
	低碳循环发展体系维度	—		绿色消费政策体系维度	15
	绿色低碳产品维度	25	绿色文旅发展指数	遏制奢侈浪费维度	15
	绿色消费政策体系维度	15		绿色消费方式维度	35
绿色用品发展指数	遏制奢侈浪费维度	30		低碳循环发展体系维度	—
	绿色消费方式维度	20		绿色低碳产品维度	35
	低碳循环发展体系维度	20		绿色消费政策体系维度	15
	绿色低碳产品维度	15	公共机构发展指数	遏制奢侈浪费维度	25
	绿色消费政策体系维度	15		绿色消费方式维度	35
绿色电力发展指数	绿色消费方式维度	30		低碳循环发展体系维度	—
	绿色低碳产品维度	30		绿色消费政策体系维度	40
	绿色消费政策体系维度	40			

注:"—"表示该维度目前暂未有相关评价指标,故未设置权重。

6.5 绿色消费发展指数评价结果与分析

6.5.1 绿色消费发展指数评价结果

以 2020 年为基年,本书考察了我国 2021 年绿色消费的发展情况。2021

年绿色消费发展指数得分为 118.40 分（2020 年为 100 分），各维度评价结果得分介于 100.99 分至 152.64 分（见图 6-2），平均分为 120.94 分。

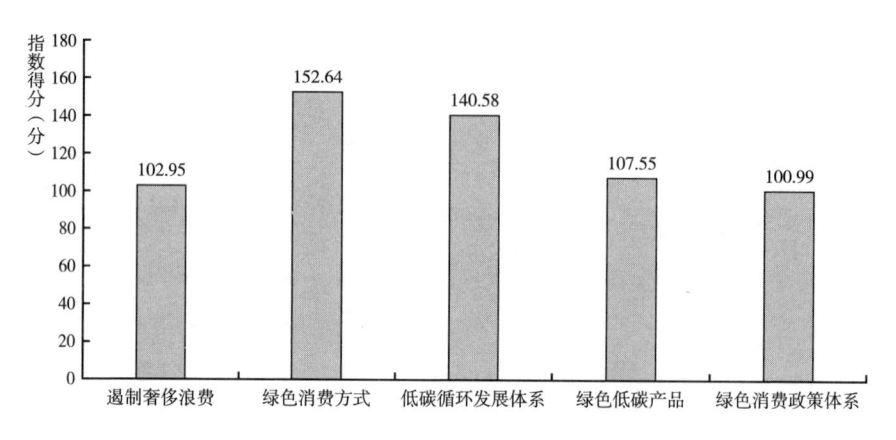

图 6-2　2021 年我国绿色消费发展指数评价得分结果

从绿色消费发展指数的计算结果来看，相较于 2020 年，我国 2021 年绿色消费发展水平得到了提升，具体表现为绿色消费在五个不同维度上的转型升级。

遏制奢侈浪费维度，2021 年的得分为 102.95 分，奢侈浪费与过度浪费得到有效遏制。从具体指标来看，2021 年我国农产品加工转化率为 70.6%，相较于 2020 年提升了 3.1 个百分点，农产品加工业结构布局得到进一步优化，加工环节节约减损情况得到改善，但与 2020 年在全国农产品加工业发展推进会上提出的到 2025 年农产品加工转化率提高到 80% 的目标仍有一段距离，在农产品加工环节还需进一步促进节约减损管理，统筹支持初加工、精深加工和综合利用协调发展。公共机构用水在生活用水中占相当大的比例，2021 年全国公共机构用水总量是全国生活用水总量的 12.2%，做好节水工作对完成全国水资源消耗总量和强度双控目标具有重要作用。2021 年全国公共机构人均用水量为 21.25 立方米，相较于 2020 年的 21.53 立方米，下降了 1.3%，表明公共机构作为开展节水行动的重要主体，在全国公共机构能源资源节约工作方面取得了积极进展。

绿色消费方式维度，2021年的得分为152.64分，表明在消费端，绿色生活方式与消费模式正在加快形成，并已取得显著成效。从具体指标来看，在产品销售方面，我国绿色食品国内销售额已连续6年呈现上升的态势，2021年为5218.63亿元，相比2020年增长了2.8%。同时我国新能源汽车市场快速发展，换电车辆与燃料电池汽车在2021年的销量增长显著，总体拉高了产品销售类别的得分。在市场规模方面，LED照明市场规模与智能家电市场占比的指标得分分别为109.28分和112.54分，表明节能家电与智能家电市场不断拓展。在消费转型方面，我国绿色建筑累计建筑面积、城市轨道交通客运量、乡村旅游接待游客数量呈现明显上升趋势，2021年增幅均大于25%，绿色消费转型取得明显成效。

低碳循环发展体系维度，2021年的得分为140.58分，具体表现为废旧物资的循环利用情况得到改善，垃圾处理能力明显提升。2021年我国废塑料回收量为1900万吨，废旧纺织品综合利用量为456.5万吨，相较2020年分别增长18.75%和8.54%，推动了再生资源规模化、规范化、清洁化利用。同时我国生活垃圾分类工作已取得阶段性进展，先行先试的46个重点城市厨余垃圾处理能力从2019年的每天3.47万吨提升到2021年的每天6.28万吨，对应指标的得分为180.98分，显著拉高了该维度绿色消费发展水平。

绿色低碳产品维度，2021年的得分为107.55分，具体表现为绿色低碳产品数量和企业认证数量快速增长，绿色低碳产品供给得到进一步扩大。从具体指标来看，2021年我国绿色食品有效用标产品总数为51071个，相较于2020年增长了19.5%，绿色食品认证工作取得了积极成效。2021年获绿色纤维产品认证企业数量增至37家，推动从纤维到终端产品的全产业链绿色化发展进程。而绿色饭店新增评定数量，从2013年到2019年实现大幅增长，在2019年达到历史最高值，但2020年与2021年数量有所下降，2021年为150家，相较2020年下降了23.86%，可能是由于近两年疫情影响，酒店行业低碳转型进度有所放缓。在绿色低碳产品生产方面，新能源汽车配套基础设施建设步伐较快，2021年全国充电桩保有量与加氢站数量增幅分别达到 55.58% 和 84.75%，显著提高该维度指数得分。

绿色消费政策体系维度，2021 年的得分为 100.99 分，相较于其他四个维度，该维度指数得分较低，原因在于绿色消费相关政策制定正处于起步阶段，政策体系还需进一步健全。2021 年绿色居住、绿色电力和绿色衣着消费领域政策发展较为完善，PMC 指数均达到 6 以上。相较于 2020 年，绿色食品、绿色交通、绿色用品、绿色文旅消费领域的 PMC 指数有所提升，对应绿色消费指标得分均大于 100 分，表明在该领域绿色消费相关政策近两年在不断完善，提高了该维度指数得分。相比之下，公共机构领域的绿色消费相关政策需进一步健全，未来需加快相关政策制定，完善政策体系，推动公共机构在促进绿色消费方面的示范作用。

6.5.2 重点领域发展指数评价结果

各重点领域发展指数评价结果得分介于 96.13 分至 145.83 分（见图 6-3），平均分为 112.24 分，表现最优的为绿色交通领域。

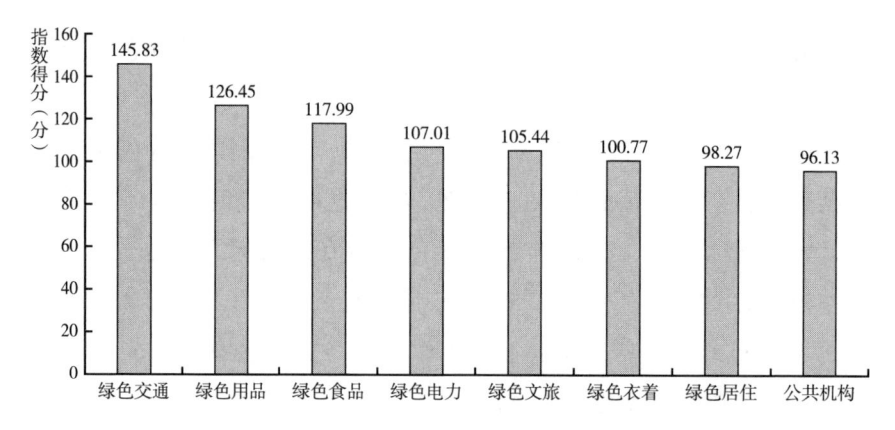

图 6-3 2021 年八大重点领域发展指数评价得分结果

整体来看，2021 年八大重点领域的绿色消费发展水平呈增长趋势，但各领域之间有明显差异。

绿色交通领域，2021年发展指数得分为145.83分，位列第一。从具体指标来看，新能源汽车相关指标均呈增长态势，具体表现为新能源汽车市场占有率显著提升，由2020年的13.4%增长至2021年的21.6%，市场拓展进程加快。新能源汽车下乡工作自2020年开展以来，取得了显著成效，2020年下半年累计销量为36万辆，到2021年增长至106.8万辆。除此之外，公共交通服务体系进一步完善，城市公共汽电车、轨道交通出行规模扩大。2021年城市公共汽电车、城市轨道交通客运量分别为489.16亿人次和237.27亿人次，同比分别增长10.58%、34.89%。

绿色用品领域，2021年发展指数得分为126.45分。从具体指标来看，相较于2020年，2021年智能家电市场占比与废塑料回收量的增幅分别为12.54%和18.75%，表明绿色用品在智能家电市场拓展与废旧物资循环利用方面取得了积极成效。但绿色产品工厂数量和绿色设计产品数量在2021年略有回落，在绿色低碳产品质量和品牌建设方面还需进一步加强。

绿色食品领域，2021年发展指数得分为117.99分。从具体指标来看，2021年绿色食品的消费端与供给端都呈现快速发展态势，绿色食品国内销售额大幅提升，绿色食品有效用标产品总数也显著增长，增长率分别为19.50%和2.82%，得益于近几年出台的一系列相关政策与法规，为绿色食品行业健康发展提供了强力支持。同时遏制奢侈浪费维度和低碳循环发展体系维度也得到提升，农产品加工转化率和厨余垃圾处理能力皆呈现快速增长态势，显著提高了该领域发展指数得分。

绿色电力领域，2021年发展指数得分为107.01分，具体表现为风电与光伏发电的快速发展。2021年全国风电利用率为96.9%，同比增长0.41个百分点，光伏发电利用率较稳定，保持在98%左右。2021年全国光伏发电量为3259亿千瓦时，同比增长25%左右，占电源总发电量的4%，同比提升0.6个百分点，光伏产业进入规模化发展阶段。但光伏发电参与市场化交易方面还面临挑战，当前光伏发电等新能源通过绿电交易试点、现货交易等方式逐步参与电力市场化交易，而新能源参与电力市场的电价和原来的保障性收购会有较大变化,对收益也会有较大影响,参与市场化交易可能面临较大压力。

绿色文旅领域,2021年发展指数得分为105.44分。与2020年相比,2021年该领域绿色消费发展指数有所提升的主要原因在于乡村旅游接待游客数量的快速增长。随着国内疫情防控渐趋稳定,我国乡村旅游市场逐渐回暖恢复,增长势头明显。2020年乡村旅游接待游客数量为14.16亿人次,截至2021年10月,该指标增长至18.5亿人次。

绿色衣着领域,2021年发展指数得分为100.77分,在扩大绿色低碳产品供给与加快低碳循环发展体系方面,衣着领域取得了积极成效。从具体指标来看,累计获绿色纤维产品认证企业数量由2020年的34家增长至2021年的37家,绿色纤维认证工作有序推进。同时,近两年来,我国进一步加快推进废旧纺织品的循环利用,2021年废旧纺织品综合利用量为456.5万吨,同比增长8.54%,循环利用能力大幅提升。

绿色居住领域,2021年发展指数得分为98.27分,原因在于绿色低碳产品维度的有关指标略微回落。2021年入选绿色设计示范企业的建材企业数量为7家,相较于2020年有所下降,表明还需进一步加大力度推广绿色低碳建材,加快绿色建材企业与产品发展。相比之下,在绿色消费方式维度,居住领域呈现快速增长态势,城镇新建建筑中装配式建筑比例由2020年的54.6%增长至2021年的67.7%,绿色建造得到大力发展。2021年北方地区清洁取暖率为73.6%,同比增长13.23个百分点,清洁取暖工作实施成效显著,北方地区清洁取暖工作得到积极稳妥推进。

公共机构领域,2021年发展指数得分为96.13分,相较于其他七个领域,公共机构领域消费绿色转型还需进一步推进。从具体指标来看,虽然公共机构节水工作取得积极成效,2021年公共机构人均用水量为21.25立方米,同比下降1.3%,但政府还需加大绿色采购力度。2020年全国强制和优先采购节水、节能产品占同类产品采购规模的85.7%,同比下降4.3个百分点;2020年全国优先采购环保产品占同类产品采购规模的85.5%,同比下降2.5个百分点。当前,我国通过夯实采购人主体责任、加大绿色采购力度取得了一定的成效,但仍存在法律法规制度不够健全、采购需求确定有待细化、采购人激励约束机制有待完善、内控制度有待优化和采购项目多部门协作有待加强等问题,需通过完善相关法律法规、优化采购需求管理、建立激励约束机制、健全内控制度以及加强采购部门协作等途径加以解决。

第 3 篇

绿色消费的国际经验与启示

7

联合国可持续发展目标

许寅硕　刘　颖

1992年的联合国环境与发展大会是国际环境治理历程的一次重要里程碑事件，正是在此次大会上，与会各国认识到可持续消费和生产对于应对所有环境与发展挑战的重要意义，会议成果文件《21世纪议程》更直接表明全球环境持续恶化的主要原因就是不可持续的消费和生产模式。

目前不可持续的消费和生产模式导致森林砍伐、水资源短缺、粮食浪费和高碳排放，并导致关键生态系统的退化。

如果继续现有的消费和生产模式，到2050年，每年需要1830亿吨材料用于生产，这是目前使用量的3倍，是地球无法维持的。另外，资源的浪费巨大。例如，据估算，全球每年有480万~1200万吨塑料垃圾流入海洋，造成生态系统严重破坏和健康风险；每年生产的食物有大量的损失和浪费，2019年消费者端的食物浪费约9亿吨，占到全球当年生产食物总量的17%。

7.1　SDG12目标的内容与指标

2015年9月，联合国可持续发展峰会在纽约总部召开，联合国193个成员国在峰会上通过《2030年可持续发展议程》，在17项可持续发展目标（SDGs）中将"负责任的消费和生产"单独设置为目标12并表明：可持续消费和生产旨在实现"生产更多、更好、更节省"，在提升生活质量的同时，通过减少整个生命周期的资源消耗、退化和污染，来增加经济活动的净福利收益（见表7-1）。

表7-1 SDG12 负责任的消费和生产目标与指标

目标	指标
各国在照顾发展中国家发展水平和能力的基础上，落实《可持续消费和生产模式十年方案框架》（10YFP），发达国家在此方面要做出表率	制定、通过或实施旨在支持向可持续消费和生产转变的政策文件的国家数目
到2030年,实现自然资源的可持续管理和高效利用	①材料足迹、人均材料足迹和每GDP材料足迹。②国内物质消费、人均国内物质消费、单位国内生产总值
到2030年,将全球零售和消费者层面的人均粮食浪费减半,并减少生产和供应链中的粮食损失,包括收获后损失	a 粮食损失指数 b 食物浪费指数
到2020年,根据商定的国际框架,实现化学品和所有废物在整个存在周期的无害环境管理,并大幅减少它们排入大气以及渗漏到水和土壤的概率,尽可能降低它们对人类健康和环境造成的负面影响	①关于危险废物和其他化学品的国际多边环境协定缔约方的数量,这些缔约方履行了按照每项相关协定的要求提交资料的承诺和义务。②a 人均产生的危险废物；b 按处理类型分列的危险废物所占比例
到2030年,通过预防、减排、回收和再利用,大幅减少废物的产生	全国回收率,回收材料吨数
鼓励各个公司,特别是大公司和跨国公司,采用可持续的做法,并将可持续性信息纳入各自报告周期	发布可持续发展报告的公司数量
根据国家政策和优先事项,推行可持续的公共采购做法	实施可持续公共采购政策和行动计划的国家数目
到2030年,确保各国人民都能获取关于可持续发展以及与自然和谐的生活方式的信息并具有上述意识	①全球公民教育。②可持续发展教育在多大程度上被纳入：a 国家教育政策的主流；b 课程；c 师范教育；d 学生评估
支持发展中国家加强科学和技术能力,采用更可持续的生产和消费模式	发展中国家可再生能源发电装机容量
开发和利用各种工具,监测能创造就业机会、促进地方文化和产品的可持续发展的旅游业对促进可持续发展产生的影响	实施标准会计工具,以监测旅游业可持续性的经济和环境方面

续表

目标	指标
对鼓励浪费性消费的低效化石燃料补贴进行合理化调整,为此,应根据各国国情消除市场扭曲,包括调整税收结构,逐步取消有害补贴以反映其环境影响,同时充分考虑发展中国家的特殊需求和情况,尽可能减少对其发展可能产生的不利影响并注意保护穷人和受影响社区	单位国内生产总值的化石燃料补贴(生产和消费)金额

SDG12负责任的消费和生产是解锁全球现在面临的三大环境危机——气候变化、自然资源和生物多样性损失、化学品和废物污染的一把钥匙,造成这些问题的最根本原因是当前不可持续的消费和生产。同时,SDG每个目标并不孤立,而是相互作用和相互促进的,SDG12的实践既可以促进其他目标的实现,又可以得益于其他目标的实现。

推进SDG12实施的一个核心机制就是"The One Planet Network",即一个地球联盟,于2012年建立,主要通过几大领域开展不同项目来推进。可持续消费和生产整体上涉及很多行业,其现阶段主要聚焦于三个重点领域:可持续建筑与建设、可持续旅游与生态旅游、可持续食物系统。此外,还有三个领域是促进可持续消费与生产发展的保障性措施,包括向消费者提供信息、可持续生活方式和教育、可持续公共采购。

7.2 联合国环境规划署可持续消费和生产十年方案框架

全球经济、人口和消费的快速增长,造成了资源过度开发、生物栖息地渐失和气候变暖等严重问题。近年来,伴随东亚经济的发展,这些消极因素在全球可持续发展中的影响不断扩大。

联合国环境规划署(UNEP)将可持续消费和生产(Sustainable Consumption and Production,SCP)定义为:"可持续消费和生产是一个系统方案,来尽量减少消费和生产对环境带来的不利影响,同时促进和提升所有人的生活质量。"可持续消费和生产可以成为全球经济复苏的推动因素，不让任何人掉队，实现全球可持续发展的雄心，并使我们在2030年回到正轨。可持续消费和生产的持续行动给希望采取行动实现全球气候、生物多样性、福祉目标的利益相关者提供了希望。

1994年，UNEP在奥斯陆专题研讨会上正式提出"可持续消费"，并在内罗毕发表的《可持续消费的政策因素》中首次将"可持续消费"定义为：提供服务以及相关的产品以满足人类的基本需求，提高生活质量，同时使自然资源和有毒材料的使用量最少，使服务或产品的生命周期中所产生的废物和污染物最少，从而不危及后代的需求。

2002年的可持续发展首脑会议将可持续消费和生产列入会议的重要议题。此次会议之后，UNEP与联合国经济和社会事务部共同发起了马拉喀什进程，作为具体实施可持续消费和生产的十年计划框架，该进程在2012年的联合国可持续发展大会（"里约+20"峰会）上获得通过。

2014年6月，以"可持续发展目标和2015年后发展议程，包括可持续消费和生产"为主题的联合国环境大会（United Nations Environment Assembly，UNEA）首届会议在内罗毕举行，被视为推动联合国千年发展目标成功实现、推动环境保护国际议程设置和可持续发展关键行动的重要举措。

2015年，UNEP再次针对可持续消费和生产发布文件《可持续消费和生产：决策者指南》，这是对《可持续消费和生产模式十年方案框架》（10YFP）的直接贡献，首次概述了实现效率收益的意义，成为世界各国确立可持续消费和生产模式的重要推动力。

2022年7月，《可持续消费和生产模式10年方案框架的进度报告》发布。报告提出了四项促进可持续消费和生产的行动。第一，将可持续消费和生产视为一个影响社会、经济、气候、生物多样性、污染和废物结果的系统。第二，不让任何人掉队，加入一场包容、公正的全球SCP运动。第三，通过加强科学、监测和报告来激发对SCP的行动。第四，为我们想要的和子孙后代应得的未来而行动。

10YFP、多边环境协定和联合国机构应继续合作开发双赢的工具和资源。一场真正具有包容性的全球运动必须建立在国家行动的基础之上。国家联络点是全球行动和国家实施之间的重要纽带。需要增加关注和财政资源，用于加速大规模的变革性，同时为所有人带来最大的利益。

10YFP 董事会和成员国以及利益相关者正在制定一个雄心勃勃的愿景，即在 SCP 上进行多边和多利益相关者合作，以指导到 2030 年的计划工作，并邀请所有成员国和利益相关者参与这一全球行动。

8

欧盟可持续消费政策与实践

许寅硕　张　威

8.1　欧盟的可持续消费政策体系

政府对消费行为进行引导干预，通过出台有效的可持续消费相关政策构建可持续消费模式，是推进可持续消费的关键举措。联合国《21世纪议程》达成共识后，可持续消费的重要性在各国逐渐显现。欧盟作为可持续发展战略的倡导者和实践者，其可持续消费政策框架经历了从末端治理向一体化产品政策转变，即从早期重视废弃物回收利用和最小化，转向日益重视可持续产品设计和供应，以及向消费者提供关于产品的能源消费和环境影响信息的过程。

1992年，欧盟启动自愿性的生态标签（EU Ecolabel）计划，用以奖励市场上环境友好性产品。该计划推动了市场参与者进行可持续的生产和消费。欧盟于2000年制定了"里斯本战略"（Lisbon Strategy for Growth and Jobs），将可持续消费和生产设定为欧盟未来10年优先重点关注的领域。2005年7月，欧盟颁布了耗能产品生态设计指令2005/32/EC，要求制造商对产品进行"环境化设计"，在产品设计、制造、使用、后期处理的整个生命周期内将环境影响降到最低，全方位监控产品对环境的影响。2009年10月，欧盟又颁布了能源相关产品生态设计指令2009/125/EC，进一步扩大了覆盖产品的范围，由耗能产品扩展到所有能源相关产品。欧盟绿色产品和服务的供给快速增加。

2008年，欧盟制定并颁布了《可持续消费、生产和产业行动计划》，重点关注改善产品的环境绩效并激励对更具可持续性的产品和生产技术的需求。该行动计划主要包括8个关键方面：对更多产品提出生态化设计要求；强化能源和环境标签体系；对高能效产品进行奖励和政府采购；实施绿色公共采购；产品数据和方法的一致性；与零售商和消费者合作；提高能源效率，促进生态创新，提高产业环境能力；在国际范围内促进可持续消费和生产。同时，为更好地分析、评价可持续消费实施效果，欧盟推出了"可持续消费和生产指标"。宏观的政策引导和有效的评价措施，切实推动了欧盟可持续消费的发展。

2016年6月，欧洲各国通过了自愿性的《绿色经济泛欧战略框架》，其确定的9个重点领域中有3个与消费直接相关，分别是消费者行为转向可持续消费模式、促进绿色和公平贸易、在开发人力资本的同时创造更多绿色和体面的工作。

2019年12月，欧盟委员会发布《欧洲绿色协议》，围绕2050年气候中和战略目标，描绘了欧洲绿色发展战略的总体框架，涵盖了欧盟气候目标的提升，能源、工业、建筑、交通、农业等各领域的转型发展，生态环境和生物多样性保护，以及将可持续性纳入投融资、国家预算、研究创新等各项欧盟政策。2020年3月，欧盟委员会发布新循环经济行动计划，是《欧洲绿色协议》的重要组成部分。其目标是让可持续产品成为欧盟的规范，推动消费者和公共买家可持续地消费，并且实现零废弃物体系。该行动计划主要内容包括制定可持续产品政策框架、关注重点产品价值链循环、提出减少废弃物目标和计划，确定了电子产品和信息通信技术，电池和汽车，包装，塑料，纺织品，建筑物，食物、水和养分七个关键领域，重点落实可持续产品理念和政策框架。此外，循环经济行动计划还强调了政府在公共采购及消费者影响力方面的引领作用，通过绿色采购来推动可持续供应链的成熟。

2022年3月，欧盟委员会在《欧洲绿色协议》框架下推出四项可持续产品法规草案，旨在使欧盟市场上的实物商品的生命周期呈现环境友好、可循环和高能效的特征，使产品更耐用、可重复使用、可升级、可维修，使资源和能源效率更高，以支持在整个欧盟市场部署可持续生产与消费。其中，《可持续产品生态设计法规》提案着重解决产品设计问题，此环节决定了产品生命周期80%的环境影响。《欧盟可持续和循环纺织品战略》在生产层面通过纺织品生态设计要求、更清晰的信息、数字产品护照和强制性生产者责任延伸计划，使生产商必须对价值链上的产品负责，拓展资源节约型制造流程、再利用、维修和其他新的循环商业模式，确保2030年进入欧盟市场的纺织品均为长寿（long-lived）和可回收，且尽可能使用再生纤维制造，不含有害物质，并根据社会权利和环境生产的产品。《建筑产品法规》将创建一个协调框架，以评估和沟通建筑产品的环境和气候性能。新的产品要求将确保建筑产品的设计和制造基于最先进技术，使建筑产品更耐用、可修复、可回收、更易于再制造。草案将使标准化机构更容易开展创建欧洲共同标准的相关工作，以消除内部市场自由流动障碍，同时加强市场监督能力，并为供应链上的经营者制定更明确的规则。《关于赋予消费者绿色转型权利的指令》要求向消费者提供有关产品耐用性、可修复性、可靠性和透明性的相关信息，以避免阻碍消费者做出"可持续消费选择"的"不公平"和误导性商业行为，规范欧盟市场上含糊、存在误导性或无根据的环保声明。

8.2 SDG12 的欧盟做法

8.2.1 可持续食物系统

2020年5月，欧盟委员会发布"从农场到餐桌战略：建立公平、健康和环境友好型粮食体系"（A Farm to Fork Strategy：for a Fair, Healthy and Environmentally-friendly Food System）。该战略是《欧洲绿色协议》的重要组成部分，也是欧盟疫后复苏计划的重要抓手，对于增强未来疫情抗击能力、经济恢复能力至关重要。

"从农场到餐桌战略",旨在减少农业的碳足迹,并加速向可持续粮食生产和消费系统过渡,其有望推动欧盟建立"公众意识提升—食品生产系统更高效—存储和包装更科学—消费更健康/食物浪费更少—农业加工和运输更可持续"这一闭环的、从生产到消费的食品循环体系。2023年底前,完成"可持续粮食体系"(Sustainable Food System)法律框架制定,是欧盟"从农场到餐桌战略"实施的核心问题。

"从农场到餐桌战略"通过法规制定、资金引导等措施,促进农药可持续利用,减少污染,发展有机农业,支持农牧渔民、水产养殖者向可持续生产过渡。欧盟"共同农业政策"(Common Agriculture Policy,CAP)和"共同渔业政策"(Common Fisheries Policy,CFP),是支持农业生产者向可持续粮食系统过渡的主要政策工具。"从农场到餐桌战略"将投入100亿欧元用于粮食、农业、渔业、水产养殖等领域研发创新,加速农业绿色和数字化转型。该战略具体目标为:计划到2030年,农药使用量降低50%,肥料使用量降低20%,畜牧和水产养殖抗生素使用量降低50%,农业用地有机化面积占比达到25%。

8.2.2 可持续建筑

欧盟已出台多项以提高建筑能效为重点的能源计划。早在2002年,欧盟就制订了能源效率建筑指令(Energy Performance of Buildings Directive,EPBD)。2010年,EPBD修正时提出了"近零耗能"建筑(Nearly Zero-Energy Buildings,nZEB)的落实时程,要求2019年起所有新建公有建筑达到近零耗能,2021年起所有的新建筑(包括民间的)都要达到这个标准,为欧盟新建和翻修的建筑物设定了能效标准。

2020年10月,欧盟委员会公布了旨在提高存量建筑能源效率的建筑翻新计划(Building and Renovation)。欧盟境内大约85%的建筑年限已超过20年,且大部分仍将继续使用至少30年。众多老旧建筑维护成本高昂,特别是供暖和供热系统早已不符合当前建筑的能效要求。根据欧盟标准,新建筑的能耗较20年前减少了一半。

2021年12月，欧盟新修订的EPBD Ⅱ规定，至2028年，所有新建筑必须使用太阳能屋顶系统；至2032年，翻新的户用建筑必须使用太阳能屋顶系统。成员国必须出台强有力的战略，设定最合算的最低能源性能要求，鼓励采用更节能的供暖制冷系统、信息通信技术和智能技术，例如，引入自动化和控制系统等，确保建筑物高效运行。

8.2.3 可持续生活方式

欧盟计划到2030年温室气体净排放量较1990年水平至少减少55%，并在2050年实现碳中和。目前交通运输业的温室气体排放约占欧盟总排放量的1/4，并呈不断增加趋势。欧盟通过制定战略、编制规划指南等加快推动建设可持续、智能和富有韧性的交通运输和出行系统。欧盟已提出到2050年力争使交通运输行业减少90%的碳排放的目标。

欧盟委员会2009年引入可持续城市出行（Sustainable Urban Mobility Planning，SUMP）概念，2013年发布《欧洲可持续城市出行规划编制与实施指南》（SUMP指南），2019年修订SUMP指南，指导欧洲城市编制和实施可持续城市出行规划，推动了欧洲城市可持续交通出行实践的快速发展。

2020年12月，欧盟委员会发布了《可持续与智能交通战略》，提出到2030年欧盟零排放乘用车及卡车数量将分别达到3000万辆和8000万辆，碳中和高速列车数量较当前增加1倍以上，零排放船舶届时将进入市场，同时还将增加其他零碳出行基础设施；2035年，零排放飞机将进入市场；2050年，绝大多数汽车、厢式货车、公共汽车和重型车辆实现零排放。同时，还提出一份包含82项举措的行动计划，将为未来四年欧盟交通运输系统实现其绿色和数字化转型以及应对未来危机提供指导。

8.2.4 向消费者提供信息

2022年3月，欧盟委员会在《欧洲绿色协议》框架下推出四项可持续产品法规草案，聚焦可持续产品，旨在促进可循环商业模式并为欧洲绿色转型赋能消费者。

在绿色协议框架下，欧盟委员会推出了《关于赋予消费者绿色转型权利的指令》草案，要求制造商、品牌和零售商向消费者提供有关产品耐用性和可修复性相关信息，以使消费者获取充分信息，做出"可持续消费选择"，禁止企业展示未经认证或非公共当局建立的可持续性标签，更好地保护消费者免受"洗绿"的伤害。

8.2.5 可持续公共采购

欧盟通过制定相关法律和政策为可持续公共采购的实施提供制度保障，除此之外，还制定了一系列配套政策措施支持可持续公共采购。

2009年4月，欧盟颁布了《公共机构采购符合环保与能效标准的清洁、高效机动车辆的指令》（2009/33/EG），要求2010年12月起公共机构采购的机动车辆要满足相应能效标准，达到特定的二氧化碳排放标准，并兼顾所采购车辆使用寿命期内的氮氧化物和颗粒物排放要达标。同年10月，欧盟《耗能产品生态化设计的指令》（2009/125/EC），明确提出在欧盟范围内将不得采购所有高能耗产品。

2014年，欧盟修订了公共采购指令（2014/24/EU），要求公共采购在考虑价格与采购全生命周期成本的同时，要更注重采购的质量，并更多考虑采购行为对环境、社会与创新等诸多方面的影响。同时，欧盟为具体产品或服务的采购，比如家具、纺织品、打印设备等也发布了相应的采购标准或指南，充分考虑了可持续发展相关因素。例如，针对家具，欧盟发布绿色采购自愿性新标准；针对纺织品，欧盟发布了相应的绿色采购标准指南。2023年修订的《可持续产品生态设计条例》（Ecodesign for Sustainable Products Regulation）也涉及相关可持续公共采购标准。

8.2.6 可持续旅游与生态旅游

2004年欧盟成立了旅游可持续发展组织，由政府、国际旅游组织、行业协会和社会团体的代表组成，2007年起该组织定期发布欧盟旅游可持续发展报告，提供欧盟旅游可持续发展进程相关信息。2011年欧盟提出《新欧盟旅游政策框架》，旨在建设可持续的高品质旅游目的地品牌，设立欧洲旅游网，推广欧洲旅游。

生态旅游服务认证制度也是规范欧盟旅游可持续发展的一个重要举措，比如，世界旅游及旅行理事会（WTTC）最先发起的绿色环球（Green Globe）、欧洲环境教育基金组织的欧洲蓝旗（European Blue Flag）、《欧洲保护区可持续旅游宪章》等。生态旅游标签可以帮助教育消费者，影响消费者决策行为，为组织优化环境表现提供激励。例如，欧洲生态旅游发展合作组织2001~2003年开展了"欧洲VISIT旅游生态标签"计划，其标准建立在ISO 14024上，列举了21条生态标签认证要求，包括审核单位必须对生态游荒野地设立具体的能源、水等消费及监控管理标准。

9 典型国家经验

宋子越　赵宏德　许寅硕

9.1 瑞典可持续消费政策与实践

9.1.1 国家战略

瑞典是开展环境保护最早的国家，也是全球最早引入环境可持续发展理念的国家。在解决环境污染和应对气候变化方面，瑞典一直是"先行者"。瑞典可持续消费与生产的快速发展还得益于国家制度建设以及国家战略的推动。

1967年，瑞典政府组建了环境保护署（The Swedish Environmental Protection Agency），瑞典成为第一个建立环境保护机构的国家。2002年3月，瑞典政府正式出台了第一部《瑞典可持续发展策略》（Swedish Strategy for Sustainable Development），确立了可持续发展是第一国策。

2016年，瑞典发布了《国家可持续消费战略》（Strategy for Sustainable Consumption），提出了7个重点领域：①增长知识和深化合作；②鼓励可持续的消费方式；③精简资源利用；④提升企业的可持续发展信息披露；⑤逐步淘汰有害化学品；⑥改善所有消费者的安全；⑦推动食品、运输和住房领域的可持续消费。该战略的主要责任政府为瑞典财政部，而不是环境和能源部（可持续政策的情况通常如此）。相较于其他政府部门，瑞典财政部拥有更多的执行资源，以及更强的合规执行力。由此可见，瑞典不仅将可持续消费看作是环境问题，更将其看作是整个社会经济系统面临的挑战和机会。2016年，瑞典还发布了国家公共采购战略（National Strategy for Public Procurement），要求采购毒性更小、循环性更强、无化石燃料的产品和服务，推动了公共采购的可持续转型。

自2016年开始，瑞典在其《新型工业化战略》中突出了"智能产业"和"绿色可持续性的生产"两大特色，力求将瑞典打造成为全球创新和商品与服务可持续性生产的领导者，提高瑞典工业部门在全球价值链上高附加值市场的竞争力。2020年，瑞典发布了国家循环经济战略（National Strategy for Circular Economy），确立了四大重点：可持续生产和产品设计、可持续消费、无毒和可循环材料、通过创新和循环商业模式推动商业部门和其他部门的发展。2021年，瑞典发布了循环经济国家行动计划（National Action Plan for Circular Economy），该行动计划则依据循环经济战略设定了循环经济发展的目标和衡量标准。

9.1.2 政策措施

瑞典于1991年开始对用于发电以外其他用途的化石能源征收碳税，成为瑞典气候政策的基础。利用经济手段推进环境可持续发展是瑞典政府的重要政策措施。1999年4月，瑞典议会颁布了首部国家环境目标体系——《瑞典环境目标》（Environment Quality Objective），主要基于5项原则：促进人类健康、保持生物多样化、保护文化遗产、保持生态系统长远的生产能力、有利于自然资源的管理。该目标体系涵盖16个方面（2005年修订为15个），包括空气、水资源、核辐射、湖泊、海岸、湿地、建筑、动植物、森林等，将环保的目标量化并落到了实处。

2006年，瑞典议会设立了气候委员会，提出了国家短期和长期排放目标及相对综合的行动计划建议，瑞典政府据此提出了气候法案，与能源政策法案一起在2009年获得议会多数通过，合称为"一体化气候与能源政策"，确立了2020年气候目标和到2050年达到净零排放的愿景。

自2008年开始，瑞典通过分析产品生命周期的温室气体排放，研究全国消费与气候变化之间的关系。为改进研究方法，瑞典环境保护署资助了PRINCE（Policy Relevant Indicators for National Consumption and Environment）项目，研究和确定与消费和环境有关的政策指标，探讨如何改进和扩大以消费为基础的指标，以便在瑞典的决策中有效地运用这些指标。PRINCE项目的第一阶段为2014~2018年，2018年，PRINCE项目向瑞典环境保护署提交了新的基于消费的一系列环境宏观指标，并提出了瑞典国际消费碳足迹相关的政策建议。2019年，瑞典环境保护署向政府推荐了监测重点消费类型（交通、航空、食品、建筑和住房、纺织品）温室气体排放趋势的一套指标。PRINCE项目第二阶段开始于2021年1月，重点研究消费对于生物多样性、渔业以及土地利用的影响。

2019年12月，瑞典政府向瑞典议会提交了首份气候政策行动计划（政府法案2019/20：65），包括132项措施，涉及制造业、沟通、消费、公共采购、农业、林业、金融市场和国际气候行动等多个领域。2022年4月，瑞典议会环境目标制定委员会聚焦消费排放，提出瑞典气候目标战略建议，成为全球首个制定消费排放目标的国家。这些战略建议经议会通过后将成为瑞典气候法规和政策措施的构成部分。

瑞典政府还支持利益相关方的合作。比如，举办可持续消费和生活方式的全国和区域研讨会、纺织品供应链多利益相关方对话，以及生态智能消费全国论坛，并将这些做法和数据上报。

9.1.3 制度安排

瑞典从中央到地方都有保障可持续消费相关政策推广实施的管理机制。中央政府部门中最关键的是瑞典环境保护署，统一管理国家的绿色发展事务。2005年，瑞典内阁改组，专门成立了可持续发展部，统领环保、能源和住房政策。地方管理部门主要负责地区的绿色低碳发展工作，执行中央绿色发展政策且受其监督，制定和实施适合本区域的绿色发展方案。各地区还设有区域环境中心,负责所在区域的环境管理、教育、改进和发展。此外,还有一些与绿色发展事业相关的部门,主要负责分管领域内绿色发展政策的实施工作,如国家生态循环委员会等。

瑞典执行多机构参与的跨部门可持续消费战略。除了上述管理机制,为了更好地进行可持续消费相关政策指导、监管和执行,瑞典还设立了专门的委员会。2002年,瑞典政府专门组建了环境目标委员会,推动和跟踪环境目标的实施。环境目标委员会直接对中央政府和国会负责,全面统筹安排、协调工作、监督实施,保障环境质量目标的实现。环境目标委员会可以解决环境经济手段政出多门、权责不清等问题。从2015年开始,瑞典国家和地区有关机构就一直在"环境目标委员会"下进行战略合作。该委员会2016~2019年提出的百项国家有关机构合作措施中,大约30%聚焦"经济、增长和消费"领域。可持续消费政策工具是2020~2022年环境目标委员会确立的七大重点领域之一。

9.1.4 重点领域

1. 衣

瑞典于2020年确立了国家循环经济战略（National Strategy for Circular Economy）,服装行业绿色生产和消费对于战略目标的实现非常重要。瑞典绿色衣着的目标是从线性生产到循环生产和可持续消费,材料在使用后不会被丢弃,而是被回收或以其他方式使用,以便将废物排放量保持在最低限度。

目前,瑞典服装和时尚行业正在探索新的商业模式,以更好地推动绿色消费和实现循环经济目标。

2. 食

瑞典碳标签制度始于食品领域,用于表示食品的"碳排历史"。从2005年开始,瑞典农民协会、食品标签组织等开始给各种食品的碳排放量做标注,以引导消费者选择健康的绿色食品,减少温室气体排放。若产品达到25%的温室气体减排量,将在每一类食品类型中加以标注,从果蔬、奶制品和鱼类产品开始实施。贴碳标签的产品必须完成生命周期评价并发布第三类环境声明（Environmental Product Declaration，EPD）①。

2017年，瑞典政府出台了国家食物战略（National Food Strategy），其主要目的是促进生产，支持有竞争力的食物链，促进就业，增强创新能力，实现相关环境目标。该战略明确了三大重点领域——规章制度、消费者和市场（让消费者对食物充满信心且能够做出明智和可持续的选择），以及知识和创新，从而提高食物供应链上的生产率，促进食物的可持续生产和消费。

食品的绿色生产和消费在2021年瑞典国家循环经济行动计划中被列为重点领域之一。2019年，瑞典农委会（Swedish Board of Agriculture）的分析报告指出，相较于其他国家，瑞典食物生产过程资源利用更为高效，对环境更为友好。瑞典环境保护署2018年的研究报告显示，瑞典食品消费产生的温室气体排放有75%产生于瑞典境外。因此，瑞典目前致力于提高食物生产量，减少食物进口。同时，食物生产过程中，不仅会产生厨余带来的碳排放，也会带来环境问题。因此，瑞典在提高食物产量的同时，还致力于减少食物浪费，降低食物能耗和碳排放。创新和科技发展在这个过程中至关重要。

3.住

瑞典政府制定了节能长期目标，即以1995年建筑能耗为基点，2020年实现建筑能耗降低20%，2050年降低50%。政府通过实行激励政策（如被动式房屋激励政策），鼓励节能技术的推广和发展。此外，政府制定建筑能源消耗规范，建筑协会推广节能技术，咨询和设计公司积极向客户推荐节能技术，实现了政府与商协会、企业密切合作，以市场化手段推广建筑节能技术。

同时，大力推行建筑和房地产行业对环境影响的量化指标，指标可以包括能源消耗（化石燃料、生物燃料）、温室气体、氮氧化物、微粒排放量，

---

① 基于定量的生命周期评价分析，由供应商提供经由第三方检测、第三方验证并公开的信息公告，为市场上的产品和服务提供科学的、可验证的和可比的量化环境信息。

有毒或生态毒性化学品使用量，产生废物量等。建立绿色建筑评级体系Miljobyggnad（绿色建筑）。瑞典绿色建筑委员会（SGBC）负责绿色建筑评定和颁发证书等认证服务。该认证体系包括能源效率措施及相关环境标准（良好的声环境、空气质量、采光、热舒适、建筑材料中对健康及生态有害的化学物质含量极低）。涉及开工前和完工后两次评估，开工前评估主要针对设计环节，最终评估是在建筑物完工并投入使用2年后进行，检验企业是否认真履行相关承诺及标准。

4.行

瑞典有1/3的二氧化碳排放量来自交通行业，而且一直保持这一比例。基于此，瑞典政府设置了到2030年交通行业减排70%（相较于其2010年水平）的目标。这对于实现瑞典到2045年温室气体净排放量为零的国家长期战略至关重要。

2018年，瑞典推出汽车排放"奖惩系统"，根据碳排放量，为气候和环境友好型汽车提供奖励，向内燃机驱动的汽车征税。在瑞典，化石燃料需缴纳增值税和燃料税（碳和能源税）。此外，车主还需缴纳年度汽车税。该系统的设计逻辑是：购买二氧化碳排放量较高的汽车的车主需要为购买二氧化碳排放量较低的汽车的车主提供补贴。2019年，瑞典电动汽车注册比例达到18%的历史高点。2020年，在新售的可充电汽车中，电动汽车占32%。不过，为实现欧盟到2021年新车二氧化碳平均排放量达到95g/km的目标，未来政策设计还需确保可持续成果，考虑汽车的全生命周期以及与发电相关的排放问题。

瑞典的交通行业也正在开展广泛的工作，致力于摆脱对化石燃料的依赖，创造更智能的交通。一个实践就是创新中心MobilityXlab，它是由Veoneer、CEVT、爱立信、Zenuity、沃尔沃集团和沃尔沃汽车合作成立的。MobilityXlab支持全球使用人工智能、储能技术和5G等最具创新性的汽车企业。

5.用

瑞典统计局数据显示，2019年瑞典60%以上的温室气体排放量均来自进口商品。为实现2045年净零排放这一雄心目标，瑞典将把消费排放纳入国家减排责任，这意味着在海外制造并进口到瑞典的商品碳排放将被添加到该国的总排放量中。瑞典预计到2045年实现温室气体净零排放的目标，目前仅包括国内排放，而此次提议将考虑新增国际排放量，包括瑞典进口产品，例如食品、电子产品和建筑材料等。这些排放可能难以追踪，但它们在很大程度上影响了气候变化。

6. 游

在瑞典，璀璨的北极光、白色的沙滩、山岭、草原，以及2万余个岛屿为游客提供众多亲近自然的机会。瑞典是全球第二个开展生态旅游的国家，并且开发了欧洲第一个生态认证标志，在全国有80多个获得生态证书的旅行企业，为全球游客提供180多个假期产品和节庆活动。

7. 绿色电力

自20世纪70年代以来，瑞典对进口化石燃料的依赖大幅减少。瑞典来自化石燃料的能源供应从1970年的81%下降到2017年的27%。早在2012年，瑞典就达到政府设定的2020年前50%的能源消费由可再生能源供给的目标，交通部门的可再生能源使用率也达到11.8%，超过设定的10%的目标。近年来，瑞典的电力系统几乎完全脱碳，主要依靠可再生能源提供燃料，2017年该国发电量包括约40%的水电、39%的核能、11%的风能和10%的热电联产。与此同时，瑞典还大力推进气候友好型的基于市场的政策以及公共部门和私人部门的创新，以推进电力系统的进一步绿色化。

但是，未来几十年，将高份额的可变可再生能源（Variable Renewable Energy，VRE），如风能和太阳能纳入瑞典的能源系统十分必要，因为瑞典的核能发电厂很可能在2045年之前关闭，届时它们的生命周期已到终点。同时，由于运输和工业等终端部门的电气化程度不断提高，瑞典对电力的需求可能会上升。且瑞典设置了到2040年实现100%可再生能源、2045年实现净零排放的政策目标。与挪威电网互联、参与高度一体化的泛欧电力市场、气候友好、基于市场的政策以及对创新的有力支持，也是瑞典绿色电力发展的重要资产。未来可能还需要针对传统以及可变可再生能源来源进行辅助服务创新，比如储能技术创新、更好的电力市场设计等，以达到2040年政策目标。

8.公共采购

早在1995年，瑞典环境保护署就已意识到公共采购项目需要对环境和可持续发展因素进行考量，瑞典政府采取了一系列行动，其中就包括建立生态可持续采购委员会（1998~2001），其成立之初就被赋予了促进瑞典绿色公共采购实施及推动欧盟将绿色目标加入《欧盟公共采购指令》等一系列责任。2003年，瑞典政府决定将绿色公共采购标准的管理权授予瑞典环境管理委员会，自此以后，绿色公共采购的开发和管理均由瑞典政府进行资助。

2007年，瑞典政府正式明确公共采购将作为绿色政策工具，这份行动计划包含三个目标：一是增加那些将环境与可持续性考虑在内的公共采购项目的市场份额；二是促使框架协议更加绿色化；三是增加使用绿色标准进行采购的地方政府、县议会及政府机构的数量。

绿色或环境友好型采购通常仅与可持续发展的三大支柱之一相关，瑞典环境管理委员会决定在国家绿色公共采购工具中新增社会维度的考量，将国际劳工组织公约及联合国人权标准加入现有的绿色公共采购标准，并重新将其命名为可持续公共采购（SPP）工具，同时提供SPP工具使用标准的在线查阅功能。

自2015年起，瑞典政府将数额相当的资金分配给政府，鼓励其支持公共采购，其中就包括绿色公共采购。同时，所有用于支持采购部门的行动与信息服务也于2014年7月1日被合并为"瑞典竞争管理局"。

9.2 德国可持续消费政策与实践

9.2.1 国家战略

在德国，可持续消费已经成为自发选择。2016年，德国发布《德国可持续消费计划》，提出了6个关键消费领域——食品、住房和家庭、物流、服装、工作和办公、休闲和旅游业，并有170多项支持可持续消费的措施。该计划旨在使可持续消费成为消费者的可行选择，推动可持续消费成为社会主流，确保所有群体都可参与可持续消费，从生命周期的角度审视产品和服务，将重点从产品转移到系统、从消费者转移到用户。《德国可持续消费计划》由联邦环境、自然保护、建筑和核安全部起草，并与联邦司法和消费者保护部以及联邦食品和农业部一起提交。

2021年，德国联邦政府通过了进一步修订版《德国可持续发展战略》，对指标进行了调整，向17个可持续发展目标看齐，整体上更加国际化。其指标所代表的主题，是德国在实施《2030年议程》时需要特别关注的主题。

紧扣联合国可持续发展目标第12项"负责任的消费与生产"，《德国可持续发展战略》制定了与可持续消费有关的指标和目标，包括认证可持续产品（食品、纸张、纺织品、汽车和家用电器等）的市场份额在2030年达到34%，家庭消费的环境影响持续减少（包括原材料使用、能源消费和二氧化碳排放），在政府公共采购中加强可持续发展的考量，政府用车每公里温室气体排放量也继续减少等。

9.2.2 政策措施

2000年，德国颁布《可再生能源法》（EEG），致力于以可再生能源取代传统化石能源。2022年7月修订《可再生能源法》，明确了可再生能源发展目标和规划、可再生能源全面优先地位、可再生能源开发利用保障制度等，同时协调修订相关法律，以保障能源转型目标实现。

通过提高资源效率、推行循环经济和提高资源生产率来减少资源用量是德国可持续发展政策的核心目标之一。因此，2012年2月，德国联邦政府通过了《德国资源效率方案》，承诺每4年发布一次德国资源效率的发展情况报告，评估其进展情况并更新相关方案。其为实现资源回收利用与闭环管理的目标提出了一系列战略路径和工作重点。2016年3月，德国出台《德国资源效率方案》第二阶段方案，包括一系列循环经济目标，旨在使自然资源的开采和利用更具可持续性。

德国还率先制定环境标识，让消费者更好地识别环保产品。早在1977年德国就提出蓝色天使计划，将环保标志当作环境政策的市场导向工具，引导消费者购买对环境冲击小的产品。蓝色天使计划使德国消费者与生产者环保意识增强。

各级政府还通过基于市场的手段，如征收碳税和对新建可再生能源项目给予贷款及补贴等政策措施，激励企业研发和生产更多环境友好型产品，影响公众消费观念，形成良性互动。德国联邦环境部还发起了与企业和公民之间的"对话进程"机制，共同探索可持续生活方式。

9.2.3 制度安排

为支持和实施《德国可持续消费计划》，德国政府专门成立了一个跨部门工作组，汇集了所有可持续消费相关的联邦政府部门的代表。该工作组由德国联邦环境＆自然保护＆建筑和核安全部（BMUB）、德国司法部、德国联邦消费者保护部和德国联邦食品及农业部牵头负责。

除了该跨部门工作组，德国联邦环境署（UBA）还成立了"可持续消费国家执行力中心"，用以支持和实施《德国可持续消费计划》，所有可持续消费相关部门都在其中。该中心还建立了集成式可持续消费知识平台，推动可持续消费相关研究反映企业、政策制定者、公众的要求，鼓励创新。

为了方便利益相关方切实参与《德国可持续消费计划》实施，德国还成立了"可持续消费国家网络"，与"可持续消费国家执行力中心"协同，扩展已经证明成功的政策工具和方法，并研究新的政策工具，鼓励更多的单位和个人参与，实现更高程度的可持续消费。

9.2.4 重点领域

1. 衣

纺织服装业是德国第二大消费品行业，但传统纺织品生产及消费循造成了严重的生态环境破坏，包括服装生产产生了大量的化学污染物、二氧化碳，以及其他有毒的物质；沿着供应链，从生产、消费到丢弃过程产生的纺织废料等。

德国消费者已经开始转变意识,"可持续性取代一次性物品"成为新的口号。这一潮流从柏林等少数城市开始,迅速向其他德国城市推进和发展。TransFair协会的研究表明,2017年德国公众购买"公平贸易"① 纺织品的支出约为1.29亿欧元,较2016年增长了66%。

企业也纷纷采取行动推动绿色纺织品和服装的生产与消费绿色化。德国"公平时尚品牌"的数量不断增长。332个德国品牌获得了"全球有机纺织品标准"(Global Organic Textile Standard, GOTS)认证,对有机纺织品整个供应链的环境方面制定了高标准要求。绿色和平(Greenpeace)"去毒运动"(Detox-Kampagne)框架内,很多德国企业也参与其中。

德国也发布了一系列自愿性的倡议、准则等,推动纺织服装产业的绿色生产与消费。2014年,德国联邦经济发展与合作部(BMZ)设立了"可持续纺织业联盟",发起倡议行动,超过130家德国纺织制造商加入,覆盖德国约一半的纺织品市场。这个联盟使德国成为推进全球产业链可持续发展道路上的佼佼者。2022年,德国纺织服装行业协会和德国零售协会联合发布了《德国纺织服装产业行为准则》,反映了德国纺织服装产业对企业社会责任行为的基本共识,致力于推动企业绿色生产与消费意识的提升,以及国内外供应链的经济、社会和生态可持续建设与发展。

2014年,德国还启动了"未来纺织"(Future TEX)项目,作为工业4.0助推德国传统产业升级的典范项目,推动产学研结合。Future TEX项目确立了三大目标:提高资源利用率,推行循环经济;打造以顾客为中心的柔性价值链;研发未来的新型纺织品材料。

2. 食

德国政府已经开始意识到采取统一政策促进可持续食物消费的必要性和紧迫性。为了保障健康饮食和可持续消费,德国政府将可持续农业视为重要的政策内容。有机农业是一种保护资源、保护环境并且基于可持续性原则的

---

① "鼓励更好的环保实践及负责任的生产方式"是公平贸易的原则之一。

农业方式，有助于保护生态系统与生物多样性、保护土壤、保护水质，使气候影响最小化。德国是欧洲最大的有机食品市场，德国政府目前正致力于实现 2030 年有机农业扩大到 20% 的政策目标。2021 年，德国有机食品创造了近 159 亿欧元的收入，成为可持续消费品中的领先细分市场。①

同时，德国政府将从 2027 年起，实施以气候和环境服务报酬等适当形式取代直接对农业补贴的计划。德国联邦食品和农业部、食品及消费者健康保护科学咨询委员会为促进可持续食物消费提出了 4 个方面的目标：健康、社会福利、自然环境和动物福利。2020 年 7 月，德国可持续发展国务秘书委员会发布了针对食物系统的可持续发展要求。

德国非常注重环保，但食品浪费问题还较为严重。德国联邦食品和农业部公布的一项数据显示，德国每年大约有 1200 万吨食品被浪费，主要是蔬菜和水果，61% 的食品浪费来自家庭，约 17% 的浪费源自食堂、饭店以及食品加工。2019 年德国联邦政府出台《减少食品浪费国家战略》，至 2030 年，德国计划在零售和消费层面把食物浪费减半，并减少整个生产过程和供应链的废弃食品数量。其主要措施包括：依靠数字技术建立一个所有利益相关者的网络平台，提高消费者的意识，改变消费行为；所涉及部门将制定防止食物浪费的具体措施，分享经验；将营养教育纳入学校教育范畴；与一些社会救济项目紧密结合等。

德国还有多元化的标签系统，通过认证标识推动可持续食品消费。基于欧盟法律建立的有机标签（Bio-Label）系统是德国当前最常用的标签系统。"有机"（Bio）以及"生态"（Öko）是由法律保护的用词，只有在符合精确制订的相关规定的情况下方可使用。这些规定在欧盟有机法规中有明文定义。满足所有相关要求的来自有机生产的预包装制品应使用欧盟有机标签标识。

3. 住

建筑能耗（主要是供暖）约占德国能源消耗总量的 40%，建筑物的二

---

① 《纽伦堡国际有机产品博览会举行》，《人民日报》2022 年 8 月 19 日。

氧化碳排放量约为德国二氧化碳排放总量的1/3，因此，推动绿色建筑发展对于德国实现其气候目标至关重要。德国政府通过制定相关政策措施、提高建筑节能标准、发展先进节能技术，大幅降低了建筑物能耗。

自20世纪70年代以来，德国出台了一系列建筑节能法规，对建筑物保温隔热、采暖、空调、通风、热水供应等技术规范做出规定，违反相关要求将受到处罚。以最具代表性的采暖领域为例，1977年，德国颁布《保温条例》，要求1977年以后建设的房屋采暖单耗指标不超过250 kWh/m²·a。2002年，德国出台《能源节约条例》（EnEV2002），取代了《保温条例》，进一步将采暖单位面积能耗指标要求调低为75kWh/m²·a。2005年、2007年、2009年、2014年多次修订之后又加入被动式建筑（即超低能耗建筑）的采暖能耗限额将下降到15kWh/m²·a，这是目前环保节能建筑的最高标准，基本实现建筑的"零能耗"。

德国政府从20世纪90年代初开始推进住宅节能改造，出台了包括建筑节能改造技术法规或管理办法在内的政策法规，配套各级财政或政策性银行（如德国复兴信贷银行KFW）节能改造贷款优惠，对建筑物光伏发电上网给予高额上网电价等。

2020年，德国《建筑能源法》（2020GEG）生效，整合了现有的《建筑节能条例》（EnEV）、《节约能源法》（EnEG）和《促进可再生能源供暖法》（EEWörmeG），涵盖新建建筑、既有建筑的能源需求以及使用可再生能源为建筑供暖和供冷等，成为德国实施近零能耗建筑标准更简单明确的法律框架。

4. 行

交通运输领域的能耗占德国总能耗的近30%，电动汽车在德国政府实现交通运输气候目标的战略中发挥着关键作用。德国政府通过政策和立法支持、示范区实践、发放购车补贴、资助相关科研等方式大力推进电动车市场发展。

早在2007年，德国政府就制定了《综合能源与气候计划》，将电动汽车作为重要的交通工具，并提出要制定明确的电动汽车发展规划。2009年，德国经济与能源部、交通和数字基础设施部、教育与研究部以及环境、自然与核安全部共同发布了《国家电动交通发展计划》，提出到2020年电动汽车保有量达到100万辆。在此基础上，德国政府于2010年5月3日设立了"国家电动汽车平台"（NPE）作为跨行业的交流平台，政产学研合力共同推动电动汽车发展。2015年，德国《电动汽车法》（Electric Mobility Act）正式生效，规定电动汽车在德国享有停车费优惠或者免交；在充电站周围，为电动汽车设立专用停车位；一些限制车辆通过的路段，例如防噪声或防废气排放路段，将允许电动汽车通行等。

德国政府还积极通过示范区进行电动汽车推广。基于《国家电动交通发展计划》，德国联邦政府在全国各地设立了4个新能源汽车示范项目，并将8个城市和地区设定为新能源汽车示范区，扩大电动汽车推广规模，积极探索建立满足用户需求的充电基础设施网络及新型电动化交通体系。2012年，德国联邦投资1.8亿欧元开展大型电动汽车区域示范项目"橱窗项目"，包括4个不同主题的示范区，共涉及90个联邦资助项目、40个州资助项目和15个联合资助项目，鼓励企业、科研机构和政府可以合作实践创新元素，也使公众真正体验电动汽车。2019年，德国政府推出HyLand2019氢能及燃料电池汽车示范项目，为胜出者提供奖金支持和专家资源支持。

2016年开始还推出了包括临时采购激励（针对混合/非混合动力电动汽车的环保补贴）在内的一揽子市场刺激计划，同时公布了关于公共机构购置电动汽车的方案。

税收和补贴为德国电动汽车市场发展提供了持续动力。2016年4月，德国政府开始实行电动汽车购置补贴政策。电池动力汽车和燃料电池动力汽车单车补贴额为4000欧元，插电式混合动力汽车单车补贴额为3000欧元，联邦政府和汽车制造商各承担一半费用。2021年，德国联邦经济和气候部宣布，购买纯电动汽车单车最高将获得9000欧元的补贴，对插电式混合动力汽车单车补贴最高为6750欧元。2021年德国电动汽车购置补贴大增，申请补贴数量达58.5万份，支付补贴资金超过30亿欧元，为2020年的4.7

倍。同时，德国对纯电动汽车免征10年机动车税。对首次注册于2009年7月1日至2011年5月17日的纯电动汽车免征5年机动车税，对2011年5月18日至2020年12月31日期间注册的纯电动汽车免征10年机动车税。2020年10月，德国改革机动车税，规定自2021年起，对高油耗的新车提高征税，未来机动车税主要取决于其二氧化碳排放量，旨在鼓励民众购买更节能的车型。改革还对纯电动汽车的车辆税收减免期限延长至2025年12月31日，最迟可持续至2030年底。

公共采购是德国推广清洁汽车生产和消费的有力措施。根据《欧盟清洁汽车指令》（Clean Vehicle Directive），德国联邦政府在2021年提出《推广清洁汽车指令的法案》（Law on the Implementation of the EU Clean Vehicles Directive），为公共机构零碳公共汽车设置了购置额度——2021~2025年为22.5%，2026~2030年为32.5%。

在这些有力措施的协同推动下，德国联邦机动车管理局数据显示，2020年德国新注册的电动汽车为39.5万辆，同比增长逾260%；全部清洁能源车占德国新车上牌总量的比重超过1/4，同比提高了近17个百分点。

在德国，越来越多的人开始使用汽车共享服务。德国汽车共享协会的数据显示，2022年初，约有340万客户在德国近250家服务商处注册，比2021年同期增长了18%。基于此，德国政府有针对性地为发展新型现代化交通服务提供支持，承诺将支持数字化交通服务、创新的交通解决方案和汽车共享，并将其纳入公共交通自主网联驾驶的长期战略。

5. 用

德国政府大力提倡使用节能型家用电器。按照欧盟规定，在德国销售的冰箱、洗衣机、烘干机和家用照明设备都须标注能耗等级，分为A~G共7个等级。德国从2009年9月开始实行非节能灯下架政策，2012年9月1日起，25瓦和40瓦的白炽灯也必须下架，引导消费者选择绿色节能家电。2010年，德国开始对节能和环境友好型家电推行"蓝天使"（Blue Angel）标识认证制度，是公认的全球最严苛的环保认证之一。首批实施"蓝天使"认证的家电产品包括电视机、DVD、蓝光影碟机、集成Hi-Fi系统，现已扩展至吹风机、电热水壶、烤面包机等家电产品。

德国政府高度重视节能产品和能效信息的交流与传播。例如，能效标识覆盖了家电、商用产品、供暖系统和锅炉，以及本身不使用能源但对能源消耗有很大影响的产品（如隔热窗）。能效标识不仅提供了相关设备的能效信息，而且还能根据产品类型提供诸如用水量（洗衣机和洗碗机）和噪声水平等方面的信息，有效引导消费者选择绿色低碳产品。

自2019年1月起，《德国包装法》（VerpackG）正式生效并取代了德国包装法令（German Packaging Ordinance），规定所有向德国终端消费者销售产品并因此将包装带入德国流通的制造商和零售商都有义务为这些包装的处置和回收过程分担费用。《德国包装法》细分了涉及的义务履行者及包装类型，使包装申报数据变得更加公开透明，便于市场参与者的互相监督。2021年7月，《德国包装法》得以修正，明确规定了跨境电商卖家必须履行系统参与义务。自2022年7月起，义务方必须严格遵守《德国包装法》规定的要求，否则无法在德国境内进行销售，同时也会面临高达20万欧元的巨额罚款。

德国还推行空瓶回收政策。顾客将塑料瓶投放到超市退瓶机，超市按照软质塑料瓶（PET塑料瓶）0.25欧元、硬质塑料瓶0.15欧元等价格返还顾客相应价格的超市代金券，这也是在购买瓶装饮料时已经支付的押金。超市退瓶机回收的塑料瓶会再次循环加以利用，比如，硬质塑料瓶经过清洗、消毒并重新灌装上市，可以重复使用约25次；软质塑料瓶则被压缩打包送至塑料回收企业，切碎还原成塑料颗粒，用于制造新的塑料瓶、纺织品或其他塑料制品。德国的空瓶回收率已达到98%，回收的PET塑料瓶中总体循环利用率达到93.4%。

6.游

从自然资源和旅游基础设施方面来看，德国也更适合发展可持续旅行，目前，德国有超过130个受到保护的国家自然景观，约占全国土地总面积的35%。此外，德国还有14处旅游目的地被认证为可持续旅游目的地，更有超过1300家度假酒店获得可持续认证。人们对生态旅游和可持续旅游的需求也在增加。约有 3/4 的德国旅行者认为可持续旅行很重要。[①]

德国国家旅游局根据德国政府的目标，大力促进面向未来的可持续发展的旅游业。德国国家旅游局推出以可持续发展为主题的"生态乐享"活动，将"可持续旅行"列为单独项目进行推介，比如国家公园巡游、自行车"天堂"、森林野营等亲自然、低碳环保旅行产品。德国境内有 106 个自然公园和 16 个生物圈保护区，拥有多个比较完善的徒步线路、房车营地等，能更好地满足人们回归自然、健康生活的需求。

德国铁路公司与奥地利联邦铁路集团、瑞士联邦铁路公司和法国国营铁路公司等合作，计划开发更多欧盟境内的夜行长途列车线路，为游客提供更多符合可持续旅行理念的旅游产品。

德国国家旅游局在通过沉浸式技术、使用对话式界面和人工智能（AI）促进可持续绿色发展方面也走在前列。为了确保旅游产品在人工智能支持的营销平台上的可见性，德国国家旅游局协调德国旅游业的联合数据开放项目，开发知识图谱。很多城市提供了它们的风景名胜的 360°视角风光或者网上环游。德国的博物馆、剧院和音乐厅也利用技术创新，让感兴趣的人在家里进行参观和访问。

7. 绿色电力

目前，德国可再生能源发电量占总发电量的 40%以上，海上及陆上风电、光伏和生物质能是德国主要的可再生能源电力来源。

2022 年 7 月，德国议会通过了《可再生能源法》（EEG2023）修正案等一揽子能源法案。EEG2023 在装机目标、政策的优惠程度、融资成本的降低、税收优惠、政府极简化和审批程序标准化等多个方面水平都大幅提高，加大了推进能源转型的力度。EEG2023 规定 2030 年可再生能源发电量占总电力需求量至少 80%的目标，同时要求从 2035 年开始电力供应"基本实现碳中和"。

EEG2023 明确了具体的装机目标：陆上风电装机容量从 2024 年的 69 吉

---

① https://www.tatsachen-ueber-deutschland.de/zh-hans/kechixuxinghehua njing/kechixuluyou

瓦增加到2040年的160吉瓦；光伏系统从2024年的88吉瓦提高到2040年的400吉瓦；2040年陆上风能、太阳能和生物质能的累计发电量将达到568.4吉瓦。

EEG2023明确了可再生能源的全面优先地位。EEG2023规定未来德国2%的土地将单独用于风力发电，每个州都必须分配2%的土地用于安装风电装机（目前这类用地占比约为0.8%）。

EEG2023还为绿色电力的发展提供了资金保障。自2023年起，电价中的可再生能源附加费将被永久取消，未来对可再生能源的补贴、融资以及提高建筑能效等需求将从联邦政府的专项"能源与气候基金"中获得满足。

8. 公共采购

德国构建了较为完整的推动绿色采购发展的法律框架体系。《反不正当竞争法》中有公共采购相关独立章节，对公共采购的绿色低碳要求作出了规定。德国还根据欧盟公共采购标准限额制定了限额以上及以下的德国公共采购实施条例。同时，具体领域的法律法规中也对政府采购活动的绿色低碳有所要求。例如，德国联邦政府于2021年提出的《推广清洁汽车指令的法案》，规定了公共机构采购零碳公共汽车的额度：2021~2025年为22.5%，2026~2030年为32.5%。

德国可持续发展战略中也有关于可持续公共采购的要求。例如，可持续发展战略要求带有"蓝天使"标识的纸张（即再生纸张）在联邦直属行政机构的纸张消费总量中所占比例到2020年要提高到95%；对可持续建筑的绿色低碳转型要求中也包括以可持续方式采购的产品和服务。

德国还有一些可持续相关机构为绿色公共采购的发展提供支持。在联邦政府层面，可持续发展国务秘书委员会充分发挥了其协调作用，推动可持续公共采购发展。联邦政府可持续采购职能办公室也为公共部门采购项目的可持续标准提供了支持，通过提供相关信息、能力建设和技术支持，推动各级政府机构的绿色公共采购。

9.3 日本可持续消费政策与实践

自20世纪90年代起,日本经济增长陷入长期停滞状态,日本政府开始着手构建可持续发展社会,随之开启了绿色消费时代。日本是全球最早明确提出绿色消费,也是运用和推广绿色消费最成功的国家之一。

9.3.1 国家战略

2000年,日本出台《推进循环型社会形成基本法》,建设循环型社会上升为国家战略。《推进循环型社会形成基本法》要求节制对天然资源的消费,尽可能减轻环境负荷;规定企业要自觉抑制废弃物的产生,提高产品的耐用性,促进产品被淘汰后的回收和再利用,采取措施使产品得以循环利用;要求公众使用再生品,抑制废弃物的产生等。推动建立以清洁生产、资源综合利用、生态设计和可持续消费等为指导思想的循环经济发展模式。

2019年,日本内阁通过了《巴黎协定下的长期战略》,明确了全经济范围及重点部门的减排目标:能源领域以可再生能源为主要能源并打造"氢能社会";工业领域以变革式的创新实现"脱碳化制造";社区与生活领域打造"循环和生态经济"并在2050年实现碳中和。该战略识别了各部门温室气体减排的战略路径,提出要积极推广绿色生活和行为方式,发展电动汽车或燃料电池汽车,发展可持续农业、林业和渔业等。

9.3.2 政策措施

日本构建了多层次的法律体系,从不同层面和角度为绿色消费提供法律保障,全方位推动绿色生产与消费发展。除了《推进循环型社会形成基本法》,日本还出台了两部综合性法律——《固定废弃物管理和公共清洁性》和《促进资源有效利用法》,旨在通过改变不可持续的生产和消费方式来解决问题的根源——资源利用和废弃物管理方式。为了对主体立法进行细分,日本出台了六部专门循环再生利用法——《容器与包装再生利用法》、《家电再生利用法》、《食物再生利用法》、《建筑材料再生利用法》、《汽车再生利用法》和《家电再生利用法》，确定了消费者、生产者在资源回收利用中的义务，促进了可持续消费发展。同时，日本还出台了一些消费专门法律法规，例如，指导公共采购绿色低碳转型的《绿色采购法》、以消费者教育为核心的《消费者教育促进法》等。

1989年，日本环境协会建立了生态标签认证体系，从产品全生命周期保障其绿色低碳性。除此以外，日本在促进可持续消费的进程中，还采用了财政税收等激励性措施，以促进循环社会构建，比如，新能源汽车补贴、太阳能发电剩余电力回购制度、废旧物资回收补贴、环保积分制度、绿色税收等。

9.3.3 制度安排

日本经济产业省（Ministry of Economy Trade and Industry，METI）是日本政府推动建立循环社会的主要政府部门。2008年4月，日本经济产业省成立碳足迹制度实用化、普及化推动研究会；8月，日本宣布将于2009年初推行碳标签计划；10月，发布了自愿性碳标签试行建议，同时公布了碳标签准则TSQ0010，进一步规定产品碳排放计算方法和碳标签管理制度。2009年，日本正式推行碳标签制度，包括碳标签认证与管理。

2009年，日本行政机关消费者厅（Consumer Affairs Agency，CAA）成立，并在各个地方组建了消费者事务中心。CAA积极采取措施促进可持续消费，其中"觉醒消费者公民意识"以及"消费者导向管理"是较为典型的例子。

在推动可持续消费进程中，日本的行业协会在完善绿色采购产品标准和执行机制上起到了不可替代的作用。

9.3.4 重点领域

1.衣

根据日本环境省的一项调查，60%的日本消费者对可持续时尚感兴趣。

日本时装业正加速进行一场"绿色改造"。日本的时装企业积极开展行动，例如回收材料、大幅减少生产服装和配饰的用水量。很多日本企业还签署了国际倡议 Microfibre 2030 Commitment（《微纤维 2030 承诺》），承诺将纺织品微纤维对生态环境的影响降到最低。

以生态环保型材料为标志的新型纺织材料开发也逐渐出现繁荣局面。例如，日本纺织品制造商 Suncorona Oda 开发了一种由再生纤维制成的面料，运用公司自有的纤维分离技术，打造出与传统欧根纱同样精致柔韧的新型欧根纱材质。鞋履品牌 Offen 生产了一种环保鞋面，原料为回收塑料瓶制成的聚酯纤维。每双鞋的两个内衬也均采用从玉米中提取的可降解材料。

日本垃圾分类体系中设置了衣物类别，居民既可以在每周规定的时间将旧衣服投入自家所属的回收箱，也可以在任意时间把旧衣物带到固定回收点。被回收的衣物由专业公司进行分拣，经过清洗、消毒等处理后，可重新流入日本国内或其他国家的市场。

2. 食

2000 年 1 月，日本农林水产省颁布实施农产品有机认证，是日本农林水产省对食品农产品最高级别的认证。要求不使用化学合成的农药和肥料。生产、制造、仓储、发货、运输等过程中不被禁用物质所污染；在制造加工过程中，为了保持原料的特性，利用物理以及生物方法进行加工，避免使用化学合成食品添加剂及助剂；生产、制造、仓储、发货、运输等过程中不与常规产品混合；具备可追溯性。

通过食物浪费减量化和加强食品资源循环利用，日本正在将食物生产和消费与"SDG12：负责任的消费与生产"越来越密切地联系起来。2000 年，日本出台了《食物再循环利用法》，旨在通过控制食物垃圾生产和减少食物垃圾数量来减少其最终处理量，同时对食物垃圾进行再利用或热回收。日本还采取措施促进餐饮业务的再循环，2022 年 4 月，日本正式实施《塑料资源循环促进法》，零售店和餐饮店免费提供的一次性汤匙和吸管成为主要整改对象，各家企业加快采取收费和循环利用等措施。

为减少食物浪费，2019 年，日本政府颁布了《减少食物浪费促进法案》，还制定了到 2030 年将食物浪费量在 2000 年的基础上减少一半的目标。该法案明确政府有责任实施避免食物浪费的政策，要求在日本内阁府设置"食物浪费削减推进会议"，推动"食物银行"活动。旨在通过可能存在食物浪费的食物供应链的每一个环节，采取减少食物浪费的措施，提高所有食品相关者的意识。针对大量并没有安全问题的食品遭到丢弃的现象，日本浪费食品中心通过收购或接受捐赠方式，将这些食品收集起来，再利用其运营的连锁店 Ecoeat 低价销售，或用于援助福利设施、慈善机构和生活困难者，在减少浪费的同时帮助有需要的人。

在绿色食物生产和消费的宣传与教育维度，日本建立了由消费者厅、文部科学省、厚生劳动省、农林水产省、经济产业省和环境省等机构组成的政府部门会议制度，宣传要减少食物浪费，促使食物相关经营企业理解、担负职责并付诸行动，强化企业与消费者之间的协同机制。

3.住

2002 年，日本政府发布《建筑循环利用法》，规定改建房屋时有义务循环利用所有的建筑材料。自 2009 年起，日本政府恢复了面向家庭用途的太阳能发电补贴制度，以鼓励家庭安装太阳能设备。

2010 年 3 月，日本政府推出"绿色住宅积分"，新建住宅或新改造装修住宅达到一定节能水准可获得积分（新建和新修 30 万分）。获得的积分可用于交换特定商品，可交换的商品包括与日常生活、环境、安全、育儿、地方推广相关的商品。如果不交换商品，还可以用来抵消住宅修缮施工时的开支。

近年来，日本积极推动零能耗住宅（Zero Energy House，ZEH），通过对住宅的科学设计、科学选材，使室内自然温度接近或保持在人体舒适温度 15℃~26℃范围内，从而为居住者提供健康、舒适、环保的居住空间。ZEH 在基本上不消耗煤炭、石油等不可再生能源的情况下，维持住宅的正常生活所需。2015 年 12 月，日本经济产业省设立"零能耗建筑路线图研究委员会"，公布了日本普及净零能耗住宅的进度表：预计到 2020 年，超过半数的日本新建住宅将达到零能耗的标准；到 2030 年，所有新建住宅必须按照

"零能耗住宅"标准建造。日本政府建立了针对零能耗建筑的补助体系，利用财政补助、税收减免等激励手段助推零能耗建筑的发展。

4. 行

2009年，日本经济产业省在18个地区建设电动汽车示范区，由点及面推动电动汽车/插电式混合动力汽车（EV/PHV）的全面普及。为了推动该计划的实现，日本政府从战略规划、财政补贴和税收减免方面协同发力。战略规划方面，2010年4月，日本经济产业省发布《下一代汽车战略2010》，提出到2020年，下一代汽车将在新车销量中力争达到20%~50%，国内建成200万个普通充电站、5000个快速充电站；到2030年，下一代汽车将在新车销量中力争达到50%~70%。下一代汽车包括非插电式混合动力汽车（HEV）、纯电动汽车（BEV）、插电式混合动力汽车（PHEV）、燃料电池汽车（FCV）、清洁柴油汽车（CDV）等。财政补贴方面，日本经济产业省提供四类补贴：节能车补贴；清洁能源汽车（Clean Energy Vehicle，CEV）导入补贴；充电设施补贴；加氢设备补贴。当前新能源汽车的主要推动力是CEV导入补贴，节能车补贴于2012年9月被CEV补贴取代。税收减免方面，2009年4月起，日本开始实施"环保车辆减税"（购置税、车重税）和"绿色税制"政策，新一代汽车免征汽车购置税和重量税，新注册乘用车绿色税收减免75%。

另外，日本还通过支援人工智能、物联网等新技术的引进，扩大引进电动汽车和基础设施，强化电池等电动汽车相关技术及其供应链。

5. 用

1989年，日本环境协会建立了生态标签认证体系，从产品全生命周期保障其绿色低碳性，认证产品种类涉及日用品、文具、电子设备等。日本生态标签的绿色低碳标准高于政府绿色采购标准，因此获得生态标签的产品即符合政府绿色采购标准，且在公众中认知度很高。

1998年，为了激励工业企业加快技术升级，更好更多地生产高能效家电和汽车，日本经济产业省推出"领跑者"（Top Runner）能效基准制度，成为日本家电产品节能标准的主要依据。其初期阶段针对11个产品种类，包括空调机、荧光灯、电视机等，其后不断增加覆盖品类。在领跑者制度的推动下，日本的家电制造商加大了对高效能产品的开发力度。在领跑者制度下，表现突出的制造企业可以获得研发支持；节能改造和节能技术开发项目也可获得优惠贷款和政府补助；企业产品被列入政府绿色采购目录；设立"节能大奖"等表彰制度，获得品牌宣传机会。日本还设立了对零售商的激励制度，积极向消费者提供节能信息并推广节能产品的零售店被评为"节能产品推广优秀店铺"，加贴"节能产品推广优秀店铺"的标志卖点。

2009年，日本正式推行碳标签制度，包括碳标签认证与管理制度。家电、日用品等都包含在内。碳足迹标签详细标示了产品生命周期中每一阶段的碳足迹，揭示产品碳排放量，为消费者提供商品对环境影响程度的信息，引导生产者和消费者的绿色低碳行为。

6. 游

日本通过制定绿色旅游相关的法律法规、成立专门机构、建立示范区、开展宣传教育等协同推动绿色旅游的发展和良性循环。

日本绿色旅游是在国家农业政策和地域开发政策背景下推进的。1992年，日本农林水产省以省令的形式明确了绿色旅游的内涵："在富有田园风光的农山渔村，享受当地独特的自然和文化，并与当地人交流的逗留型的闲暇活动。"2007年，日本颁布实施《观光立国推进基本法》，以法律形式进一步确认了旅游业作为日本支柱产业的战略地位。《观光立国推进基本法》规定了政府在推进绿色旅游活动过程中的责任和义务，以及居民和旅游经营者的地位和作用。2008年4月，日本制定并实施了《生态旅游推进法》，提出生态旅游需要以加深国民对环境保护的理解为前提，结合环境教育进行开展，实现生态保护、环境教育、旅游业和地区发展并举的要求。

依据《生态旅游推进法》的要求，日本还设立了由地方政府、企业、居民、民间非营利组织等多方协同组成的"生态旅游推进协议会"，专门负责发展日本生态旅游相关事宜。日本还于2008年设立了作为国土交通省外局之一的观光厅，主要负责促成日本观光立国、培育魅力观光地、振兴国际观光等事务，具体组织实施《观光立国推进基本计划》。2019年，观光厅在原有基础上升格成立了国际观光部。

日本政府以世界遗产项目为基础，在全国范围内建立了 13 个生态旅游示范区。其行政主管部门对生态资源开发、每日最大客流量以及紧急情况下对生态坏境的保护措施等内容进行了详细规定。日本国土交通省也审核批准了地方自治体规划建设了 16 个国家级国际旅游度假区，国际旅游度假区的行政主管部门与旅游企业充分合作，推动旅游度假区可持续旅游活动的发展。

日本政府旅游行政管理部门还积极与旅游行业协会紧密合作，开展多元化的可持续旅游宣传普及活动。例如，日本生态旅游协会与环境省合作，举办"日本生态旅游大奖"的认证评选活动。

7. 绿色电力

2012 年，日本开始实施可再生能源固定上网电价补贴（Feed in Tariff，FIT）政策，规定大于 10kW 光伏系统的上网电价为 40 日元/千瓦时，补贴 20 年；不足 10kW 光伏系统的上网电价为 42 日元/千瓦时，补贴 10 年，此后的上网电价每年调整。高额补贴协同《能源革新战略》、能源基本计划等政策措施，推动了日本光伏装机市场的迅猛发展。2012~2020 年光伏发电发电量年均增长率高达 36.3%，到 2020 年光伏发电在可再生能源发电量中占比达到 44.1%。

2021 年 10 月，日本政府正式发布第六版能源基本计划，首次提出"最优先"发展可再生能源，将 2030 年可再生能源发电所占比例从此前设定的 22%~24% 提高到 36%~38%。这意味着，到 2030 年日本可再生能源发电占比将是 2019 年的约 2 倍。为化石能源发电设定的目标是到 2030 年天然气和煤炭发电占比分别降至 20% 和 19%（2020 年日本煤炭发电占比为 27.6%）。

为了实现 2030 年可再生能源占比目标，自 2022 年起，除 FIT 制度之外，日本还引入上网电价溢价（Feed in Premium，FIP）制度，允许可再生能源发电企业售电时在市场价格上加收溢价（补贴金额），促进可再生能源的自主普及和自由竞争。

8. 公共采购

日本通过建立完善的法律保障及实施计划、建立传递绿色采购信息的网络与平台、政府示范宣传等举措有力地推动了日本绿色采购及绿色消费的发展。

日本政府于 2000 年出台了《绿色采购法》，以法律的形式确立了绿色采购制度。此后，日本还出台了《促进再循环产品采购法》《绿色采购调查共同化协议》等绿色采购相关专项立法，形成了以《绿色采购法》为核心的较为完善的绿色政府采购体系。《绿色采购法》的出台，迅速推动了绿色产品的生产与供应。日本官方调查结果显示，该法实施 1 年后，75% 的供应商就推出了新的绿色产品。

日本《绿色采购法》的实施，主要通过绿色采购网络联盟（Green Procurement Net，GPN）来实现。1996 年，日本政府联合产业团体成立了 GPN 这一非营利组织，覆盖了日本所有地方政府、大城市及很多大企业。GPN 促进了绿色采购思想在日本政府、消费者、企业和社会组织中的传播和实践，并为各种产品拟定了绿色采购指导大纲，为绿色消费提供信息。

另外，一些行业协会还会提供本行业的绿色采购指南，为本行业相关企业提供方便快捷的绿色采购标准及各类注意事项。

参考文献

[1] 埃德温·扎矢伊主编《可持续消费、生态与公平贸易》，鞠美庭等译，化学工业出版社，2013。

[2] 曹丹丹、刘清芝、张小丹等：《日本促进可持续消费经验的启示》，《中国环境管理》2020年第1期。

[3] 德国联邦政府：《德国可持续发展战略》（DNS），2021年3月10日。

[4] 邓润平：《以消费转型升级带动经济转型升级积极培育绿色消费》，2017年7月24日，http://theory.people.com.cn/n1/2017/0724/c40531-29423328.html。

[5] 丁言强：《消费排放视角下的瑞典气候政策新篇章》，《世界环境》2022年第4期。

[6] 懂车帝、新华财经：《新能源汽车消费洞察报告》，2022年9月30日，http://www.199it.com/archives/1500472.html。

[7] 封铁英、南妍：《公共危机治理中社会保障应急政策评价与优化——基于PMC指数模型》，《北京理工大学学报》（社会科学版）2021年第5期。

[8] 工业和信息化部装备工业发展中心：《中国汽车产业发展年报2021》，2021年9月1日，http://www.miit-eidc.org.cn/module/download/downfile.jsp?classid=0andfilename=ab5936358eb244bf96b63fe818f1680e.pdf。

[9] 《关于印发节能产品政府采购品目清单的通知》,中国政府采购网,2019年4月3日。

[10] 郭丽丽:《新能源汽车换电行业研究:换电模式分析》,2022年3月8日。

[11] 国家发展和改革委员会:《促进绿色消费实施方案》,2022年1月21日,https://www.ndrc.gov.cn/xxgk/zcfb/tz/202201/t20220121_1312524.html?code=andstate=123。

[12] 国家发展和改革委员会:《关于促进绿色消费的指导意见的通知》,2016年3月1日,https://www.ndrc.gov.cn/xxgk/zcfb/tz/201603/t20160301_963597.html?code=andstate=123。

[13] 国家发展和改革委员会:《关于加快建立绿色生产和消费法规政策体系的意见》,2020年3月17日,https://www.ndrc.gov.cn/xxgk/zcfb/tz/202003/t20200317_1223470.html?code=andstate=123。

[14] 国家机关事务管理局、国家发展和改革委员会:《"十四五"公共机构节约能源资源工作规划》,2021年6月1日,https://www.gov.cn/zhengce/zhengceku/2021-06/04/content_5615536.htm。

[15] 国务院发展研究中心宏观经济研究部:《"十四五"将呈现的十大趋势》,2020年9月1日,http://www.ce.cn/culture/gd/202009/01/t20200901_35644191.shtml。

[16] 国务院新闻办公室:《中共中央国务院关于加快推进生态文明建设的意见》,2015年4月25日,https://www.audit.gov.cn/n4/n18/c65045/content.html。

[17] 哈啰出行:《哈啰顺风车二三年完单总量3亿,实现碳减排400万吨》,2022年1月12日,https://chuangxin.chinadaily.com.cn/a/202201/12/WS61de92b6a3107be497a01e4f.html。

[18] 侯笑如、朱明德:《城市文化与环境保护——访著名文化学者杨东平》,《北京政协》1996年第9期。

[19] 华经产业研究院:《2020年我国智能家电行业现状及趋势分析》,2021

年7月2日，https：//www.huaon.com/channel/trend/728786.html。

[20] 华经产业研究院：《中国废旧纺织品回收量、回收价值、利用量及进出口情况分析》，2022年7月13日，https：//t.10jqka.com.cn/pid_229828333.shtml。

[21] 纪江明：《以绿色供给推动绿色消费》，2016年4月1日，https：//epaper.gmw.cn/gmrb/html/2016-04/01/nw.D110000gmrb_20160401_2-11.htm。

[22] 江亿、李强、薛澜等：《我国绿色消费战略研究》，《中国工程科学》2015年第8期。

[23] 金春梅、凌强：《日本发展可持续旅游的政策措施及其启示》，《大连大学学报》2014年第2期。

[24] 劳可夫、吴佳：《基于Ajzen计划行为理论的绿色消费行为的影响机制》，《财经科学》2013年第2期。

[25] 李岩：《以绿色消费推动绿色发展》，2018年10月26日，https：//m.gmw.cn/baijia/2018-10/26/31827594.html。

[26] 联合国：《21世纪议程》，1992年6月14日，https：//www.un.org/zh/documents/treaty/21stcentury。

[27] 刘仁营、朱有志：《重温马克思关于生产与消费辩证关系思想》，2016年2月3日，http：//epaper.gmw.cn/gmrb/html/2016-02/03/nw.D110000gmrb_20160203_1-13.htm。

[28]《绿色建材下乡 美丽乡村低碳节能家居不能缺》，消费日报社，2022年4月15日。

[29] 麦肯锡：《2021麦肯锡汽车消费者洞察》，2021年4月10日，https：//www.mckinsey.com.cn/wp-content/uploads/2021/04/2021麦肯锡汽车消费者洞察.pdf。

[30] 米红、张田田、任正委、周伟：《城镇化进程中家庭CO_2排放的驱动因素分析》，《中国环境科学》2016年第10期。

[31]《2021年度〈中国有机产品认证与有机产业发展报告〉发布》，2021

年9月13日。

[32]《2022年我国城镇新建建筑中7成将为绿色建筑》，新华社，2021年4月8日。

[33] 磐之石：《减少"偏见"、突破阻碍：行为科学如何推动电动汽车更快发展》，2021年10月21日。

[34] 前瞻产业研究院：《2022年中国绿色电力交易市场现状及竞争格局分析 以市场化方式引导绿色电力消费》，2022年3月21日。

[35]《全国新建绿色建筑面积20多亿平方米》，《北京青年报》2022年9月15日。

[36]《如何加快废旧纺织品循环利用？这份意见给出了答案》，人民网，2022年4月14日。

[37] 商道纵横、界面新闻：《2021中国可持续消费报告》，2021年12月16日。

[38] 沈晓悦、赵雪莱、李萱、黄炳昭：《推进我国消费绿色转型的战略框架与政策思路》，《经济研究参考》2014年第26期。

[39] 生态环境部：《减污降碳协同增效实施方案》，2022年6月13日。

[40] 生态环境宣传教育中心、中华环保联合会、中国互联网发展基金会数字碳中和专项基金、绿普惠碳中和促进中心、碳中和国际研究院：《数字化工具助力公众绿色出行研究报告》，2022年6月15日。

[41] 施锦芳、李博文：《日本绿色消费方式的发展与启示——基于理念演进、制度构建的分析》，《日本研究》2017年第4期。

[42] 世界资源研究所：《共享单车如何影响城市》，2022年6月15日。

[43] 王风云、陈清钰、李思宇等：《德国、日本可再生能源电价机制和市场化发展演进的经验及其借鉴》，《价格理论与实践》2022年第3期。

[44]《我国能源绿色低碳转型加快推进》，《人民日报》2022年8月4日。

[45]《我国新建建筑"绿色化"已超90%》，央视网，2022年7月10日。

[46] 吴波：《绿色消费研究评述》，《经济管理》2014年第11期。

[47] 携程：《2021年用户旅行新趋势洞察》，2021年12月27日。

［48］徐盛国、楚春礼等：《"绿色消费"研究综述》，《生态经济》2014年第7期。

［49］叶文、张玉钧、李洪波编《中国生态旅游发展报告》，科学出版社，2018。

［50］智研咨询：《2022~2028年中国中央厨房行业市场现状分析及发展前景展望报告》，2021年11月6日。

［51］中德能源与能效合作伙伴：《德国节能政策研究》，2019年2月。

［52］中国财富管理50人论坛：《新冠疫情对恩格尔系数和家庭消费行为的冲击》，2020年4月8日。

［53］中国充电联盟：《2022年9月全国电动汽车充换电基础设施运行情况》，2022年10月11日。

［54］中国电子信息产业发展研究院：《2021中国家电市场报告》，2022年3月3日。

［55］中国纺织工业联合会社会责任办公室、艾伦·麦克阿瑟基金会、兰精集团：《循环时尚：中国新纺织经济展望》，2020年10月28日。

［56］中国化学纤维工业协会：《绿色纤维认证主题发布会描绘"绿色纺织"蓝图》，2021年5月13日。

［57］中国环境与发展国际合作委员会：《"十四五"推动绿色消费和生活方式的政策研究》，《中国环境管理》2020年第5期。

［58］中国绿色食品发展中心：《绿色食品统计年报》，2022年6月8日。

［59］中国汽车工业行业信息部：《2022年9月新能源汽车产销情况简析》，2022年10月13日。

［60］中欧国际工商学院：《2020~2022疫情之下的消费新趋势》，2022年7月15日。

［61］中央财经大学绿色金融国际研究院：《碳中和背景下我国酒店住宿行业绿色发展浅析》，2022年2月23日。

［62］诸大建：《绿色消费：基于物质流和消费效率的研究》，《中国科学院院刊》2017年第6期。

[63]《助力经济社会发展绿色转型 2022年全国公共机构节能宣传周启动》,人民网,2022年6月13日。

[64] Anderson Jr W. T., Cunningham W. H., "The Socially Conscious Consumer", *Journal of Marketing*, 1972, 36 (3): 23-31.

[65] Antil J. H., and Bennett P. D., "Construction and Validation of a Scale to Measure Socially Responsible Consumption Behavior," in The Conserver Society, Karl E. Henion Ⅱ and Thomas C. Kinnear, eds., Chicago: American Marketing Association, 1979, 51-68.

[66] Babbitt C. W., Babbitt G. A., Oehman J., "Behavioral Impacts on Residential Food Provisioning, Use, and Waste during the COVID-19 Pandemic", *Sustainable Production and Consumption*, 2021, 28: 315-325.

[67] Baiocchi G., Minx J., Hubacek K., "The Impact of Social Factors and Consumer Behavior on Carbon Dioxide Emissions in the United Kingdom: a Regression Based on Input-output and Geodemographic Consumer Segmentation Data", *Journal of Industrial Ecology*, 2010, 14 (1): 50-72.

[68] Balderjahn I., "Personality Variables and Environmental Attitudes as Predictors of Ecologically Responsible Consumption Patterns", *Journal of Business Research*, 1988, 17 (1): 51-56.

[69] Bin S., Dowlatabadi H., "Consumer Lifestyle Approach to US Energy Use and the Related CO_2 Emissions", *Energy Policy*, 2005, 33 (2): 197-208.

[70] Brown N., Croft S., Dawkins E., Finnveden G., Green J., Persson M., Roth S., West C. and Wood R., "New Methods and Indicators Supporting Policies for Sustainable Consumption", https://www.prince-project.se/publications/new-methods-and-indicators-supporting-policies-for-sustainable-consumption/.

[71] Bundesministerium, "Deutsche Nachhaltigkeitsstrategie", https://www.bmuv.de/themen/nachhaltigkeit-digitalisierung/nachhaltigkeit/strategie-und-

umsetzung/deutsche-nachhaltigkeitsstrategie.

[72] Carlson L., Grove S. J., Kangun N., "A Content Analysis of Environmental Advertising Claims: a Matrix Method Approach", *Journal of Advertising*, 1993, 22 (3): 27-39.

[73] Caroline Hogstedt, "Consumer Behaviour and Gender- a Research Overview", https://www.konsumentverket.se/globalassets/publikationer/var-verksamhet/konsumentbeteende-och-genus-en-forskningsoversikt-konsumentverket.pdf.

[74] Elkington J., Hailes J., *Green Consumer Guide*. London: Gollancz, 1988.

[75] Estrada R. A. M., "Policy Modeling: Definition, Classification and evaluation", *Journal of Policy Modeling*, 2011, 33 (4): 523-536.

[76] European Commission, "A New Circular Economy Action Plan for a Cleaner and More Competitive Europe", https://eur-lex.europa.eu/resource.html?uri=cellar:9903b325-6388-11ea-b735-01aa75ed71a1.0017.02/DOC_1&format=PDF.

[77] European Commission, Circular Economy Action Plan. [2020-03-11]. https://environment.ec.europa.eu/strategy/circular-economy-action-plan_en.

[78] European Union, "Construction Products Regulation (CPR)", https://single-market-economy.ec.europa.eu/sectors/construction/construction-products-regulation-cpr_en.

[79] European Union, "Ecodesign and Energy Labelling Working Plan 2022-2024", https://energy.ec.europa.eu/publications/ecodesign-and-energy-labelling-working-plan-2022-2024_en.

[80] European Union, "EU Strategy for Sustainable and Circular Textiles", https://environment.ec.europa.eu/strategy/textiles-strategy_en.

[81] European Union, "European Circular Economy Stakeholder Platform". https://circulareconomy.europa.eu/platform/.

[82] European Union, "Joint Communication to the European Parliment and

the Council: Towards a Comprehensive Strategy with Africa", https://eur-lex. europa. eu/legal-content/EN/TXT/PDF/? uri = CELEX: 52020JC0004.

[83] European Union, "Legislation", https://eur-lex. europa. eu/legal-content/EN/TXT/PDF/? uri=OJ: L: 2009: 285: FULL&from=EN.

[84] European Union, "Proposal for a Directive on Empowering Consumers for the Green Transition and Annex", https://ec. europa. eu/info/publications/proposal-empowering-consumer-green-transition-and-annex_ en.

[85] European Union, Regulation of the European Parliament and of the Council Establishing a Framework for Setting Ecodesign Requirements for Sustainable Products and Repealing Directive 2009/125/EC, https://www. actu-environnement. com/media/pdf/news-39371-reglement-ecoconception-produits. pdf.

[86] European Union, "Review of the EU Sustainable Development Strategy", https://register. consilium. europa. eu/doc/srv? l = EN&f = ST% 2010917% 202006% 20INIT.

[87] European Union, "Sustainable Consumption and Production and Sustainable Industrial Policy Action Plan", https://eur-lex. europa. eu/legal-content/EN/TXT/PDF/? uri=CELEX: 52008DC0397&from=EN.

[88] Gillroy J. M., Shapiro R. Y., "The Polls: Environmental Protection", *The Public Opinion Quarterly*, 1986, 50 (2): 270-279.

[89] Greening L. A., Davis W. B., Schipper L., "Decomposition of Aggregate Carbon Intensity for the Manufacturing Sector: Comparison of Declining Trends from 10 OECD Countries for the Period 1971-1991", *Energy Economics*, 1998, 20 (1): 43-65.

[90] Hertwich E. G., Peters G. P., "Carbon Footprint of Nations: A Global, Trade-linked Analysis", *Environmental Science & Technology*, 2009, 43 (16): 6414-6420.

［91］Huttunen K., Autio M., "Consumer Ethoses in Finnish Consumer Life Stories-agrarianism, Economism and Green Consumerism", *International Journal of Consumer Studies*, 2010, 34 (2): 146-152.

［92］Ivanova D., Stadler K., Steen-Olsen K., et al., "Environmental Impact Assessment of Household Consumption", *Journal of Industrial Ecology*, 2016, 20 (3): 526-536.

［93］Kassarjian H. H., "Incorporating Ecology into Marketing Strategy: The Case of Air Pollution", *Journal of Marketing*, 1971, 35 (3): 61-65.

［94］Kinnear T. C., Taylor J. R., "The Effect of Ecological Concern on Brand Perceptions", *Journal of Marketing Research*, 1973, 10 (2): 191-197.

［95］Lin Y., Chang C. A., "Double Standard: the Role of Environmental Consciousness in Green Product Usage", *Journal of Marketing*, 2012, 76 (5): 125-134.

［96］Liu W., Oosterveer P., Spaargaren G., "Promoting Sustainable Consumption in China: a Conceptual Framework and Research Review", *Journal of Cleaner Production*, 2016, 134: 13-21.

［97］Ministry of Finance Sweden, "Strategy for Sustainable Consumption", https://www.government.se/globalassets/government/dokument/finansdepatementet/pdf/publikationer-infomtrl-rapporter/en-strategy-for-sustainable-consumption--tillganglighetsanpassadx.pdf.

［98］Mobility Sweden, "Definitiva Nyregistreringar under 2020", https://www.bilsweden.se/statistik/Nyregistreringar_per_manad_1/nyregistreringar-2020/definitiva-nyregistreringar-under-2020.

［99］Moraes C., Carrigan M., Szmigin I., "The Coherence of Inconsistencies: Attitude-behaviour Gaps and New Consumption Communities", *Journal of Marketing Management*, 2012, 28 (1-2): 103-128.

［100］Mostafa M. M., "Gender Difference in Egyptian Consumers' Green

Purchase Behaviour: The Effects of Environmental Knowledge, Concern and Attitude", *International Journal of Consumer Studies*, 2007, 31 (3): 220-229.

[101] Natur Vards Verket, "Swedish Environmental Objectives", https://www.naturvardsverket.se/en/environmental-work/environmental-objectives/.

[102] Park H., Heo E., "The Direct and Indirect Household Energy Requirements in the Republic of Korea from 1980 to 2000—An Input-Output Analysis", *Energy Policy*, 2007, 35 (5): 2839-2851.

[103] Peattie K., "Green Consumption: Behavior and Norms", *Annual Review of Environment and Resources*, 2010, 35 (1): 195-228.

[104] Shrum L. J., McCarty J. A., Lowrey T. M., "Buyer Characteristics of the Green Consumer and Their Implications for Advertising Strategy", *Journal of Advertising*, 1995, 24 (2): 71-82.

[105] The Government of Sweden, "A National Food Strategy for Sweden-more Jobs and Sustainable Growth throughout the Country", https://www.government.se/information-material/2017/04/a-national-food-strategy-for-sweden———more-jobs-and-sustainable-growth-throughout-the-country.-short-version-of-government-bill-201617104/.

[106] The Government of Sweden, "Strengthened and Simplified Environmental Management in the Bonus-malus System", https://www.regeringen.se/rattsliga-dokument/departementsserien-och-promemorior/2020/10/forstarkt-och-forenklad-miljostyrning-i-bonusmalus-systemet/.

[107] Titterington A. J., Davies C. A., Cochrane A. C., "Forty Shades of Green: a Classification of Green Consumerism in Northern Ireland", *Journal of Euromarketing*, 1996, 5 (3): 43-63.

[108] UNEP, "Element for Policies for Sustainable Consumption Insymposiumon Sustainable Production and Comsumption Pattern", https://www.unep.org/publications-data.

[109] UNEP, "Progress Report on the 10-Year Framework of Programmes Onsustainable Consumption and Production Patterns", https://www.unep.org/resources/report/progress-report-10-year-framework-programmes-sustainable-consumption-and.

[110] United Nations, "World Population Prospects 2019: Highlights", https://www.un.org/en/desa/world-population-prospects-2019-highlights.

[111] Webster Jr F. E., "Determining the Characteristics of the Socially Conscious Consumer", *Journal of Consumer Research*, 1975, 2 (3): 188-196.

[112] World Summit on Sustainable Development (WSSD), *Johannesburg Declaration on Sustainable Development*, https://www.un.org/zh/events/sustainableenergyforall/pdf/johannesburg_decl.pdf.

[113] World Summit on Sustainable Development (WSSD), *Johannesburg Implementation Plan*, https://www.unisdr.org/preventionweb/files/resolutions/N0263692.pdf.

附录一 中国绿色消费主要政策工具

附表1-1 中国绿色消费主要政策工具

绿色消费政策类型	主要政策工具		政策名称	政策提要
强制类政策	价格机制		《关于完善能源绿色低碳转型体制机制和政策措施的意见》	峰谷电价、居民阶梯电价和输配电价机制
			《工业能效提升行动计划》	差别电价、阶梯电价、惩罚性电价等差别化电价政策,建立统一的高耗能行业阶梯电价制度
监管类政策	制度规范		《关于在部分地区和部门实施机关食堂反食品浪费工作成效评估和通报制度的通知》	机关食堂反食品浪费工作成效评估和通报制度
			《"十四五"现代能源体系规划》	能耗"双控"及碳排放控制制度
			《关于推进共建"一带一路"绿色发展的意见》	《"一带一路"绿色投资原则》
	标准体系		《关于促进新时代新能源高质量发展的实施方案》	绿色电力证书制度
			《关于化纤工业高质量发展的指导意见》	化纤行业绿色制造标准体系
			《"十四五"现代能源体系规划》	新建建筑节能标准
激励类政策	财政	税收优惠	《关于加快推进废旧纺织品循环利用的实施意见》《关于促进绿色智能家电消费若干措施的通知》《"十四五"现代能源体系规划》《关于2021年国民经济和社会发展计划执行情况与2022年国民经济和社会发展计划草案的报告》《工业能效提升行动计划》	废旧纺织品循环业、绿色家电增值税留抵退税、加大可再生能源发电和节能降碳、创新技术研发应用等,煤电企业缓缴、节能节水

续表

绿色消费政策类型	主要政策工具		政策名称	政策提要
激励类政策	财政	财政补助补贴	《关于印发加快推进公路沿线充电基础设施建设行动方案的通知》 《"十四五"推进农业农村现代化规划的通知》 《"十四五"可再生能源发展规划》	对综合利用发电减免交叉补贴和系统备用费、公路沿线充电设施、可再生能源
		政策采购	《"十四五"建筑节能与绿色建筑发展规划》 《关于促进绿色智能家电消费若干措施的通知》	绿色建筑和绿色建材应用、绿色家电、绿色低碳产品
		资金支持	《关于完善能源绿色低碳转型体制机制和政策措施的意见》 《"十四五"可再生能源发展规划》 《关于促进乡村民宿高质量发展的指导意见》	农村能源基础设施、清洁取暖、建筑节能、公路沿线充电基础设施、"三农"、可再生能源发展基金征收、评定等级的乡村民宿
		政府债券	《关于促进新时代新能源高质量发展的实施方案》	新能源领域符合条件的公益性建设项目
	金融	绿色信贷	《关于加快推进废旧纺织品循环利用的实施意见》 《农业品牌精品培育计划（2022—2025年）》 《关于化纤工业高质量发展的指导意见》 《关于2021年国民经济和社会发展计划执行情况与2022年国民经济和社会发展计划草案的报告》 《关于促进新时代新能源高质量发展的实施方案》	废旧纺织品循环利用企业、农业品牌精品培育、高技术型化纤企业、碳减排及煤炭清洁高效利用、对新能源企业补贴确权贷款
		绿色债券	《关于加快推进废旧纺织品循环利用的实施意见》 《关于完善能源绿色低碳转型体制机制和政策措施的意见》 《关于推进共建"一带一路"绿色发展的意见》	废旧纺织品循环利用企业、绿色能源的碳中和债及可持续发展挂钩债券、赴境外绿色用品企业

续表

绿色消费政策类型	主要政策工具		政策名称	政策提要
激励类政策	金融	绿色保险	《"十四五"建筑节能与绿色建筑发展规划》	绿色建筑
		投融资支持	《关于完善能源绿色低碳转型体制机制和政策措施的意见》《关于促进绿色智能家电消费若干措施的通知》《关于推进共建"一带一路"绿色发展的意见》	清洁低碳能源项目及相关基础设施项目、气候项目、绿色智能家电、赴境外绿色用品企业
		绿色发展、低碳转型基金	《关于完善能源绿色低碳转型体制机制和政策措施的意见》	将清洁低碳能源项目纳入基础设施领域不动产投资信托基金、清洁能源、新型电力系统
		碳减排货币政策	《减污降碳协同增效实施方案》	
	市场化	消费促销活动	《关于开展2022新能源汽车下乡活动的通知》	绿色家电消费节、新能源汽车行业促销
		智慧商圈、绿色商店试点	《关于开展2022新能源汽车下乡活动的通知》	绿色智能家电
		以旧换新	《关于促进绿色智能家电消费若干措施的通知》	智能家电
		费用优惠	《关于印发〈加快推进公路沿线充电基础设施建设行动方案〉的通知》	充电基础设施场地租金、充电运营商市场服务费
	信用	采信机制	《"十四五"建筑节能与绿色建筑发展规划》《关于完善能源绿色低碳转型体制机制和政策措施的意见》	绿色建材、绿色能源
		信用监管	《"十四五"可再生能源发展规划》	可再生能源市场主体信用评级制度、健全守信激励和失信惩戒机制
	法律		《减污降碳协同增效实施方案》	《碳排放权交易管理暂行条例》
			《商务部2022年规章立法计划》	反食品浪费：《餐饮业经营管理办法（试行）》

续表

绿色消费政策类型	主要政策工具	政策名称	政策提要
信息化政策	示范工程、创新试点管理办法	《农业品牌精品培育计划（2022—2025年）》	农业精品品牌建设
		《成都建设践行新发展理念的公园城市示范区总体方案》	公园城市
		《城市绿色货运配送示范工程管理办法》	绿色货运
		《关于组织开展"十四五"期间国家公交都市建设示范工程创建工作的通知》	国际都市
		《关于做好绿色出行创建行动考核评价有关工作的通知》	绿色出行
		《邮政业生态环境保护工作信息报告规定（试行）》	绿色物流
		《关于开展公物仓创新试点建设单位征集工作的通知》	公物仓
		《关于印发加力帮扶中小微企业纾困解难若干措施的通知》	公共领域车辆电动化
	标识认证	《关于做好2022年地理标志农产品保护工程实施工作的通知》	绿色食品、有机食品、地理标志农产品认证
		《农业农村减排固碳实施方案》	低碳农产品、节能农产品的认证
		《关于促进绿色智能家电消费若干措施的通知》	绿色家电、智能家电、物联网等高端品质认证
		《"十四五"可再生能源发展规划》	基于绿证的绿色能源消费认证标准、制度和标识体系

附录二 国际消费者信息工具

消费者信息工具可以帮助消费者区分产品的碳排放量并采取更加可持续的行动。当前全球不同行业的消费者信息工具对于我国推动绿色消费具有重要借鉴意义。具体消费者信息工具分类如下。

一、制度和标准

全球许多国家和地区建立了与行业碳排放相关的制度和标准,在规范行业行为的同时,加深消费者对绿色消费的理解和实践(见附表2-1)。

附表2-1 行业碳排放相关制度与标准

工具	作用机制
生态管理和审计制度(EMAS)	评价企业经营活动对环境的影响程度,建立环境管理系统,定期进行内部环境审计,记录环境绩效的持续改进,公开环境绩效报表,并由第三方检查企业是否遵循了EMAS的规定。作为一个业务工具可以了解和改善企业的环境绩效,降低成本,并向消费者进行宣传,引导消费者
建筑行业碳标志制度 · 英国的碳和能源清单(包括34类材料) · 新加坡的建设碳指数(包括10类材料) · 瑞士的环保清单(包括11类材料) · 美国的生命周期清单数据库(对25类材料使用了不同的系统边界) · 国际组织针对建筑行业碳排放的标准和认证制度(区分了评价和避免隐含碳的五种方法,即减碳、碳排放量总量控制、碳排放排名、碳排放量比较、碳排放量报告)	有助于消费者区分产品的碳排放量,引导低碳消费

续表

工具	作用机制
全球旅游可持续性标准（Global Sustainable Tourism Criteria,GSTC）	作为欧盟《欧洲环保旅游标志标准》的组成部分,遵守全球旅游可持续性标准认证委员会的批准过程,满足"透明、公正和能力"要求
欧盟统一的房屋能源标准	房屋能源标准和能源标志给消费者提供了关于房屋结构和隔热方面的信息,告知可能存在额外能耗的可能性

二、信息平台和工具书

各国建立的信息平台和工具书通过提供产品和服务的信息帮助消费者了解不同消费选择的环境影响,增加可持续消费（见附表2-2）。

附表2-2　各国建立的信息平台和工具书

单位：项

平台和工具书	作用机制
Bookdifferent 平台	对酒店每晚住宿给出二氧化碳排放赋值
绿色酒店平台	在奥地利、德国和意大利提供低碳住宿
Viabono 平台	提供德国境内环境友好酒店信息
Winggy 软件	考虑住宿场所消费的有机农产品数量帮助旅客选择住宿场所(酒店、宿营地等),从而减少住宿场所的运营成本和环境影响。也可用于把有关数据转换为住宿场所可视的环境绩效,成为解决旅客需求的工具
EUROPCAR 平台	小汽车租赁平台,按照汽车每公里二氧化碳排放量给出小汽车的分类清单,并用不同颜色显示汽车每公里排放的二氧化碳克数,帮助人们加强对碳排放的识别能力
Eco2Initiative 网站	突出显示了不同消费选择造成的二氧化碳排放量。它以视觉方式表现出控制肉食消费为碳减排做出的较大贡献;减少红肉的消费量将较大幅度地减少碳排放量;应季食品、本地农产品或蔬菜选择的调整将有助于进一步减少肉食消费的碳足迹

续表

平台和工具书	作用机制
德国的可持续性标准比较工具(SSCT)	德国的标志评测网站(www.siegelklarheit.de)及相应的移动端应用程序设计了一个透明、独立和全面的评估工具,即可持续性标准比较工具(SSCT)。它构建了可供消费者比较的 129 种标识体系,用来提供可信的标志信息,帮助消费者找到更可持续消费的可靠标志,从而使消费者更容易将可持续的购买决策融入日常生活中。 该评估体系是基于 300 多个要求(或标准)形成的,是来自科学、民间社会和私营部门的主要专家与网站一起,在现有的国际协议、最新的科学发现和标准组织的规范的基础上发展出的。 随着消费者、公共采购者和从业者对可持续消费的认识不断提高,德国的 SSCT 等在线系统对中国的环境标识推广具有借鉴意义
欧盟的绿色采购信息平台	欧盟采用目录形式根据产品和服务类别分门别类具体发布了 18 类产品和服务的绿色标准,用来帮助作为合同一方的公共机构识别和采购绿色产品、服务和工程。在此基础上,欧盟还建立了信息发布和咨询平台来发布绿色采购相关信息,为利益相关方提供咨询。绿色采购网是关于绿色采购执行状况和政策信息的一个中枢,这里有大量关于环保议题和国内外绿色采购信息的网络链接。 欧盟委员会还建立了网络客服平台,及时发布绿色采购相关信息,回复绿色采购相关各方的咨询。目前,已建立了不少区域性或全国性的关于绿色可持续采购的网站,如荷兰的 PIANOO 网站(http://www.pianoo.n/)和法国的区域性网站(http://www.reseaugrandouest.fr)
德国旅行社 Fairkehr 的旅行宣传册	针对刚刚毕业准备旅行一年的大学生编写的旅行宣传册,强调就近旅游的独特经验,并给出了不同住宿的二氧化碳强度
《肉食指南》(Meat Eater's Guide)	与 CleanMetrics 合作,计算了 20 种食物的温室气体排放量,来说明它们对气候变化的影响。它还与开车的碳排放量进行比较,使消费者更容易理解饮食的碳排放影响

三、指数和标识

国际上不同行业设计了与环境及碳排放有关的指标来衡量企业行为和所生产产品的环境影响，便于消费者进行消费决策（见附表 2-3）。

附表 2-3 行业环境及碳排放相关指标

指标	作用机制
航班指数（Airline Index）	基于具体飞行所需的燃油、飞机类型、发动机、小翼、座位和载重量以及乘客数量加货物的总负荷，对世界上 200 家大型航空公司的燃油效率进行了比较和排名（对短程、中程和长程飞行进行了区分），从而为航空公司的竞争设定一个效率系数
厄瓜多尔加工食品的标识	通过易于消费者理解的标识，表明加工食品的含糖量、含油（脂肪）量和含盐量。既帮助消费者进行食品选择，又使有关食品生产公司减少食品中脂肪、糖或盐量，以便提高标志产品的标准。虽然该标识与气候变化没有关系，但它为气候有害产品标志提供了潜在的选择

四、评价工具

1. 房屋建筑的国家评价工具

房屋建筑的国家评价工具是根据生命周期评价（Life Cycle Assessment，LCA）或生命周期成本评价（Life Cycle Cost，LCC）方法，在国家层面建立并实施的制度，通常比较房屋的不同特性，比如能源、用水、材料、运输、健康和室内环境质量，反映出气候、建筑材料、建筑传统或能源供应设备的不同，主要国家评价工具如下。

（1）英国房屋建筑研究环境评价方法（BREEAM）。

（2）日本建成环境效率综合评价系统。

（3）德国可持续建筑协会（DGNB）。

（4）提高设计效率。

（5）综合人居评价绿色排名。

（6）卡塔尔的全球可持续性评价系统。

（7）澳大利亚的绿色之星。

（8）法国的高质量环境标准。

（9）美国的能源和环境领先设计（LEED）。

（10）阿拉伯联合酋长国的珍珠排名系统。

（11）捷克共和国的SBToolCZ。

（12）全球南方国家可持续房屋设计。

（13）WELL建筑标准，由国际WELL建筑研究所制定，是一个基于性能的系统，它测量、认证和监测空气、水、营养、光线、健康、舒适和理念等建筑环境特征。

（14）越南绿色建筑委员会的LOTUS。

（15）马来西亚政府的绿色技术公司的MyHIJAU。

（16）澳大利亚基础设施可持续发展委员会的IS Rating Tools。

（17）EarthCheck地球测评认证来自澳大利亚，是一种量化、可持续的环保绩效考核指标体系。

（18）Green Globes绿色地球认证来自绿色建筑促进会，受美国和加拿大认可。协助产品或投资"走出去"，帮助企业了解目的国标准、准入机制，协助申请目的国认证，解决市场准入问题。目前已实现检测及厂验本土化。

2.可持续建筑认证（DGNB）

DGNB是德国可持续建筑委员会与德国政府共同编制的可持续建筑评估体系，在建筑成本控制、建筑投资和建筑运营成本、建筑全寿命周期控制方面有独到之处。DGNB追求在建筑全寿命周期中，最大限度地满足建筑的使用功能、保证建筑舒适度，促进社会文化的继承与发展，并且将建造和使用成本降至最低。DGNB包含建筑全寿命周期成本计算、建造成本、运营成本、回收成本，有效评估控制建筑成本和投资风险，展示了如何通过提高建筑的可持续性而获得更大的经济回报。

3.全球绿色标牌认证

全球绿色标牌认证（Global GreenTag）是澳大利亚，乃至全球最大的产品可持续性认证体系之一，该认证分为四种类型，即绿色等级认证（GreenRate）、生命周期等级认证（Life Cycle Analysis Rate，LCARate）、产品健康声明（Product Health Declarations，PHD）、环保产品声明（Environmental Product Declarations，EPD）。认证范围包括所有建筑施工和基础设施产品、清洁和卫生产品、纸张和包装、美容和卫生产品、时装、食品和饮料容器等。

GreenTag绿色标牌工具的创建目的是，消除各种品牌为树立支持环保的虚假形象而做的"绿色营销"，帮助购买者有能力并自信地选择在最环保和企业道德的方式下生产出来的绿色环保产品，让真正的绿色环保产品能够赢得消费者的信任。

五、其他

附表2-4 其他国际环境相关工具

工具	作用机制
旅游顾问绿色领跑者（Green Leaders）计划	帮助环境友好企业根据其环境信用，更好地销售其产品和服务的一个免费计划。它给满足具体标准的住宿提供单位授予绿色领跑者徽章，并根据企业的承诺和成果赋予不同层级的绿色伙伴称号
能源绩效证明	能源效率不高的房屋将需要更多能源，而能源绩效证明提供了与成本有关的信息，从而影响消费者购买或租用房间的选择。一些城市的能源绩效证明已经影响了市场行为

附录三 绿色消费指数指标体系

附表 3-1 遏制奢侈浪费分指数指标

指标类别	所属领域	指标	指标来源	数据情况	数据来源	属性	单位
资源类	绿色食品	F1 农产品加工转化率	《经济日报》，http://www.gov.cn/shuju/2017-04/18/content_5186688.htm	年度数据已有 2020~2021 年全国数据	新华社，http://www.news.cn/mrdx/2022-09/29/c_1310666894.htm	+	%
		F13 人均食品浪费量	WWF2018《中国城市餐饮食物浪费报告》，https://www.wwfchina.org/content/press/publication/2018/中国城市餐饮食物浪费报告.pdf	年度数据已有 2015 年全国数据	《中国城市餐饮食物浪费报告》，https://www.wwfchina.org/content/press/publication/2018/中国城市餐饮食物浪费报告.pdf	−	克/人
		F14 中央厨房市场规模	智研咨询《2022-2028 年中国中央厨房行业市场现状分析及发展前景展望报告》，https://www.163.com/dy/article/GVRDONP00552YGNW.html	年度数据已有 2015~2021 年全国数据	2015~2021 年中央厨房市场规模，智研咨询《2022-2028 年中国中央厨房行业市场现状分析及发展前景展望报告》，https://www.163.com/dy/article/GVRDONP00552YGNW.html	+	亿元
		F15 中央厨房渗透率	智研咨询《2021 年中国中央厨房行业发展趋势分析》，https://www.sohu.com/a/514163875_120950203	年度数据已有 2014 年、2018 年和 2020 年全国数据	智研咨询，https://www.chyxx.com/?bd_vid=9215337939776131	+	%

170

附录三 绿色消费指数指标体系

续表

指标类别	所属领域	指标	指标来源	数据情况	数据来源	属性	单位
资源类	绿色食品	F16 涉足中央厨房企业数量	[经济信息联播]，《餐饮供应新模式 中央厨房井喷发展 食品企业加速布局》，https://tv.cctv.com/2021/06/30/VIDEl00MyCwZB3VkVercC7Vh210630.shtml	年度数据 已有2020年全国数据（截至2020年5月）	[经济信息联播]，https://tv.cctv.com/2021/06/30/VIDEl00MyCwZB3VkVercC7Vh210630.shtml	+	家
		F17 中央厨房全行业收入	[经济信息联播]，《餐饮供应新模式 中央厨房井喷发展 食品企业加速布局》，https://tv.cctv.com/2021/06/30/VIDEl00MyCwZB3VkVercC7Vh210630.shtml	年度数据 已有2020年全国数据	[经济信息联播]，https://tv.cctv.com/2021/06/30/VIDEl00MyCwZB3VkVercC7Vh210630.shtml	+	亿元
		F18 城市餐饮食品每年浪费总量	《2019—2020减少食物浪费行动在中国——中国连锁餐饮业食物损失与浪费初探》	年度数据 已有2015年全国数据	《中国城市餐饮食物浪费报告》，https://www.wwfchina.org/content/press/publication/2018/中国城市餐饮食物浪费报告.pdf	−	万吨
		F19 城市餐饮每年食物浪费总量占全国粮食产量比例	《2019—2020减少食物浪费行动在中国——中国连锁餐饮业食物损失与浪费初探》	年度数据 已有2015年全国数据	《中国城市餐饮食物浪费报告》，https://www.wwfchina.org/content/press/publication/2018/中国城市餐饮食物浪费报告.pdf	−	%
		F20 每年食品生产经营者因浪费食品被处罚次数	该指标的统计难度较大，当前未能通过公开渠道检索到相关统计数据			+	次
		F21 食堂用餐管理制度中制定防止食品浪费措施的机关单位数量	该指标的统计难度较大，当前未能通过公开渠道检索到相关统计数据，未来可利用爬虫等相关技术进行排查			+	家
		F22 食堂用餐管理制度中制定防止食品浪费措施的企事业数量	该指标的统计难度较大，当前未能通过公开渠道检索到相关统计数据，未来可利用爬虫等相关技术进行排查			+	家

续表

指标类别	所属领域	指标	指标来源	数据情况	数据来源	属性	单位
资源类	绿色食品	F23 食堂用餐管理制度中制定防止食品浪费措施的学校数量	该指标的统计难度较大，当前未能通过公开渠道检索到相关统计数据，未来可利用爬虫等相关技术进行排查			+	所
		F24 机关事业单位制定公务用餐管理制度的数量	该指标的统计难度较大，当前未能通过公开渠道检索到相关统计数据，未来可利用爬虫等相关技术进行排查			+	家
		F25 开展粮食节约行动次数	该指标的统计难度较大，当前未能通过公开渠道检索到相关统计数据，未来可利用爬虫等相关技术进行排查			+	次
	绿色衣着	C6 百米印染布新鲜水取水量	《纺织工业发展规划（2016—2020年）》，http://www.ctei.cn/special/2016nzt/gg/0928pdf/1.pdf	已有 2011 年和 2015 年全国数据	《纺织工业发展规划（2016—2020年）》，http://www.ctei.cn/special/2016nzt/gg/0928pdf/1.pdf	-	吨
		C14 纺织服装行业单位工业增加值水耗	《纺织行业"十四五"绿色发展指导意见》，https://www.sohu.com/a/441889743_99900352	年度数据暂无数据		-	m³/万元
		C15 纺织服装行业万元产值取水量	《纺织行业时尚中国新纺织经济展望报告》，https://www.sohu.com/a/441889743_99900352	年度数据暂无数据	《中国纺织服装行业社会责任年报 2021~2022 年》，https://www.sgpjbg.com/baogao/110398.html	-	m³/万元
	绿色用品	U24 塑料制品产量	《塑料可持续发展白皮书》，https://www.acem.sjtu.edu.cn/resume/20230823/TZ_GUEST/7622778630/%E5%A1%91%E6%96%99%E5%8F%AF%E6%8C%81%E7%BB%AD%E5%8F%91%E5%B1%95%E7%99%BD%E7%9A%AE%E4%B9%A6.pdf	年度数据已有 2016~2021 年全国数据	https://www.askci.com/news/data/chanxiao/20220120/101426172 9380.shtml	-	万吨

172

附录三 绿色消费指数指标体系

续表

指标类别	所属领域	指标	指标来源	数据情况	数据来源	属性	单位
资源类	公共机构	P5 公共机构用水总量	《"十四五"公共机构节约能源资源工作规划》	年度数据 已有2019~2020年全国数据	国管局, https://www.ggj.gov.cn/zgjghq/2022/2208/202209/t20220907_41172.htm	-	亿立方米
		P10 公共机构人均用水量	《"十四五"公共机构节约能源资源工作规划》	年度数据 已有2019~2020年全国数据	国管局, https://www.ggj.gov.cn/zgjghq/2022/2208/202209/t20220907_41172.htm	-	立方米
		P14 "三公"经费支出	《中央决算报告》	年度数据 已有2015~2020年全国数据	中国人大网, http://www.npc.gov.cn/npc/c30834/202206/bc2d630c1af0481b93b6bf88684ea55a.shtml	-	亿元
		P15 公务接待费	《中央决算报告》	年度数据 已有2015~2020年全国数据	中国人大网, http://www.npc.gov.cn/npc/c30834/202206/bc2d630c1af0481b93b6bf88684ea55a.shtml	-	亿元
		P16 公务用车购置及运行费	《中央决算报告》	年度数据 已有2015~2020年全国数据	中国人大网, http://www.npc.gov.cn/npc/c30834/202206/bc2d630c1af0481b93b6bf88684ea55a.shtml	-	亿元
能源类	绿色衣着	C9 纺织行业单位工业增加值能耗	《纺织行业"十四五"发展纲要》, http://news.ctei.cn/bwzq/202106/t20210618_4152444.htm	年度数据 暂无数据	—	-	吨标准煤/万元
		C12 纺织服装行业二次能源占比	《中国纺织服装行业社会责任年度报告2021~2022年》, https://www.sgpjbg.com/baogao/110398.html	年度数据 已有2020年全国数据	《中国纺织服装行业社会责任年度报告2021~2022年》, https://www.sgpjbg.com/baogao/110398.html	+	%
		C13 纺织服装行业单位产值能耗	《循环时尚中国新纺织经济展望报告》, https://www.sohu.com/a/441889743_99900352	年度数据 暂无数据	—	-	吨标准煤/万元

173

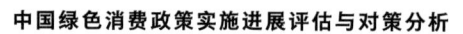

续表

指标类别	所属领域	指标	指标来源	数据情况	数据来源	属性	单位
能源类	绿色居住	R8 建筑能耗中电力消费比例	"十四五"建筑节能与绿色建筑发展规划	年度数据暂无数据	—	+	%
		R23 农村居住建筑能耗	《中国建筑能耗研究报告（2016）》https://www.efchina.org/Attachments/Report/report-20170710-1/report-20170710-1	年度数据已有2010~2019年全国数据	建筑能耗与碳排放数据平台, http://www.cbeed.cn/	—	亿吨标准煤
		R24 农村居住建筑能耗强度	《中国建筑能耗研究报告（2016）》https://www.efchina.org/Attachments/Report/report-20170710-1/report-20170710-1	年度数据已有2010~2018年全国数据	建筑能耗与碳排放数据平台, http://www.cbeed.cn/	—	千克标准煤/m²
		R38 公共建筑单位面积能耗	《中国建筑能耗研究报告（2016）》https://www.efchina.org/Attachments/Report/report-20170710-1/report-20170710-1	年度数据已有2010~2019年全国数据	2010~2019年，建筑能耗与碳排放数据平台, http://www.cbeed.cn/	—	千克标准煤/m²
		R39 城镇居住建筑单位面积能耗	《中国建筑能耗研究报告（2016）》https://www.efchina.org/Attachments/Report/report-20170710-1/report-20170710-1	年度数据已有2010~2019年全国数据	2010~2019年，建筑能耗与碳排放数据平台, http://www.cbeed.cn/	—	千克标准煤/m²
		R40 农村居住建筑单位面积能耗	《中国建筑能耗研究报告（2016）》https://www.efchina.org/Attachments/Report/report-20170710-1/report-20170710-1	年度数据已有2010~2019年全国数据	2010~2019年，建筑能耗与碳排放数据平台, http://www.cbeed.cn/	—	千克标准煤/m²
	绿色用品	U12 智能家电优化节电量	国家标准全文公开系统	年度数据暂无数据	新浪科技, https://finance.sina.com.cn/tech/2021-07-23/doc-ikqfnca8501420.shtml	+	亿吨标准煤

附录三 绿色消费指数指标体系

续表

指标类别	所属领域	指标	指标来源	数据情况	数据来源	属性	单位
能源类	绿色文旅	J9 旅游能源消耗占比	《关于进一步推进旅游行业节能减排工作的指导意见》,http://www.gov.cn/gzdt/2010-06/12/content_1626556.htm	年度数据 已有 2008 年全国数据	石培华,吴普《中国旅游业能源消耗与CO2排放量的初步估算》,《地理学报》2011 年第 2 期	—	吨标准煤/万元
	公共机构	P4 公共机构能源消费总量	《深入开展公共机构绿色低碳引领行动促进碳达峰实施方案》	年度数据 已有 2019~2020 年全国数据	国管局,https://www.ggj.gov.cn/zgjghq/2021/202112/t20211227_34237.htm	—	亿吨标准煤
		P7 公共机构单位建筑面积能耗	《深入开展公共机构绿色低碳引领行动促进碳达峰实施方案》	年度数据 已有 2019~2020 年全国数据	国管局,https://www.ggj.gov.cn/zgjghq/2021/202112/t20211227_34237.htm	—	千克标准煤/m²
		P9 公共机构人均综合能耗	《"十四五"公共机构节约能源资源工作规划》	年度数据 已有 2019~2020 年全国数据	国管局,https://www.ggj.gov.cn/zgjghq/2021/202112/t20211227_34237.htm	—	千克标准煤/人
碳排放	绿色衣着	C8 纺织业单位工业增加值二氧化碳排放量	《纺织行业"十四五"发展纲要》,http://news.ctei.cn/bwzq/202106/t20210618_4152444.htm	年度数据 暂无数据	—	—	万吨/万元
	公共机构	P6 公共机构二氧化碳排放总量	《深入开展公共机构绿色低碳引领行动促进碳达峰实施方案》	年度数据 已有 2019 年全国数据	国管局,https://ghc.ggj.gov.cn/2021/202105/t20210624_32796.htm	—	亿吨
		P8 公共机构单位建筑面积碳排放	《深入开展公共机构绿色低碳引领行动促进碳达峰实施方案》	暂无数据	—	—	千克二氧化碳/m²

175

续表

指标类别	所属领域	指标	指标来源	数据情况	数据来源	属性	单位
垃圾类	绿色食品	F26 厨余垃圾产生量	智研咨询《2021年中国餐厨垃圾处理器及发展趋势分析》，https://www.163.com/dy/article/H737KSDA0552YGNW.html	年度数据已有 2016~2021 年全国数据	智研咨询 2016~2021 年数据，https://www.163.com/dy/article/H737KSDA0552YGNW.html	–	亿吨
		F27 厨余垃圾产生量增速	智研咨询《2021年中国餐厨垃圾处理器及发展趋势分析》，https://www.163.com/dy/article/H737KSDA0552YGNW.html	年度数据已有 2016~2021 年全国数据	智研咨询 2016~2021 年数据，https://www.163.com/dy/article/H737KSDA0552YGNW.html	–	%
	绿色衣着	C20 废旧纺织品产生量	中再生协会《中国废旧纺织品再生利用技术进展》白皮书	年度数据已有 2018 年和 2020 年全国数据	《循环时尚》，人民网，http://finance.people.com.cn/n1/2022/0414/c1004-32399424.html	–	万吨
	绿色文旅	J1 展装垃圾产生量	中华人民共和国商务部《环保展台设计制作指南》	年度数据已有 2019 年全国数据	https://www.chinanews.com/gn/2020/05-23/9192732.shtml	+	吨

附表 3-2 绿色消费方式分指数指标

指标类别	所属领域	指标	指标来源	数据情况	数据来源	属性	单位
产品销售	绿色食品	F6 绿色食品国内销售额	《绿色食品产业"十四五"发展规划纲要（2021—2025年）》	年度数据已有 2001~2021 年全国数据	绿色食品发展中心，http://www.greenfood.agri.cn/	+	亿元
		F7 绿色食品出口额	《绿色食品产业"十四五"发展规划纲要（2021—2025年）》	年度数据已有 2001~2021 年全国数据	绿色食品发展中心，http://www.greenfood.agri.cn/	+	亿美元
		F12 有机食品国内销售额	国家认监委《中国有机产品认证与有机产业发展报告》	年度数据已有 2009~2013 年全国数据	绿色食品发展中心，http://www.greenfood.agri.cn/	+	亿元

176

附录三　绿色消费指数指标体系

续表

指标类别	所属领域	指标	指标来源	数据情况	数据来源	属性	单位
产品销售	绿色交通	T1 新能源汽车新车销量	《"十四五"现代能源体系规划》，http://www.gov.cn/zhengce/zhengceku/2022-03/23/5680759/files/ccc7dffca8f24880a80af1275558f4a.pdf	年度数据已有 2011~2022 年全国数据	前瞻产业研究院：《新能源汽车消费洞察报告》，http://www.199it.com/archives/1500472.html	+	万辆
		T3 新能源汽车新车销售占汽车新车销售总量比例	《新能源汽车产业发展规划（2021—2035）》	年度数据已有 2010~2022 年全国数据	工信部统计数据，https://www.miit.gov.cn/gxsj/tjfx/zbgy/qc/index.html	+	%
		T14 LNG 动力船舶数量	2020 年《中国交通的可持续发展》白皮书	年度数据已有 2019 年全国数据	《中国交通的可持续发展》白皮书	+	艘
		T15 LNG 汽车销量	《全国能源信息平台车用 LNG 将迎来发展春天?》，https://www.163.com/dy/article/GKVDQ8590S509P99.html	年度数据已有 2020 年和 2021 年上半年的全国数据	https://www.163.com/dy/article/GKVDQ8590S509P99.html	+	万辆
		T16 LNG 重卡销量	《加快推进天然气利用的意见》，http://www.gov.cn/xinwen/2017-07/04/content_5207958.htm	年度数据已有 2011~2017 年和 2020 年全国数据	搜狐新闻 2011~2017 年，https://www.sohu.com/a/198385811_282532，立鼎产业研究网 2020 年 http://www.leadingir.com/trend/view/5468.html	+	万辆
		T18 换电车辆销量	《工信部关于组织开展新能源汽车换电模式应用试点工作的通知》，http://www.gov.cn/xinwen/2021-10/28/content_5647458.htm	年度数据已有 2020~2021 年全国数据	艾瑞咨询，https://www.jiemian.com/article/7793402.html	+	辆

177

续表

指标类别	所属领域	指标	指标来源	数据情况	数据来源	属性	单位
产品销售	绿色交通	T21 燃料电池汽车销量	《关于开展燃料电池汽车示范应用的通知》，http://www.gov.cn/zhengce/zhengceku/2020－09/21/content_5545221.htm	年度数据 已有2016~2021年全国数据	中商情报网，https://www.askci.com/	+	辆
		T23 新能源汽车下乡累计销售量	《重庆渝北区政协办公室新能源汽车下乡遭遇困境亟待破解》，https://www.myflowerseed.com/www/content/202205/30/c_27259.html	年度数据 已有2020年下半年至2021年全国数据	中商情报网，https://www.askci.com/news/chanye/20220223/1039041745359.shtml	+	万辆
		T24 小型电动乘用车销量占新能源乘用车的市场份额	《中国小型纯电动乘用车出行大数据报告》，https://www.163.com/dy/article/eFVANKG0H0518R7KI.html	年度数据 已有2016~2020年全国数据	《中国小型纯电动乘用车出行大数据报告》，https://www.163.com/dy/article/eFVANKG0H0518R7KI.html	+	%
	绿色用品	U9 智能马桶一体机零售额	京东大数据研究院《2021智能马桶线上消费趋势报告》	年度数据 已有2017~2020年全国数据	前瞻产业研究院，https://bg.qianzhan.com/report/detail/300/210524-ddb7ca24.html	+	亿元
		U10 智能马桶一体机零售额增长率	京东大数据研究院《2021智能马桶线上消费趋势报告》	年度数据 已有2017~2020年全国数据	前瞻产业研究院，https://bg.qianzhan.com/report/detail/300/210524-ddb7ca24.html	+	%
		U11 中国智能家居设备市场出货量	前瞻数据库，https://www.qianzhan.com/analyst/detail/220/210819-1a5d7966.html	年度数据 暂无数据	—	+	万台

附录三　绿色消费指数指标体系

续表

指标类别	所属领域	指标	指标来源	数据情况	数据来源	属性	单位
产品销售	绿色用品	U14 节能洗衣机销售增长率	《高效节能家电产品销售统计调查制度》，https://www.ndrc.gov.cn/fzggw/jgsj/hzs/sjdt/201904/W020190910582054557748.pdf	年度数据暂无数据	—	+	%
		U15 节能冰箱销售增长率	《高效节能家电产品销售统计调查制度》，https://www.ndrc.gov.cn/fzggw/jgsj/hzs/sjdt/201904/W020190910582054557748.pdf	年度数据暂无数据	—	+	%
		U16 节能空调销售增长率	《高效节能家电产品销售统计调查制度》，https://www.ndrc.gov.cn/fzggw/jgsj/hzs/sjdt/201904/W020190910582054557748.pdf	年度数据暂无数据	—	+	%
		U19 绿色低碳产品出口额	《全球绿色产品贸易特征与中国出口机遇》专题报告，https://thinktank.phbs.pku.edu.cn/2021/zhuantibaogao_1022/44.html	年度数据已有2007年和2020年全国数据	北大汇丰智库，https://thinktank.phbs.pku.edu.cn/2021/zhuantibaogao_1022/44.html	+	亿美元
		U20 绿色低碳中间品出口额	《全球绿色产品贸易特征与中国出口机遇》专题报告，https://thinktank.phbs.pku.edu.cn/2021/zhuantibaogao_1022/44.html	年度数据已有2016~2020年全国数据	北大汇丰智库，https://thinktank.phbs.pku.edu.cn/2021/zhuantibaogao_1022/44.html	+	亿元
		U21 绿色低碳资本品出口额	《全球绿色产品贸易特征与中国出口机遇》专题报告，https://thinktank.phbs.pku.edu.cn/2021/zhuantibaogao_1022/44.html	年度数据已有2016~2020年全国数据	北大汇丰智库，https://thinktank.phbs.pku.edu.cn/2021/zhuantibaogao_1022/44.html	+	亿元

续表

指标类别	所属领域	指标	指标来源	数据情况	数据来源	属性	单位
产品销售	绿色文旅	J3 商用节能灯销售额	中华人民共和国商务部《环保展台设计制作指南》	年度数据暂无数据	—	+	万元
		J10 乡村旅游收入	中华人民共和国文化和旅游部	年度数据已有 2008~2019 年全国数据	https://new.qq.com/rain/a/202109 14A0435900	+	亿元
		J17 环保旅游销售额	QYResearch 数据官网，https://www.qyresearch.com.cn/reports/environmental-tourism-p1618150.html	年度数据暂无数据	—	+	万元
	绿色电力	E2 绿色电力交易量	《关于完善能源绿色低碳转型体制机制和政策措施的意见》	年度数据已有 2021~2022 年（截至 8 月）的全国数据	中电联，https://cec.org.cn/detail/index.html?3-313779，https://cec.org.cn/detail/index.html?3-306005	+	亿千瓦时
		E7 绿证累计风电交易量	世界自然基金会（WWF）《中国绿色电力消费能力提升专题研究报告》	实时更新数据可查询到全国和各省份的实时数据	绿证认购平台，http://www.greenenergy.org.cn/	+	张
		E8 绿证累计光伏交易量	世界自然基金会（WWF）《中国绿色电力消费能力提升专题研究报告》	实时更新数据可查询到全国和各省份的实时数据	绿证认购平台，http://www.greenenergy.org.cn/	+	张
		E9 绿证风电销售量	世界自然基金会（WWF）《中国绿色电力消费能力提升专题研究报告》	年度数据 2017~2021 年	绿证认购平台，http://www.greenenergy.org.cn/	+	个
		E10 绿证光伏销售量	世界自然基金会（WWF）《中国绿色电力消费能力提升专题研究报告》	年度数据 2017~2021 年	绿证认购平台，http://www.greenenergy.org.cn/	+	个

附录三 绿色消费指数指标体系

续表

指标类别	所属领域	指标	指标来源	数据情况	数据来源	属性	单位
市场规模	绿色居住	R34 绿色家居行业市场规模	中国产业信息研究网，https://m.china1baogao.com/news/20170703/4796028.html	年度数据已有 2014~2016 年全国数据	中国产业信息研究网，https://m.china1baogao.com/news/20170703/4796028.html	+	亿元
		R35 LED 照明市场规模	前瞻产业研究院，https://www.qianzhan.com/analyst/detail/220/200410-a8d73c18.html	年度数据已有 2012~2019 年全国数据	华经产业研究院，https://www.sohu.com/a/593274305_120113054	+	亿元
		R36 LED 照明产品渗透率	前瞻产业研究院，https://www.qianzhan.com/analyst/detail/220/200410-a8d73c18.html	年度数据已有 2010~2019 年全国数据	前瞻产业研究院，https://www.qianzhan.com/analyst/detail/220/200410-a8d73c18.html	+	%
		R37 节能环保炉具市场保有量占比	《中国采暖炉具行业发展报告 2016》	年度数据已有 2016 年全国数据	《中国采暖炉具行业发展报告 2016》	+	%
	绿色交通	T2 新能源汽车市场占有率	人民网，http://finance.people.com.cn/n1/2022/0713/c1004-32474559.html	年度数据已有 2016~2022 年全国数据	《新能源汽车消费洞察报告》http://www.199it.com/archives/1500472.html	+	%
		T4 新能源汽车保有量	《公安部：我国新能源汽车保有量已突破 1000 万辆》，https://app.mps.gov.cn/gdnps/pc/content.jsp?id=8577652	年度数据已有 2015~2022 年全国数据	前瞻产业研究院、公安部网站，https://bg.qianzhan.com/trends/detail/506/210729-b6b6433c.html，https://app.mps.gov.cn/gdnps/pc/content.jsp?id=8577652	+	万辆
		T17 LNG 汽车保有量	《全国能源信息平台车用 LNG 将迎来发展春天?》，https://www.163.com/dy/article/GKVDQ8S90S5O9P99.html	年度数据已有 2010~2018 年和 2020 年全国数据	https://gas.in-en.com/html/gas-2928230.shtml，智研咨询 https://www.sohu.com/a/324249451_775892	+	万辆
		T20 燃料电池汽车保有量	《新华社氢燃料电池汽车产业发展观察》，https://www.sohu.com/a/588967629_267106	年度数据已有 2017~2021 年全国数据	中商情报网，https://baijiahao.baidu.com/s?id=1729831921443 76 0676	+	辆

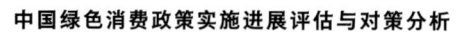

续表

指标类别	所属领域	指标	指标来源	数据情况	数据来源	属性	单位
市场规模	绿色用品	U4 绿色节能家电市场规模	中华人民共和国国家发展和改革委员会，https://www.ndrc.gov.cn/fzggw/jgsj/hzs/sjdt/201904/W020190910582054557748.pdf	年度数据暂无数据	—	+	亿元
		U5 环保家具市场占有率	《中国家具行业"十三五"发展规划》，https://www.homelifestyle.cn/blog-1827-62308.html	年度数据暂无数据	—	+	%
		U6 在售智能冰箱市场占比	国际品牌观察《势不可挡的智能家电市场》	年度数据已有 2014~2021 年全国数据	艾媒数据中心，https://data.iimedia.cn/data-classification/detail/13595311.html	+	%
		U7 在售智能洗衣机市场占比	国际品牌观察《势不可挡的智能家电市场》	年度数据已有 2015~2021 年全国数据	艾媒数据中心，https://data.iimedia.cn/data-classification/detail/13595258.html	+	%
		U8 在售智能空调市场占比	国际品牌观察《势不可挡的智能家电市场》	年度数据已有 2015~2021 年全国数据	艾媒数据中心，https://data.iimedia.cn/data-classification/detail/30416566.html	+	%
		U17 新型家电下沉市场规模	《2021 年中国家电市场报告》，http://www.cena.com.cn/special/2021zgjdscbg.html	年度数据暂无数据	—	+	亿元
消费转型	绿色居住	R2 新开工装配式建筑面积	《住房和城乡建设部标准定额司关于 2020 年度全国装配式建筑发展情况的通报》，http://www.zhoukou.gov.cn/upload/file/20210430/637553752467741250253832I.pdf	年度数据已有 2017~2021 年全国数据	建筑杂志社，https://www.ccpa.com.cn/site/content/9749.html	+	万平方米

附录三 绿色消费指数指标体系

续表

指标类别	所属领域	指标	指标来源	数据情况	数据来源	属性	单位
消费转型	绿色居住	R3 城镇新建建筑中装配式建筑比例	《"十四五"建筑节能与绿色建筑发展规划》	年度数据 已有 2012~2017 年、2019~2021 年全国数据	住房和城乡建设部标准定额司、前瞻产业研究院，http://www.zhoukou.gov.cn/upload/file/20210430/6375537524677412502538321.pdf	+	%
		R4 既有建筑节能改造面积	《"十四五"建筑节能与绿色建筑发展规划》	年度数据 已有 2016~2020 年五年累计全国数据	《"十四五"建筑节能与绿色建筑发展规划》	+	亿平方米
		R5 建设超低能耗、近零能耗建筑面积	《"十四五"建筑节能与绿色建筑发展规划》	年度数据 已有 2016~2020 年五年累计全国数据	《"十四五"建筑节能与绿色建筑发展规划》	+	亿平方米
		R6 地热能建筑应用面积	《"十四五"建筑节能与绿色建筑发展规划》	年度数据 已有 2019~2020 年全国数据	《中国可再生能源发展报告 2019》新闻发布会，住房城乡建设部，https://www.ndrc.gov.cn/xwdt/ztzl/2021qgjnxcz/bmjncx/202108/t20210827_1294904.html?code=&state=123	+	亿平方米
		R7 城镇建筑可再生能源替代率	《"十四五"建筑节能与绿色建筑发展规划》	年度数据 已有 2020 年全国数据	《"十四五"建筑节能与绿色建筑发展规划》	+	%
		R9 当年城镇新建建筑中绿色建筑面积占比	《绿色建筑创建行动方案》，http://www.gov.cn/zhengce/zhengceku/2020-07/24/content_5529745.htm	年度数据 已有 2018~2021 年全国数据	新华社，"十四五"建筑节能与绿色建筑发展规划，《北京青年报》，http://www.gov.cn/xinwen/2021-04/08/content_5598427.htm，http://www.chinaiol.com/News/Content/202209/21_39799.html	+	%

183

续表

指标类别	所属领域	指标	指标来源	数据情况	数据来源	属性	单位
消费转型	绿色居住	R10 绿色建筑设计标识项目面积	《2021中国城市绿色建筑发展竞争力指数报告》,https://www.thepaper.cn/newsDetail_forward_15961375	年度数据 已有截止到2016年9月的累计全国数据和2020年全国数据	绿色建筑评价标识网,http://cngb.org.cn,住建部环资司,http://www.ndrc.gov.cn/xwdt/ztzl/2021qgjnxcz/bmjncx/202108/t20210827_1294904.html?code=&state=123	+	万平方米
		R11 绿色建筑运行标识项目面积	《2021中国城市绿色建筑发展竞争力指数报告》,https://www.thepaper.cn/newsDetail_forward_15961375	年度数据 已有截止到2016年9月的累计全国数据	绿色建筑评价标识网,http://cngb.org.cn/	+	万平方米
		R12 全国绿色建筑标识累计项目数量	绿色建筑评价标识网,http://cngb.org.cn/	年度数据 已有2008年至2016年9月和2019~2021年全国数据	绿色建筑评价标识网,http://cngb.org.cn,《北京青年报》,http://www.chinaiol.com/News/Content/202209/21_39799.html	+	个
		R13 全国绿色建筑累计建筑面积	绿色建筑评价标识网,http://cngb.org.cn/	年度数据 已有2008年至2016年9月的全国数据	绿色建筑评价标识网,http://cngb.org.cn/	+	万平方米
		R14 高星级绿色建筑设计标识项目面积	《2021中国城市绿色建筑发展竞争力指数报告》,https://www.thepaper.cn/newsDetail_forward_15961375	年度数据 暂无数据	—	+	万平方米
		R15 高星级绿色建筑运行标识项目面积	《2021中国城市绿色建筑发展竞争力指数报告》,https://www.thepaper.cn/newsDetail_forward_15961375	年度数据 暂无数据	—	+	万平方米
		R16 高星级绿色建筑标识项目数量	绿色建筑评价标识网,http://cngb.org.cn/	年度数据 已有截止到2016年9月的累计全国数据	绿色建筑评价标识网,http://cngb.org.cn/	+	个

续表

指标类别	所属领域	指标	指标来源	数据情况	数据来源	属性	单位
消费转型	绿色居住	R17 高星级绿色建筑标识项目面积	绿色建筑评价标识网，http://cngb.org.cn/	年度数据 已有截止到2016年9月的累计全国数据	绿色建筑评价标识网，http://cngb.org.cn/	+	万平方米
		R21 农房节能改造户数	《建筑节能与绿色建筑发展"十三五"规划》	年度数据 已有2011~2015年累计5年的全国数据	《建筑节能与绿色建筑发展"十三五"规划》	+	万户
		R22 农房节能改造面积	《北方地区冬季清洁取暖规划（2017~2021年）》，http://www.gov.cn/xinwen/2017-12/20/5248855/files/7ed7d7cda8984ae39a4e9620a4660c7f.pdf	年度数据 暂无数据	—	+	亿平方米
		R25 北方地区清洁取暖率	《北方地区冬季清洁取暖规划（2017~2021年）》，http://www.gov.cn/xinwen/2017-12/20/5248855/files/7ed7d7cda8984ae39a4e9620a4660c7f.pdf	年度数据 已有北方地区2017~2019年数据	《中国清洁供热产业发展报告（2020）》，http://image.chic.org.cn/20210113180925/%E4%B8%85%E6%B4%81%E4%BE%9B%E7%83%AD%E4%BA%A7%E4%B8%9A%E5%8F%91%E5%B1%95%E6%8A%A5%E5%91%8A%EF%BC%882020%EF%BC%89%E7%89%88.pdf	+	%
		R26 清洁取暖面积	《北方地区冬季清洁取暖规划（2017~2021年）》，http://www.gov.cn/xinwen/2017-12/20/5248855/files/7ed7d7cda8984ae39a4e9620a4660c7f.pdf	年度数据 已有北方地区2017~2019年数据	《中国清洁供热产业发展报告（2020）》，http://image.chic.org.cn/20210113180925/%E4%B8%85%E6%B4%81%E4%BE%9B%E7%83%AD%E4%BA%A7%E4%B8%9A%E5%8F%91%E5%B1%95%E6%8A%A5%E5%91%8A%EF%BC%882020%EF%BC%89%E7%89%88.pdf	+	亿平方米

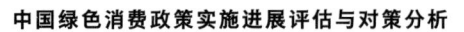

续表

指标类别	所属领域	指标	指标来源	数据情况	数据来源	属性	单位
消费转型	绿色居住	R27 城市镇新建建筑中绿色建材应用比例	《"十四五"建筑节能与绿色建筑发展规划》	年度数据暂无数据	—	+	%
		R41 农村地区清洁取暖率	《北方地区冬季清洁取暖规划（2017~2021年）》, http://www.gov.cn/xinwen/2017-12/20/5248855/files/7ed7d7cda8984ae39a4e9620a4660c7f.pdf	年度数据暂无数据	—	+	%
		R42 农村电气化率	人民网, http://energy.people.com.cn/n1/2020/1019/c71661-31897726.html	年度数据已有2020年全国数据	人民网, http://energy.people.com.cn/n1/2020/1019/c71661-31897726.html	+	%
		R43 清洁能源占农村能源消费总量比例	人民网, http://energy.people.com.cn/n1/2020/1019/c71661-31897726.html	年度数据已有2018年全国数据	人民网, http://energy.people.com.cn/n1/2020/1019/c71661-31897726.html	+	%
	绿色交通	T32 城市公共汽电车客运量	2020《中国交通的可持续发展》白皮书	年度数据已有2019~2021年全国数据	2020年《中国交通的可持续发展》白皮书、交通运输部《交通运输行业发展统计公报》	+	亿人次
		T35 城市轨道交通客运量	2020《中国交通的可持续发展》白皮书	年度数据已有2019~2021年全国数据	2020年《中国交通的可持续发展》白皮书、交通运输部《交通运输行业发展统计公报》	+	亿人次
		T38 自行车年骑行量	首都之窗《十年完成3218公里慢行系统治理,"十四五"期间,五环内——宽12米以上道路全划自行车道》, https://www.sohu.com/a/587252660_203914	年度数据暂无数据	—	+	公里
	绿色文旅	J2 绿色环保型展会、展具和展装使用率	中华人民共和国商务部《会展业节能降耗工作规范》	年度数据暂无数据	—	+	%

续表

指标类别	所属领域	指标	指标来源	数据情况	数据来源	属性	单位
消费转型	绿色文旅	J7 自行车、公共交通出行比例	交通运输部	年度数据暂无数据	—	+	%
		J11 乡村旅游接待游客数数量	文化和旅游部	年度数据已有 2017~2021 年全国数据	https://baijiahao.baidu.com/s?id=1748260396225623409	+	亿人次
		E12 非水电可再生能源消费量	《关于促进非水可再生能源发电健康发展的若干意见》，http://www.gov.cn/zhengce/zhengceku/2020-02/03/content_5474144.htm	年度数据已有 2010~2020 年全国数据	《BP 世界能源统计年鉴 2021》，https://www.bp.com.cn/zh_cn/china/home/news/reports/statistical-review-2021.html	+	艾焦
	绿色电力	E16 全国可再生能源电力实际消纳量	《全国可再生能源电力发展监测评价报告》	年度数据已有 2019~2021 年全国数据	《2019~2021 年度全国可再生能源电力发展监测评价报告》	+	亿千瓦时
		E17 全国可再生能源电力实际消纳量占全社会用电量比重	《全国可再生能源电力发展监测评价报告》	年度数据已有 2019~2021 年全国数据	《2019~2021 年度全国可再生能源电力发展监测评价报告》	+	%
		E18 全国非水电可再生能源电力实际消纳量	《全国可再生能源电力发展监测评价报告》	年度数据已有 2020~2021 年全国数据和各省份数据	《2021 年度全国可再生能源电力发展监测评价报告》	+	亿千瓦时
		E19 全国非水电可再生能源电力实际消纳量占全社会用电量比重	《全国可再生能源电力发展监测评价报告》	年度数据已有 2020~2021 年全国数据	《2021 年度全国可再生能源电力发展监测评价报告》	+	%

续表

指标类别	所属领域	指标	指标来源	数据情况	数据来源	属性	单位
消费转型	绿色电力	E120 风电利用率	《清洁能源消纳行动计划（2018—2020年）》，https://www.ndrc.gov.cn/xxgk/zcfb/ghxwj/201812/W020190905497393558481.pdf	年度数据已有 2020～2022年（截止到8月）全国数据和各省份数据	2021年度全国可再生能源电力发展监测评价报告、全国新能源消纳监测预警中心	+	%
		E21 光伏发电利用率	《清洁能源消纳行动计划（2018—2020年）》，https://www.ndrc.gov.cn/xxgk/zcfb/ghxwj/201812/W020190905497393558481.pdf	年度数据已有 2020～2022年（截止到8月）全国数据和各省份数据	2021年度全国可再生能源电力发展监测评价报告、全国新能源消纳监测预警中心	+	%
		E22 可再生能源消纳责任权重总量消纳责任权重实际完成值	《"十四五"可再生能源发展规划》	年度数据已有 2019～2021年全国数据和各省份数据	国家能源局，http://zfxxgk.nea.gov.cn/2022-04/21/c_1310587748.htm	+	%
		E23 非水电可再生能源电力消纳责任权重实际完成值	《"十四五"可再生能源发展规划》	年度数据已有 2019～2021年全国数据和各省份数据	国家能源局，http://zfxxgk.nea.gov.cn/2022-04/21/c_1310587748.htm	+	%
		E28 新建工业园区、新增大型公共建筑分布式光伏安装率	《"十四五"可再生能源发展规划》	暂无数据	—	+	%
	公共机构	P1 公共机构推广应用新能源汽车数量	《"十四五"公共机构节约能源资源工作规划》	年度数据已有 2016～2020年 5年累计数据	国管局：《2017年公共机构节能资源工作总结》，https://gbc.ggj.gov.cn/zgjgbq/2021/202106/t20210624_32796.htm、http://www.gov.cn/zhengce/ku/2018-12/31/content_5447589.htm	+	万辆
		P2 新增及更新公务用车新能源汽车配备比例	国管局、国家发展改革委、财政部、生态环境部：《深入开展公共机构绿色低碳引领行动促进碳达峰实施方案》	暂无数据	—	+	%

188

附录三 绿色消费指数指标体系

续表

指标类别	所属领域	指标	指标来源	数据情况	数据来源	属性	单位
消费转型	公共机构	P3 公共机构新能源汽车充电配设施数量	《"十四五"公共机构节约能源资源工作规划》	年度数据 已有2016~2020年5年累计数据	《国管局：持续发力 久久为功 "十三五"公共机构能源资源节约工作取得积极成效》	+	万套
		P11 公共机构高效照明光源使用率	《"十四五"公共机构节约能源资源工作规划》	暂无数据	—	+	%
		P12 中央国家机关庭院绿化率	《"十四五"公共机构节约能源资源工作规划》	暂无数据	—	+	%
		P17 节水、节能产品采购额	财政部《全国政府采购简要情况》	年度数据 已有2018~2020年全国数据	财政部2018~2020年《全国政府采购简要情况》	+	亿元
		P18 节水、节能产品占同类产品采购规模	财政部《全国政府采购简要情况》	年度数据 已有2018~2020年全国数据	财政部2018~2020年《全国政府采购简要情况》	+	%
		P19 环保产品采购额	财政部《全国政府采购简要情况》	年度数据 已有2018~2020年全国数据	财政部2018~2020年《全国政府采购简要情况》	+	亿元
		P20 环保产品占同类产品采购规模	财政部《全国政府采购简要情况》	年度数据 已有2018~2020年全国数据	财政部2018~2020年《全国政府采购简要情况》	+	%

附表 3-3　低碳循环发展体系分指数指标

指标类别	所属领域	指标	指标来源	数据情况	数据来源	属性	单位
垃圾处理能力	绿色食品	F28 厨余垃圾处理能力	《"十四五"城镇生活垃圾分类和处理设施发展规划》	年度数据 已有2019~2020年全国数据	新华网，http://www.xinhuanet.com/politics/2020-12/04/c_1126823030.htm? baike	+	万吨/日
		F29 厨余垃圾焚烧处理能力	《"十四五"城镇生活垃圾分类和处理设施发展规划》	年度数据 暂无数据	—	+	万吨/日
		F30 厨余垃圾分类收运能力	《"十四五"城镇生活垃圾分类和处理设施发展规划》	年度数据 暂无数据	—	+	万吨/日
		F31 全国餐厨垃圾处理处置中标项目数量	中国环境保护产业协会《固体废物处置市场报告——餐厨垃圾》，http://www.caepi.org.cn/epasp/website/webgl/webglController/view? xh=16596882948970379166 72	月度数据 已有2020年5月至2022年6月全国数据	中国环境保护产业协会2020年5月至2022年6月全国餐厨垃圾处置中标项目数量	+	个
		F38 厨余垃圾处理技术专利数量	中国专利保护协会《厨余垃圾处理行业专利分析报告》，http://img.ppac.org.cn/attachments/2019/11/1572597 4331 67153077c35ea 58.pdf	年度数据 已有2009~2018年全国数据	中国专利保护协会，http://img.ppac.org.cn/attachments/2019/11/1572597 4331 67153077c35ea 58.pdf	+	个
循环利用	绿色食品	F33 城市餐厨废弃物资源化处理率	《循环发展引领行动》	年度数据 暂无数据	—	+	%
	绿色衣着	C7 印染行业水重复利用率	《纺织行业"十四五"绿色发展指导意见》	年度数据 暂无数据	—	+	%
	绿色衣着	C10 纺织服装行业水回用率	《循环时尚：中国新纺织经济展望报告》，https://www.sohu.com/a/44188 9743_99900352	年度数据 已有2011年和2015年全国数据	《循环时尚：中国新纺织经济展望报告》，https://www.sohu.com/a/44188 9743_99900352	+	%

附录三 绿色消费指数指标体系

续表

指标类别	所属领域	指标	指标来源	数据情况	数据来源	属性	单位
循环利用	绿色衣着	C21 清理"未公开公布募捐资格证书和经备案的募捐方案"的旧衣物回收箱数量	法治日报《民政部重要提醒！别盲目捐衣服！》,https://www.thepaper.cn/newsDetail_forward_17212487	年度数据 暂无数据	—	+	个
		C22 用于公益捐赠的回收旧衣占比	腾讯新闻,https://new.qq.com/rain/a/20220714A05BHO00	年度数据 暂无数据	—	+	%
		C23 旧衣回收箱数量	人民网,http://finance.people.com.cn/n1/2022/0530/c1004-3243327.html	年度数据 暂无数据	—	+	个
		C24 旧衣接收点数量	人民网,http://finance.people.com.cn/n1/2022/0530/c1004-3243327.html	年度数据 暂无数据	—	+	个
		C25 废旧纺织品回收量	商务部流通业发展司、中国再生资源回收利用协会《中国再生资源回收行业发展报告（2020）》,https://www.ndrc.gov.cn/xxgk/zcfb/tz/202204/20220411_1321822.html?code=&state=123	年度数据 已有2015~2021年全国数据	华经产业研究院,https://t.10jqka.com.cn/pid_229828333.shtml	+	万吨
		C26 废旧纺织品循环利用率	《关于加快推进废旧纺织品循环利用的实施意见》,https://images.mofcom.gov.cn/ltfzs/202106/20210630093358717.pdf	年度数据 已有2018年和2020年全国数据	《循环时尚》,人民网,http://finance.people.com.cn/n1/2022/0414/c1004-32399424.html	+	%
		C27 废旧纺织品再生利用率	商务部流通业发展司、中国再生资源回收利用协会《中国再生资源回收行业发展报告（2020）》,https://images.mofcom.gov.cn/ltfzs/202106/20210630093358717.pdf	年度数据 已有2019年全国数据	《中国再生资源回收行业发展报告》,http://images.mofcom.gov.cn/ltfzs/202106/20210630093358717.pdf	+	%

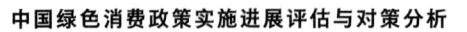

续表

指标类别	所属领域	指标	指标来源	数据情况	数据来源	属性	单位
循环利用	绿色衣着	C28 废旧纺织品再生纤维产量	《关于加快推进废旧纺织品循环利用的实施意见》，https://www.ndrc.gov.cn/xxgk/zcfb/tz/202204/t20220411_1321822.html?code=&state=123	年度数据 已有 2020 年全国数据	人民网，http://finance.people.com.cn/n1/2022/0414/c1004-32399424.html	+	万吨
		C29 废旧纺织品综合利用量	发改委《中国资源综合利用年度报告（2014）》，https://www.ndrc.gov.cn/fzggw/jgsj/hzs/sjdt/201410/W020190910581237507852.pdf	年度数据 已有 2016~2021 年全国数据	华经产业研究院，https://t.10jqka.com.cn/pid_229828333.shtml	+	万吨
	绿色用品	U25 废塑料回收量	《塑料可持续发展白皮书》	年度数据 已有 2014~2021 年全国数据	https://new.qq.com/rain/a/20221220A01BMB00	+	万吨

附表 3-4 绿色低碳产品分指数指标

指标类别	所属领域	指标	指标来源	数据情况	数据来源	属性	单位
企业和产品认证	绿色食品	F2 绿色食品当年获证企业数	《绿色食品产业"十四五"发展规划纲要（2021—2025 年）》	年度数据 已有 2001~2021 年全国数据	绿色食品发展中心，http://www.greenfood.agri.cn/	+	家
		F3 绿色食品当年获证产品数	《绿色食品产业"十四五"发展规划纲要（2021—2025 年）》	年度数据 已有 2001~2021 年全国数据	绿色食品发展中心，http://www.greenfood.agri.cn/	+	个
		F4 绿色食品有效用标单位总数	《绿色食品产业"十四五"发展规划纲要（2021—2025 年）》	年度数据 已有 2001~2021 年全国数据	绿色食品发展中心，http://www.greenfood.agri.cn/	+	家
		F5 绿色食品有效用标产品总数	《绿色食品产业"十四五"发展规划纲要（2021—2025 年）》	年度数据 已有 2001~2021 年全国数据	绿色食品发展中心，http://www.greenfood.agri.cn/	+	个
		F8 绿色食品产地环境监测面积	《绿色食品产业"十四五"发展规划纲要（2021—2025 年）》	年度数据 已有 2001~2021 年全国数据	绿色食品发展中心，http://www.greenfood.agri.cn/	+	亿亩

附录三 绿色消费指数指标体系

续表

指标类别	所属领域	指标	指标来源	数据情况	数据来源	属性	单位
企业和产品认证	绿色食品	F9 有机食品获证单位总数	国家认监委《中国有机产业发展报告》	年度数据已有 2009~2021 年全国数据	绿色食品发展中心，http://www.greenfood.agri.cn/	+	家
		F10 有机食品获证产品总数	国家认监委《中国有机产业发展报告》	年度数据已有 2009~2021 年全国数据	绿色食品发展中心，http://www.greenfood.agri.cn/	+	个
		F11 有机食品认证面积	国家认监委《中国有机产业发展报告》	年度数据已有 2009~2021 年全国数据	绿色食品发展中心，http://www.greenfood.agri.cn/	+	万亩
	绿色衣着	C2 累计获绿色纤维认证企业数量	中国化学纤维工业协会《绿色纤维标志认证体系新闻发布会隆重召开》	年度数据已有 2017~2021 年全国数据	中国纺织经济信息网，http://news.ctei.cn/domestic/gnzx/202108/t20210812_4173872.htm	+	家
		C16 纺织产业绿色设计产品数量	《纺织行业"十四五"绿色发展指导意见》	年度数据已有 2016~2020 年五年累计数据	《纺织行业"十四五"绿色发展指导意见》《纺织行业"十四五"绿色制造名录》	+	种
		C17 纺织产业绿色工厂数量	《纺织行业"十四五"绿色发展指导意见》	年度数据已有 2016~2020 年五年累计数据	《纺织行业"十四五"绿色发展指导意见》《纺织行业"十四五"绿色制造名录》	+	家
		C18 纺织产业绿色供应链企业数量	《纺织行业"十四五"绿色发展指导意见》	年度数据已有 2016~2020 年全国数据	《纺织行业"十四五"绿色发展指导意见》《纺织行业"十四五"绿色制造名录》	+	家
	绿色居住	R28 绿色建材产品认证数量	市场监管总局办公厅，工业和信息化部办公厅，住房和城乡建设部办公厅《关于印发绿色建材产品认证实施方案的通知》，http://www.gov.cn/xinwen/2019-11/08/content_5450047.htm	年度数据暂无数据	—	+	个
		R32 入选绿色设计示范企业的建材企业数量	中国建材杂志，https://cj.sina.com.cn/articles/view/7504746579/1bf5158530010rc3	年度数据已有 2019~2021 年全国数据	工业和信息化部	+	家

193

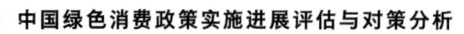

续表

指标类别	所属领域	指标	指标来源	数据情况	数据来源	属性	单位
企业和产品认证	绿色居住	R33 入选绿色设计示范企业的家具企业数量	中国家具协会，https://www.cnfa.com.cn/infodetails3699.html	年度数据 已有2021年全国数据	中国家具协会，https://www.cnfa.com.cn/infodetails 3699.html？lid=6	+	家
	绿色用品	U1 绿色产品工厂数量	http://jxsj.beijing.gov.cn/jxsj/ztsjk/202112/t20211216_2562367.html	年度数据 已有2017~2021年全国数据	《2021年绿色工厂公示名单》，http://jxsj.beijing.gov.cn/jxsj/ztsjk/202112/P020211216380194322549.pdf	+	个
		U2 绿色设计产品数量	http://jxsj.beijing.gov.cn/jxsj/ztsjk/202112/t20211216_2562367.html	年度数据 已有2017~2021年全国数据	《2021年绿色设计产品公示名单》，http://jxsj.beijing.gov.cn/jxsj/ztsjk/202112/P020211216380194827651.pdf	+	个
	绿色文旅	J19 绿饭店新增评定数量	市场监管总局，http://c.gb688.cn/bzgk/gb/showGb?type=online&hcno=0E5784E1444C1D6490628F6E1BC63CD8	年度数据 已有2013~2021年全国数据	中国绿色饭店服务平台，https://green.chinahotel.org.cn/query/#/hotel	+	个
	绿色电力	E27 光伏示范村数量	《"十四五"可再生能源发展规划》	暂无数据	—	+	个
绿色低碳产品生产	绿色食品	F34 全国绿色食品科技成果转化试验站数量	中国绿色食品发展中心《关于公布首批全国绿色食品科技成果转化试验站的通知》，http://www.caas.ink/h-nd-317.html	年度数据 已有2022年全国数据	中国绿色食品发展中心遴选了首批5家"全国绿色食品科技成果转化试验站"	+	个
		F35 绿色食品产业科技研发项目数量	宁夏回族自治区科学技术厅《自治区绿色食品产业高质量发展科技支撑行动方案》（第一章第二部分政策创新）	年度数据 暂无数据	—	+	个

194

附录三 绿色消费指数指标体系

续表

指标类别	所属领域	指标	指标来源	数据情况	数据来源	属性	单位
绿色低碳产品生产	绿色食品	F36 绿色食品产业科技研发成果数量	宁夏回族自治区科学技术厅《自治区绿色食品产业高质量发展科技支撑行动方案》(第一章第二部分政策创新)	年度数据 暂无数据	—	+	个
		F37 绿色食品产业科技创新平台及新型研发机构数量	宁夏回族自治区科学技术厅《自治区绿色食品产业高质量发展科技支撑行动方案》(第一章第二部分政策创新)	年度数据 暂无数据	—	+	个
	绿色衣着	C1 生物基化学纤维有效产能	中国化学纤维工业协会《生物基化学纤维发展现状及趋势》,https://www.ccfa.com.cn/site/content/5364.html	年度数据 已有 2018 年全国数据	中国化学纤维工业协会,https://www.ccfa.com.cn/site/content/5364.html	+	万吨
		C3 绿色纤维产量占化学纤维年产量比重	《关于化纤工业高质量发展的指导意见》,https://www.miit.gov.cn/jgsj/xfpgys/wjfb/art/2022/art_e35a9d4e01434af6b10ef17c5e177d37.html	年度数据 暂无数据	—	+	%
		C4 生物基化学纤维和可降解纤维材料产量年增长率	《关于化纤工业高质量发展的指导意见》,https://www.miit.gov.cn/jgsj/xfpgys/wjfb/art/2022/art_e35a9d4e01434af6b10ef17c5e177d37.html	年度数据 暂无数据	—	+	%
		C5 循环再利用纤维占纤维加工总量比重	《纺织工业发展规划 (2016—2020年)》,http://www.ctei.cn/special/2016nzt/gg/0928pdf/1.pdf	年度数据 已有 2010 年和 2015 年全国数据	《纺织工业发展规划 (2016—2020年)》,http://www.ctei.cn/special/2016nzt/gg/0928pdf/1.pdf	+	%
		C19 纺织产业绿色标准数量	《纺织行业"十四五"绿色发展指导意见》	年度数据 已有 2016~2020 年五年累计全国数据	《纺织行业"十四五"绿色发展指导意见》(绿色制造名录)	+	项

195

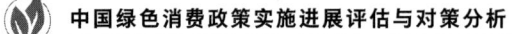

续表

指标类别	所属领域	指标	指标来源	数据情况	数据来源	属性	单位
绿色低碳产品生产	绿色居住	R1 装配式建筑企业注册数量	前瞻产业研究院《2022年中国装配式建筑企业大数据全景图谱》，https://www.qianzhan.com/analyst/detail/220/220929-cd84d4bd.html	年度数据 已有2000~2021年全国数据	前瞻产业研究院《2022年中国装配式建筑企业大数据全景图谱》，https://www.qianzhan.com/analyst/detail/220/220929-cd84d4bd.html	+	家
		R19 绿色建筑相关专利数量	《2021中国城市绿色建筑发展竞争力指数报告》，https://www.thepaper.cn/newsDetail_forward_15961375	年度数据 暂无数据	—	+	个
		R20 绿色建筑创新奖项目数量	《2021中国城市绿色建筑发展竞争力指数报告》，https://www.thepaper.cn/newsDetail_forward_15961375	年度数据 已有2013年、2015年、2017年和2020年全国数据	住建部，https://www.mohurd.gov.cn/gongkai/fdzdgknr/tzgg/202104/20210429_249988.html	+	个
		R29 绿色建材下乡产品数量	绿色建材下乡活动网站，http://greenbm.cbmf.org/	年度数据 已有2022年全国数据	绿色建材下乡活动网站，http://greenbm.cbmf.org/	+	个
		R30 绿色建材下乡企业数量	绿色建材下乡活动网站，http://greenbm.cbmf.org/	年度数据 已有2022年全国数据	绿色建材下乡活动网站，http://greenbm.cbmf.org/	+	家
		R31 绿色建材下乡活动试点城市数量	《六部门关于开展2022年绿色建材下乡活动的通知》，http://www.gov.cn/zhengce/zhengceku/2022-03/14/content_5678923.htm	年度数据 已有2022年全国数据	绿色建材下乡活动网站，http://greenbm.cbmf.org/	+	个
	绿色交通	T5 新型储能装机规模	《储能产业研究白皮书2022》，https://www.eco.gov.cn/news_info/54859.html	年度数据 已有2020~2021年全国数据	2020~2021年《储能产业研究白皮书2022》	+	兆瓦
		T6 充电桩保有量	中国充电联盟《中国充电联盟充电设施统计汇总》	年度数据 已有2016~2022年全国数据	中国充电联盟	+	万台

196

续表

指标类别	所属领域	指标	指标来源	数据情况	数据来源	属性	单位
绿色低碳产品生产	绿色交通	T7 公共充电桩数量	《新能源汽车产业发展规划（2021—2035）》	年度数据 已有 2016~2022 年全国数据	中国充电联盟	+	万台
		T8 公共充电桩保有量	《2018-2019 年度中国充电基础设施发展报告》，https://mp.weixin.qq.com/s/hhP11VRmsOK5AgapfdiijQ	年度数据 已有 2015~2022 年全国数据	中国充电联盟，https://mp.weixin.qq.com/s/hhP11VRmsOK5AgapfdiijQ	+	万台
		T9 新能源汽车与充电桩增量配比	《中国充电联盟：2022 年 8 月全国电动汽车充换电基础设施运行情况》	年度数据 已有 2015~2019 年全国数据	中国充电联盟，https://mp.weixin.qq.com/s/cOHUkUWx865Y3qM5qaK-eA	+	辆/个
		T10 新能源汽车与充电桩保有量配比	《中国充电联盟：2022 年 8 月全国电动汽车充换电基础设施运行情况》	年度数据 已有 2015~2019 年全国数据	中国充电联盟，https://mp.weixin.qq.com/s/cOHUkUWx865Y3qM5qaK-eA	−	辆/个
		T11 换电站数量	《新能源汽车产业发展规划（2021—2035）》	年度数据 已有 2019~2022 年全国数据	中国充电联盟，https://mp.weixin.qq.com/s/cOHUkUWx865Y3qM5qaK-eA	+	座
		T12 换电站保有量	《新能源汽车产业发展规划（2021—2035）》	年度数据 已有 2019~2021 年全国数据	中商产业研究院，https://www.askci.com/news/chanye/20210128/135558 1343655.shtml	+	座
		T13 加氢站数量	《新能源汽车产业发展规划（2021—2035）》	年度数据 已有 2017~2021 年全国数据	华经情报网，https://www.huaon.com/channel/trend/781106.html，人民日报 http://www.gov.cn/xinwen/2022-08/14/content_5705293.htm	+	座

197

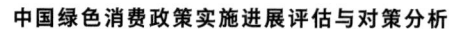

续表

指标类别	所属领域	指标	指标来源	数据情况	数据来源	属性	单位
绿色低碳产品生产	绿色交通	T19 换电站数量	《工信部关于组织开展新能源汽车换电模式应用试点工作的通知》,http://www.gov.cn/xinwen/2021-10/28/content_5647458.htm	年度数据 已有 2019~2022 年全国数据	中国充电联盟,https://mp.weixin.qq.com/s/cOHUkUWx865Y3qM5qaK_eA	+	个
		T22 加氢站数量	《关于开展燃料电池汽车示范应用的通知》,http://www.gov.cn/zhengce/zhengceku/2020-09/21/content_5545221.htm	年度数据 已有 2017~2021 年全国数据	2017~2022 年(上半年),华经情报网,https://www.huaon.com/channel/trend/781106.html,人民日报 http://www.gov.cn/xinwen/2022-08/14/content_5705293.htm	+	座
		T25 新能源公交车数量	2020年《中国交通的可持续发展》白皮书	年度数据 已有 2015~2019 年全国数据	2015~2019 年,华经情报网,https://www.huaon.com/channel/trend/685049.html	+	万辆
		T26 铁路电气化比例	2020年《中国交通的可持续发展》白皮书	年度数据 已有 2015~2021 年全国数据	前瞻产业研究院,https://www.qianzhan.com/analyst/detail/220/211022-dd5f11e1.html 光明日报,http://www.china-railway.com.cn/xwzx/mtjj/gmrb/202110/t20211003_117254.html 中国网,http://news.china.cn/2021-12/24/content_77951174.html	+	%
		T27 机场新能源车辆设备占比	2020年《中国交通的可持续发展》白皮书	年度数据 已有 2019 年全国数据	2020年《中国交通的可持续发展》白皮书	+	%
		T28 国家公交都市建设示范城市数量	2020年《中国交通的可持续发展》白皮书	年度数据 已有 2017~2021 年全国数据	人民网,http://ent.people.com.cn/n1/2021/0811/c1012-32189249.html	+	个

续表

指标类别	所属领域	指标	指标来源	数据情况	数据来源	属性	单位
绿色低碳产品生产	绿色交通	T29 城市公共汽电车运营车辆	2020年《中国交通的可持续发展》白皮书	年度数据已有2019~2021年全国数据	2020年《中国交通的可持续发展》白皮书、交通运输部《交通运输行业发展统计公报》	+	万辆
		T30 城市公共汽电车运营线路	2020年《中国交通的可持续发展》白皮书	年度数据已有2019~2021年全国数据	2020年《中国交通的可持续发展》白皮书、交通运输部《交通运输行业发展统计公报》	+	条
		T31 城市公共汽电车运营线路长度	2020年《中国交通的可持续发展》白皮书	年度数据已有2019~2021年全国数据	2020年《中国交通的可持续发展》白皮书、交通运输部《交通运输行业发展统计公报》	+	万公里
		T33 开通运营城市轨道交通线路的城市数量	2020年《中国交通的可持续发展》白皮书	年度数据已有2019~2021年全国数据	2020年《中国交通的可持续发展》白皮书、交通运输部《交通运输行业发展统计公报》	+	个
		T34 城市轨道交通运营里程	2020年《中国交通的可持续发展》白皮书	年度数据已有2019~2021年全国数据	2020年《中国交通的可持续发展》白皮书、交通运输部《交通运输行业发展统计公报》	+	公里
		T36 行人步道里程	首都之窗《十年完成3218公里慢行系统治理 "十四五"期间，五环内——宽12米以上道路全划自行车道》，https://www.sohu.com/a/587252660_203914	年度数据暂无数据	—	+	公里
		T37 自行车专用道公里数	《住房和城乡建设部关于开展人行道净化和自行车专用道建设工作的意见》，http://www.gov.cn/zhengce/zhengceku/2020-01/16/content_5469628.htm	年度数据暂无数据	—	+	公里

续表

指标类别	所属领域	指标	指标来源	数据情况	数据来源	属性	单位
	绿色交通	T39 慢行交通出行比例	首都之窗《十年完成3218公里慢行系统治理,"十四五"期间,五环以内一窗,https://www.sohu.com/a/5872 52660_203914》12米以上道路全划自行车道	年度数据 暂无数据	—	+	%
		T40 提供共享单车服务的城市数量	2020年《中国交通的可持续发展》白皮书	年度数据 已有2019年全国数据	2020年《中国交通的可持续发展》白皮书	+	个
		T41 发布共享单车管理实施细则的城市数量	2020年《中国交通的可持续发展》白皮书	年度数据 已有2019年全国数据	2020年《中国交通的可持续发展》白皮书	+	个
	绿色低碳产品生产	U3 绿色低碳产品企业总产值	节能产业网,http://www.china-esi.com/Industry/Index.html	年度数据 已有2018年全国数据	节能产业网,http://www.china-esi.com/Industry/88316.html	+	亿元
		U13 绿色低碳产品销售专区数量	遵义绿色产品交易中心	年度数据 暂无数据	—	+	个
		U18 绿色低碳产品进口额	《全球绿色产品贸易特征与中国出口机遇》专题报告,https://thinktank.phbs.pku.edu.cn/2021/zhuantibaogao_1022/44.html	年度数据 已有2007年和2020年全国数据	北大汇丰智库,https://thinktank.phbs.pku.edu.cn/2021/zhuantibaogao_1022/44.html	+	亿美元
	绿色低碳产品使用	U22 绿色包装应用比例	国家邮政局、发改委、科技部等部门《关于协同推进快递业绿色包装工作的指导意见》	年度数据 暂无数据	—	+	%
		U23 可循环包装使用比例	《中国可循环包装市场现状深度研究与未来前景分析报告(2022—2029年)》观研报告	年度数据 暂无数据	—	+	%

附录三　绿色消费指数指标体系

续表

指标类别	所属领域	指标	指标来源	数据情况	数据来源	属性	单位
绿色低碳产品生产	绿色文旅	J5 旅游骑行公里数	国家旅游局《关于促进交通运输与旅游融合发展的若干意见》	年度数据 已有 2017~2018 年全国数据	哈啰出行, https://kns.cnki.net/kcms/detail/detail.aspx?dbcode = CJFD&dbname = CJFDLAST2019&filename = NZKGZXC20190209&uniplatform = NZKPT&v = q42-ll3N7MP47_mN4KsxTyDBYp6DRCyW4xgqIYh4JU_O_7c9bzWNK14SK46668au	+	万公里
		J6 登山步道公里数	中国登山协会《国家登山健身步道配置要求》	年度数据 已有 2018 年（截止到 11 月）全国数据	中国登山协会	+	公里
		J8 出台相关绿色理念运营文件的景区占比	该指标的统计难度较大，当前未能通过公开渠道检索到相关统计数据，未来可利用爬虫等相关技术进行排查	年度数据	—	—	%
		J12 旅游林区开发面积占比	国家林业和草原局，国家公园管理局	年度数据 暂无数据	—	—	%
		J13 旅游湿地开发面积占比	《全国生态旅游发展规划》, https://www.ndrc.gov.cn/xxgk/zcfb/ghwb/201609/W020190905497836923311.pdf	年度数据 暂无数据	—	—	%
		J14 自然碳汇量	国家林业和草原局政府网, http://www.forestry.gov.cn/main/72/20181206/110033750701384.html	实时更新数据	https://www.planet-data.cn/7	+	吨
		J15 自然碳汇量增长率	北京市人民代表大会常务委员会《北京市绿化条例》, http://zjw.beijing.gov.cn/bjjs/fwgl/wyglxx/wyglxx/324191/index.shtml	实时更新数据	https://www.planet-data.cn/7	+	%

201

续表

指标类别	所属领域	指标	指标来源	数据情况	数据来源	属性	单位
绿色低碳产品生产	绿色文旅	J18 绿色旅游宣传政策发布省份省份数	《国务院关于印发"十四五"旅游业发展规划的通知》,http://www.gov.cn/zhengce/content/2022-01/20/content_5669468.htm	暂无数据	在国家政策号召下,全国各地积极响应,根据本省市发展情况与"十四五"规划意见稿中提出绿色旅游宣传政策的省份共有8个,https://zhengce.chinabaogao.com/gonggongfuwu/2021/0319S360U2021.html	+	个
		E1 发布相关文件落实新增可再生能源和原料用能不纳入能源消费总量控制要求的省份数量	2021年中央经济工作会议,http://www.gov.cn/xinwen/2021-12/10/content_5659796.htm	暂无数据	该指标当前未能通过公开渠道检索到相关统计数据,未来可利用爬虫等相关技术进行排查	+	个
	绿色电力	E3 绿证累计风电核发量	世界自然基金会(WWF)《中国绿色电力消费能力提升专题研究报告》	实时更新数据	绿证认购平台,http://www.greenenergy.org.cn/	+	张
		E4 绿证累计光伏核发量	世界自然基金会(WWF)《中国绿色电力消费能力提升专题研究报告》	实时更新数据	绿证认购平台,http://www.greenenergy.org.cn/	+	张
		E5 绿证累计风电挂牌量	世界自然基金会(WWF)《中国绿色电力消费能力提升专题研究报告》	实时更新数据	绿证认购平台,http://www.greenenergy.org.cn/	+	张
		E6 绿证累计光伏挂牌量	世界自然基金会(WWF)《中国绿色电力消费能力提升专题研究报告》	实时更新数据	绿证认购平台,http://www.greenenergy.org.cn/	+	张
		E11 制定绿色电力交易合同示范文本的省份数量	《关于征求2022年浙江省绿色电力交易相关合同示范文本意见的函》,https://zjb.nea.gov.cn/scjgj/7512.jhtml	暂无数据	—	+	个

附录三 绿色消费指数指标体系

续表

指标类别	所属领域	指标	指标来源	数据情况	数据来源	属性	单位
绿色低碳产品生产	绿色电力	E13 制定高耗能企业电力消费中绿色电力最低占比的省份数量	该指标当前未能通过公开渠道检索到相关统计数据，未来可利用爬虫等相关技术进行排查			+	个
		E14 定期梳理、公布绿色电力时段分布情况的省份数量	该指标当前未能通过公开渠道检索到相关统计数据，未来可利用爬虫等相关技术进行排查			+	个
		E15 出台相关政策对消费绿色电力比例较高的用户在实施需求侧管理时优先保障的省份数量	该指标当前未能通过公开渠道检索到相关统计数据，未来可利用爬虫等相关技术进行排查			+	个
		E24 排放量核算中将绿色电力相关碳排放量予以扣减是否可行	该指标为定性指标，目前暂未检索到相关进展			+	—
		E25 光伏发电装机	《"十四五"可再生能源发展规划》	年度数据已有 2019~2021 年全国数据	北极星太阳能光伏网，《2020、2021 年度全国可再生能源电力发展监测评价报告》，https://guangfu.bjx.com.cn/news/20200313/1053652.shtml	+	亿千瓦
		E26 光伏发电量	《"十四五"可再生能源发展规划》	年度数据已有 2020~2021 年全国数据	《2019~2021 年度全国可再生能源电力发展监测评价报告》	+	亿千瓦时
		E29 新增建筑太阳能光伏装机容量	《"十四五"建筑节能与绿色建筑发展规划》	暂无数据	—	+	亿千瓦

203

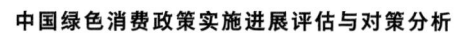

续表

指标类别	所属领域	指标	指标来源	数据情况	数据来源	属性	单位
绿色低碳领域投资	绿色食品	F32 全国餐厨垃圾处理处置中标项目总投资额	中国环境保护产业协会《固体废物处理处置市场报告——餐厨垃圾》，http://www.caepi.org.cn/epasp/website/webgl/webglController/view?xh=1659688294897037916672	月度数据，已有2020年5月至2022年6月全国数据	中国环境保护产业协会2020年5月至2022年6月全国餐厨垃圾处理处置中标项目总投资额	+	亿元
	绿色居住	R18 绿色建筑奖励资金发放总额	《2021中国城市绿色建筑发展竞争力指数报告》，https://www.thepaper.cn/newsDetail_forward_15961375	年度数据，暂无数据	—	+	万元

附录四 八大重点领域发展指数指标体系

附表 4-1 绿色食品发展指数指标

指标	指标来源	数据情况	数据来源	属性	单位
F1 农产品加工转化率	《经济日报》，http://www.gov.cn/shuju/2017-04/18/content_5186688.htm	年度数据 已有 2020~2021 年全国数据	新华社，http://www.news.cn/mrdx/2022-09/29/c_1310666894.htm	+	%
F2 绿色食品当年获证企业数	《绿色食品产业"十四五"发展规划纲要（2021—2025 年）》	年度数据 已有 2001~2021 年全国数据	绿色食品发展中心，http://www.greenfood.agri.cn/	+	家
F3 绿色食品当年获证产品数	《绿色食品产业"十四五"发展规划纲要（2021—2025 年）》	年度数据 已有 2001~2021 年全国数据	绿色食品发展中心，http://www.greenfood.agri.cn/	+	个
F4 绿色食品有效用标单位总数	《绿色食品产业"十四五"发展规划纲要（2021—2025 年）》	年度数据 已有 2001~2021 年全国数据	绿色食品发展中心，http://www.greenfood.agri.cn/	+	家
F5 绿色食品有效用标产品总数	《绿色食品产业"十四五"发展规划纲要（2021—2025 年）》	年度数据 已有 2001~2021 年全国数据	绿色食品发展中心，http://www.greenfood.agri.cn/	+	个
F6 绿色食品国内销售额	《绿色食品产业"十四五"发展规划纲要（2021—2025 年）》	年度数据 已有 2001~2021 年全国数据	绿色食品发展中心，http://www.greenfood.agri.cn/	+	亿元

续表

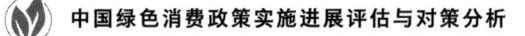

指标	指标来源	数据情况	数据来源	属性	单位
F7 绿色食品出口额	绿色食品产业"十四五"发展规划纲要（2021—2025年）	年度数据 已有2001~2021年全国数据	绿色食品发展中心，http://www.green food.agri.cn/	+	亿美元
F8 绿色食品产地环境监测面积	绿色食品产业"十四五"发展规划纲要（2021—2025年）	年度数据 已有2001~2021年全国数据	绿色食品发展中心，http://www.green food.agri.cn/	+	亿亩
F9 有机食品获证单位总数	国家认监委《中国有机产品认证与有机产业发展报告》	年度数据 已有2009~2021年全国数据	绿色食品发展中心，http://www.green food.agri.cn/	+	家
F10 有机食品获证产品总数	国家认监委《中国有机产品认证与有机产业发展报告》	年度数据 已有2009~2021年全国数据	绿色食品发展中心，http://www.green food.agri.cn/	+	个
F11 有机食品认证面积	国家认监委《中国有机产品认证与有机产业发展报告》	年度数据 已有2009~2021年全国数据	绿色食品发展中心，http://www.green food.agri.cn/	+	万亩
F12 有机食品国内销售额	国家认监委《中国有机产品认证与有机产业发展报告》	年度数据 已有2009~2013年全国数据	绿色食品发展中心，http://www.green food.agri.cn/	+	亿元
F13 人均食品浪费量	WWF2018《中国城市餐饮食物浪费报告》https://www.wwfchina.org/content/press/publication/2018/中国城市餐饮食物浪费报告.pdf	年度数据 已有2015年全国数据	《中国城市餐饮食物浪费报告》https://www.wwfchina.org/content/press/publication/2018/中国城市餐饮食物浪费报告.pdf	-	克/人
F14 中央厨房市场规模	智研咨询《2022-2028年中国中央厨房行业市场现状分析及发展前景展望报告》https://www.163.com/dy/article/GVRDONP00552YGNW.html	年度数据 已有2015~2021年全国数据	2015~2021年中国中央厨房市场规模，智研咨询《2022-2028年中国中央厨房行业市场现状分析及发展前景展望报告》https://www.163.com/dy/article/GVRDONP00552YGNW.html	+	亿元

附录四 八大重点领域发展指数指标体系

续表

指标	指标来源	数据情况	数据来源	属性	单位
F15 中央厨房渗透率	智研咨询《2021年中国中央厨房行业发展趋势分析》, https://www.sohu.com/a/514163875_120950203	年度数据 已有2014年、2018年和2020年全国数据	智研咨询 https://www.chyxx.com/?bd_vid=8326662301195055847	+	%
F16 涉足中央厨房企业数量	[经济信息联播]餐饮供应新模式 中央厨房井喷发展 食品企业加速布局 https://tv.cctv.com/2021/06/30/VIDEl00MyCwZB3VkVercC7Vh210630.shtml	年度数据 已有2020年全国数据(截至2020年5月)	[经济信息联播] https://tv.cctv.com/2021/06/30/VIDEl00MyCwZB3VkVercC7Vh210630.shtml	+	家
F17 中央厨房全行业收入	[经济信息联播]餐饮供应新模式 中央厨房井喷发展 食品企业加速布局 https://tv.cctv.com/2021/06/30/VIDEl00MyCwZB3VkVercC7Vh210630.shtml	年度数据 已有2020年全国数据	[经济信息联播] https://tv.cctv.com/2021/06/30/VIDEl00MyCwZB3VkVercC7Vh210630.shtml	+	亿元
F18 城市餐饮食品每年浪费总量	《2019—2020减少食物浪费行动在中国——中国连锁餐饮业食物损失与浪费初探》	年度数据 已有2015年全国数据	《中国城市餐饮食物浪费报告》 https://www.wwfchina.org/content/press/publication/2018/中国城市餐饮食物浪费报告.pdf	-	万吨
F19 城市餐饮每年食物浪费总量占全国粮食产量比例	《2019—2020减少食物浪费行动在中国——中国连锁餐饮业食物损失与浪费初探》	年度数据 已有2015年全国数据	《中国城市餐饮食物浪费报告》 https://www.wwfchina.org/content/press/publication/2018/中国城市餐饮食物浪费报告.pdf	-	%
F20 每年食品生产经营者因浪费食品被处罚次数	该指标的统计难度较大,当前未能通过公开渠道检索到相关统计数据,未来可利用爬虫等相关技术进行排查			+	次
F21 食堂食用餐管理制度中制定防止食品浪费措施的机关事业单位数量	该指标的统计难度较大,当前未能通过公开渠道检索到相关统计数据,未来可利用爬虫等相关技术进行排查			+	家

207

续表

指标	指标来源	数据情况	数据来源	属性	单位
F22 食堂用餐管理制度中制定防止食品浪费措施的企事业数量	该指标的统计难度较大,当前未能通过公开渠道检索到相关统计数据,未来可利用爬虫等相关技术进行排查			+	家
F23 食堂用餐管理制度中制定防止食品浪费措施的学校数量	该指标的统计难度较大,当前未能通过公开渠道检索到相关统计数据,未来可利用爬虫等相关技术进行排查			+	所
F24 机关事业单位制定公务用餐管理制度的数量	该指标的统计难度较大,当前未能通过公开渠道检索到相关统计数据,未来可利用爬虫等相关技术进行排查			+	家
F25 开展粮食节约行动次数	该指标的统计难度较大,当前未能通过公开渠道检索到相关统计数据,未来可利用爬虫等相关技术进行排查			+	次
F26 厨余垃圾产量	智研咨询《2021年中国餐厨垃圾处理器及发展趋势分析》,https://www.163.com/dy/article/H737KSDA0552YGNW.html	年度数据已有 2016~2021 年全国数据	智研咨询 2016~2021 年数据,https://www.163.com/dy/article/H737KSDA0552YGNW.html	−	亿吨
F27 厨余垃圾产量增速	智研咨询《2021年中国餐厨垃圾处理器及发展趋势分析》,https://www.163.com/dy/article/H737KSDA0552YGNW.html	年度数据已有 2016~2021 年全国数据	智研咨询 2016~2021 年数据,https://www.163.com/dy/article/H737KSDA0552YGNW.html	−	%
F28 厨余垃圾处理能力	《"十四五"城镇生活垃圾分类和处理设施发展规划》	年度数据已有 2019~2020 年全国数据	新华网,http://www.xinhuanet.com/politics/2020-12/04/c_1126823030.htm?baike	+	万吨/日
F29 厨余垃圾焚烧处理能力	《"十四五"城镇生活垃圾分类和处理设施发展规划》	年度数据暂无数据	—		万吨/日

续表

指标	指标来源	数据情况	数据来源	属性	单位
F30 厨余垃圾分类收运能力	《"十四五"城镇生活垃圾分类和处理设施发展规划》	年度数据暂无数据	—	+	万吨/日
F31 全国餐厨垃圾处理处置中标项目数量	中国环境保护产业协会《固体废物处理处置市场报告——餐厨垃圾》,http://www.caepi.org.cn/epasp/website/webgl/webglControler/view?xh=16596882948970379166672	月度数据已有 2020 年 5 月至 2022 年 6 月全国数据	中国环境保护产业协会 2020 年 5 月至 2022 年 6 月全国餐厨垃圾处理处置中标项目数量	+	个
F32 全国餐厨垃圾处理处置中标项目总投资额	中国环境保护产业协会《固体废物处理处置市场报告——餐厨垃圾》,http://www.caepi.org.cn/epasp/website/webgl/webglControler/view?xh=16596882948970379166672	月度数据已有 2020 年 5 月至 2022 年 6 月全国数据	中国环境保护产业协会 2020 年 5 月至 2022 年 6 月全国餐厨垃圾处理处置中标项目总投资额	+	亿元
F33 城市餐厨废弃物资源化处理率	《循环发展引领行动》	年度数据暂无数据	—	+	%
F34 全国绿色食品科技成果转化试验站数量	中国绿色食品发展中心《关于公布首批全国绿色食品科技成果转化试验站的通知》,http://www.caas.ink/h-nd-317.html	年度数据已有 2022 年全国数据	中国绿色食品发展中心遴选了首批 5 家"全国绿色食品科技成果转化试验站"	+	个
F35 绿色食品产业科技研发项目数量	宁夏回族自治区科学技术厅《自治区绿色食品产业高质量发展科技支撑行动方案》(第一章第二部分政策创新)	年度数据暂无数据	—	+	个
F36 绿色食品产业科技研发成果数量	宁夏回族自治区科学技术厅《自治区绿色食品产业高质量发展科技支撑行动方案》(第一章第二部分政策创新)	年度数据暂无数据	—	+	个

续表

指标	指标来源	数据情况	数据来源	属性	单位
F37 绿色产业科技创新平台及新型研发机构数量	宁夏回族自治区科学技术厅《自治区绿色食品产业高质量发展科技支撑行动方案》（第一章第二部分政策创新）	年度数据暂无数据	—	+	个
F38 厨余垃圾处理技术专利数量	中国专利保护协会,http://img.ppac.org.cn/attachments/2019/11/15725974 33 16f53077c35ea58.pdf	年度数据已有 2009～2018 年全国数据	中国专利保护协会,http://img.ppac.org.cn/attachments/2019/11/15725974 33 16f53077c35ea58.pdf	+	个
F39 包括节粮减损、文明餐桌等要求的市民公约、村规民约、行业规范数量	该指标的统计难度较大,当前未能通过公开渠道检索到相关统计数据,未来可利用爬虫等相关技术未进行排查			+	个

附表 4-2 绿色衣着发展指数指标

指标	指标来源	数据情况	数据来源	属性	单位
C1 生物基化学纤维有效产能	中国化学纤维工业协会《生物基化学纤维发展现状及趋势》,https://www.ccfa.com.cn/site/content/5364.html	年度数据已有 2018 年全国数据	中国化学纤维工业协会,https://www.ccfa.com.cn/site/content/5364.html	+	万吨
C2 累计获绿色纤维产品认证企业数量	中国化学纤维工业协会《绿色纤维标志认证体系新闻发布会隆重召开》	年度数据已有 2017～2021 年全国数据	中国纺织经济信息网,http://news.ctei.cn/domestic/gnzx/202108/20210812_4173872.htm	+	家
C3 绿色纤维产量占化学纤维产量比重	《关于化纤工业高质量发展的指导意见》,https://www.miit.gov.cn/jgsj/xfpgys/wjfb/art/2022/art_e35a9d4e0143 4af6b10ef17c5e 177d37.html	年度数据暂无数据	—	+	%

210

附录四 八大重点领域发展指数指标体系

续表

指标	指标来源	数据情况	数据来源	属性	单位
C4 生物基化学纤维和可降解纤维材料产量年增长率	《关于化纤工业高质量发展的指导意见》，https://www.miit.gov.cn/jgsj/xfpgys/wjfb/art/2022/art_e35a9d4e01434af6b10ef17c5e177d37.html	年度数据 暂无数据	—	+	%
C5 循环再利用纤维占纤维加工总量比重	《纺织工业发展规划（2016—2020年）》，http://www.ctei.cn/special/2016nzt/gg/0928pdf/1.pdf	年度数据 已有2010年和2015年全国数据	《纺织工业发展规划（2016—2020年）》，http://www.ctei.cn/special/2016nzt/gg/0928pdf/1.pdf	+	%
C6 百米印染布新鲜水取水量	《纺织工业发展规划（2016—2020年）》，http://www.ctei.cn/special/2016nzt/gg/0928pdf/1.pdf	年度数据 已有2011年和2015年全国数据	《纺织工业发展规划（2016—2020年）》，http://www.ctei.cn/special/2016nzt/gg/0928pdf/1.pdf	−	吨
C7 印染行业水重复利用率	《纺织行业"十四五"绿色发展指导意见》	年度数据 暂无数据	—	+	%
C8 纺织业单位工业增加值二氧化碳排放量	《纺织行业"十四五"发展纲要》，http://news.ctei.cn/bwzq/202106/t20210618_4152444.htm	年度数据 暂无数据	—	−	万吨/万元
C9 纺织行业单位工业增加值能耗	《纺织行业"十四五"发展纲要》，http://news.ctei.cn/bwzq/202106/t20210618_4152444.htm	年度数据 暂无数据	—	−	吨标准煤/万元
C10 纺织服装行业水回用率	《循环时尚：中国新纺织经济展望报告》，https://www.sohu.com/a/441889743_99900352	年度数据 已有2011年和2015年全国数据	《循环时尚：中国新纺织经济展望报告》，https://www.sohu.com/a/441889743_99900352	+	%
C12 纺织服装行业二次能源占比	《中国纺织服装行业社会责任年度报告（2021~2022年）》，https://www.sgpjbg.com/baogao/110398.html	年度数据 已有2020年全国数据	《中国纺织服装行业社会责任年度报告（2021~2022年）》，https://www.sgpjbg.com/baogao/110398.html	+	%

211

续表

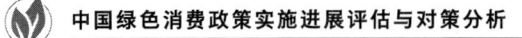

指标	指标来源	数据情况	数据来源	属性	单位
C13 纺织服装行业单位产值能耗	《循环时尚:中国新纺织经济展望报告》,https://www.sohu.com/a/441889743_99900352	年度数据暂无数据	—	-	吨标准煤/万元
C14 纺织服装行业单位工业增加值水耗	《纺织行业"十四五"绿色发展指导意见》	年度数据暂无数据	—	-	m³/万元
C15 纺织服装行业万元产值取水量	《循环时尚:中国新纺织经济展望报告》,https://www.sohu.com/a/441889743_99900352	年度数据	《中国纺织行业社会责任年度报告(2021~2022)》,https://www.sgpjbg.com/baogao/110398.html	-	m³/万元
C16 纺织产业绿色设计产品数量	《纺织行业"十四五"绿色发展指导意见》	年度数据 已有 2016~2020 年五年累计全国数据	《纺织行业"十四五"绿色发展指导意见》(绿色制造名录)	+	种
C17 纺织产业绿色工厂数量	《纺织行业"十四五"绿色发展指导意见》	年度数据 已有 2016~2020 年五年累计全国数据	《纺织行业"十四五"绿色发展指导意见》(绿色制造名录)	+	家
C18 纺织产业绿色供应链企业数量	《纺织行业"十四五"绿色发展指导意见》	年度数据 已有 2016~2020 年五年累计全国数据	《纺织行业"十四五"绿色发展指导意见》(绿色制造名录)	+	家
C19 纺织产业绿色标准数量	《纺织行业"十四五"绿色发展指导意见》	年度数据 已有 2016~2020 年五年累计全国数据	《纺织行业"十四五"绿色发展指导意见》(绿色制造名录)	+	项
C20 废旧纺织品产生量	中再生协会《中国废旧纺织品再生利用技术进展》白皮书	年度数据 已有 2018 年和 2020 年全国数据	《循环时尚:中国新纺织经济展望报告》,http://finance.people.com.cn/n1/2022/0414/c1004-32399424.html	-	万吨

附录四 八大重点领域发展指数指标体系

续表

指标	指标来源	数据情况	数据来源	属性	单位
C21 清理"未公布公开募捐资格证书和经备案的旧衣物回收箱数量	法治日报《民政部重要提醒！别盲目捐衣服！》,https://www.thepaper.cn/newsDetail_forward_17212487	年度数据暂无数据	—	+	个
C22 用于公益捐赠的回收旧衣占比	腾讯新闻,https://new.qq.com/rain/a/20220714A05BH000	年度数据暂无数据	—	+	%
C23 旧衣回收箱数量	人民网,http://finance.people.com.cn/n1/2022/0530/c1004-32433327.html	年度数据暂无数据	—	+	个
C24 旧衣接收点数量	人民网,http://finance.people.com.cn/n1/2022/0530/c1004-32433327.html	年度数据暂无数据	—	+	个
C25 废旧纺织品回收量	商务部流通业发展司、中国再生资源回收行业发展报告(2020)》,http://images.mofcom.gov.cn/ltfzs/202106/20210630093358717.pdf	年度数据已有 2015~2021 年全国数据	华经产业研究院,https://t.10jqka.com.cn/pid_22982833.shtml	+	万吨
C26 废旧纺织品循环利用率	《关于加快推进废旧纺织品循环利用的实施意见》,https://www.ndrc.gov.cn/xxgk/zcfb/tz/202204/t20220411_1321822.html?code=&state=123	年度数据已有 2018 年和 2020 年全国数据	《循环时尚:中国新纺织经济展望报告》,人民网,http://finance.people.com.cn/n1/2022/0414/c1004-32399424.html	+	%
C27 废旧纺织品再生利用率	商务部流通业发展司、中国再生资源回收行业发展报告(2020)》,http://images.mofcom.gov.cn/ltfzs/202106/20210630093358717.pdf	年度数据已有 2019 年全国数据	《中国再生资源回收行业发展报告》,http://images.mofcom.gov.cn/ltfzs/202106/20210630093358717.pdf	+	%
C28 废旧纺织品再生纤维产量	《关于加快推进废旧纺织品循环利用的实施意见》,https://www.ndrc.gov.cn/xxgk/zcfb/tz/202204/t20220411_1321822.html?code=&state=123	年度数据已有 2020 年全国数据	人民网,http://finance.people.com.cn/n1/2022/0414/c1004-32399424.html	+	万吨

213

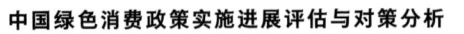

续表

指标	指标来源	数据情况	数据来源	属性	单位
C29 旧纺织品综合利用量	发改委《中国资源综合利用年度报告（2014）》，https://www.ndrc.gov.cn/fzggw/jgsj/hzs/sjdt/201410/W020190910581237507852.pdf	年度数据已有 2016~2021 年全国数据	华经产业研究院，https://t.10jqka.com.cn/pid_22928333.shtml	+	万吨

附表 4-3　绿色居住发展指数指标

指标	指标来源	数据情况	数据来源	属性	单位
R1 装配式建筑企业注册数量	前瞻产业研究院《2022 年中国装配式建筑企业大数据全景图谱》，https://www.qianzhan.com/analyst/detail/220/220929-cd84d4bd.html	年度数据已有 2000~2021 年全国数据	前瞻产业研究院《2022 年中国装配式建筑企业大数据全景图谱》，https://www.qianzhan.com/analyst/detail/220/220929-cd84d4bd.html	+	家
R2 新开工装配式建筑面积	住房和城乡建设部标准定额司《关于 2020 年度全国装配式建筑发展情况的通报》，http://www.zhoukou.gov.cn/upload/file/20210430/6375537524677412502538321.pdf	年度数据已有 2017~2021 年全国数据	建筑杂志社，https://www.ccpa.com.cn/site/content/9749.html	+	万平方米
R3 城镇新建建筑中装配式建筑比例	《"十四五"建筑节能与绿色建筑发展规划》	年度数据已有 2012~2017 年、2019~2021 年全国数据	住房和城乡建设部标准定额司，前瞻产业研究院，http://www.zhoukou.gov.cn/upload/file/20210430/6375537524677412502538321.pdf	+	%

附录四 八大重点领域发展指数指标体系

续表

指标	指标来源	数据情况	数据来源	属性	单位
R4 既有建筑节能改造面积	《"十四五"建筑节能与绿色建筑发展规划》	年度数据 已有2016~2020年五年累计全国数据	《"十四五"建筑节能与绿色建筑发展规划》	+	亿平方米
R5 建设超低能耗、近零能耗建筑面积	《"十四五"建筑节能与绿色建筑发展规划》	年度数据 已有2016~2020年五年累计全国数据	《"十四五"建筑节能与绿色建筑发展规划》	+	亿平方米
R6 地热能建筑应用面积	《"十四五"建筑节能与绿色建筑发展规划》	年度数据 已有2019~2020年全国数据	《中国可再生能源发展报告2019》新闻发布会,住房和城乡建设部,www.ndrc.gov.cn/xwdt/ztzl/2021qgjnxcz/bmjncx/202108/12021 0827－1294904.html? code=&state=123	+	亿平方米
R7 城镇能耗可再生能源替代率	《"十四五"建筑节能与绿色建筑发展规划》	年度数据 已有2020年全国数据	《"十四五"建筑节能与绿色建筑发展规划》	+	%
R8 建筑能耗中电力消费比例	《"十四五"建筑节能与绿色建筑发展规划》	年度数据 暂无数据	—	+	%
R9 当年城镇新建建筑中绿色建筑面积占比	《绿色建筑创建行动方案》,http://www.gov.cn/zhengce/zhengceku/2020-07/24/content_5529745.htm	年度数据 已有2018~2021年全国数据	新华社,《"十四五"建筑节能发展规划》,北京青年报,http://www.gov.cn/xinwen/2021-04/08/content_5598427.htm,http://www.chinaiol.com/News/Content/202209/21_39799.html	+	%

215

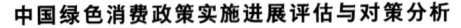

续表

指标	指标来源	数据情况	数据来源	属性	单位
R10 绿色建筑设计标识项目面积	《2021中国城市绿色建筑发展竞争力指数报告》，https://www.thepaper.cn/newsDetail_forward_15961375	年度数据 已有截止到2016年9月的累计全国数据和2020年全国数据	绿色建筑评价标识网，http://cngb.org.cn/，住建部环资司，https://www.ndrc.gov.cn/xwdt/ztzl/2021qjjnxcz/bmjncx/202108/t20210827_12949 04.html?code=&state=123	+	万平方米
R11 绿色建筑运行标识项目面积	《2021中国城市绿色建筑发展竞争力指数报告》，https://www.thepaper.cn/newsDetail_forward_15961375	年度数据 已有截止到2016年9月的累计全国数据	绿色建筑评价标识网，http://cngb.org.cn/	+	万平方米
R12 全国绿色建筑标识累计项目数量	绿色建筑评价标识网，http://cngb.org.cn/	年度数据 已有2016~2018年和2019~2021年全国数据	绿色建筑评价标识网，http://cngb.org.cn/，北京青年报，https://www.chinaiol.com/News/Content/202209/21_39799.html	+	个
R13 全国绿色建筑累计建筑面积	绿色建筑评价标识网，http://cngb.org.cn/	年度数据 已有2016~2018年的全国数据	绿色建筑评价标识网，http://cngb.org.cn/	+	万平方米
R14 高星级绿色建筑设计标识项目面积	《2021中国城市绿色建筑发展竞争力指数报告》，https://www.thepaper.cn/newsDetail_forward_15961375	年度数据 暂无数据	—	+	万平方米
R15 高星级绿色建筑运行标识项目面积	《2021中国城市绿色建筑发展竞争力指数报告》，https://www.thepaper.cn/newsDetail_forward_15961375	年度数据 暂无数据	—	+	万平方米

附录四 八大重点领域发展指数指标体系

续表

指标	指标来源	数据情况	数据来源	属性	单位
R16 高星级绿色建筑标识项目数量	绿色建筑评价标识网，http://cngb.org.cn/	年度数据 已有截止到2016年9月的累计全国数据	绿色建筑评价标识网，http://cngb.org.cn/	+	个
R17 高星级绿色建筑标识项目面积	绿色建筑评价标识网，http://cngb.org.cn/	年度数据 已有截止到2016年9月的累计全国数据	绿色建筑评价标识网，http://cngb.org.cn/	+	万平方米
R18 绿色建筑奖励资金发放总额	《2021中国城市绿色建筑发展竞争力指数报告》，https://www.thepaper.cn/newsDetail_forward_15961375	年度数据 暂无数据	—	+	万元
R19 绿色建筑相关专利数量	《2021中国城市绿色建筑发展竞争力指数报告》，https://www.thepaper.cn/newsDetail_forward_15961375	年度数据 暂无数据	—	+	个
R20 绿色建筑创新奖项目数量	《2021中国城市绿色建筑发展竞争力指数报告》，https://www.thepaper.cn/newsDetail_forward_15961375	年度数据 已有2013年、2015年、2017年和2020年全国数据	住建部，https://www.mohurd.gov.cn/gongkai/fdzdgknr/tzgg/202104/20210429_249988.html	+	个
R21 农房节能改造户数	《建筑节能与绿色建筑发展"十三五"规划》	年度数据 已有2011~2015年累计5年的全国数据	《建筑节能与绿色建筑发展"十三五"规划》	+	万户
R22 农房节能改造面积	《北方地区冬季清洁取暖规划（2017~2021年）》，http://www.gov.cn/xinwen/2017-12/20/5248855/files/7ed7d7cda8984ae39a4e9620a4660c7f.pdf	年度数据 暂无数据	—	+	亿平方米

217

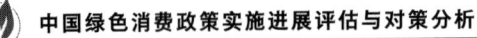

续表

指标	指标来源	数据情况	数据来源	属性	单位
R23 农村居住建筑能耗	《中国建筑能耗研究报告（2016）》，https://www.efchina.org/Attachments/Report/report-20170710-1/report-20170710-1	年度数据已有2010~2019年全国数据	建筑能耗与碳排放数据平台，http://www.cbeed.cn/	-	亿吨标准煤
R24 农村居住建筑能耗强度	《中国建筑能耗研究报告（2016）》，https://www.efchina.org/Attachments/Report/report-20170710-1/report-20170710-1	年度数据已有2010~2018年全国数据	建筑能耗与碳排放数据平台，http://www.cbeed.cn/	-	千克标准煤/平方米
R25 北方地区清洁取暖率	《北方地区冬季清洁取暖规划（2017~2021年）》，http://www.gov.cn/xinwen/2017-12/20/5248855/files/7ed7d17cda8984ae39a4e9620a4660c7f.pdf	年度数据已有北方地区2017~2019年数据	《中国清洁供热产业发展报告（2020）》，http://image.chic.org.cn/20210113180925/%E4%B8%85%E6%B4%819B%BD%E6%B8%85%E7%83%AD%E4%BA%81E4%BE%9B%E7%83%AD%E4%BA%A7%E4%B8%9A%E5%8F%91%E5%B1%95%E6%8A%A5%E5%91%8AB1%95%E6%8A%A5%E5%91%8AEF%BC%882020%EF%BC%89%E7%89%89%B2%BE%E7%AE%80%E7%A089%EF%BC%880200110.pdf	+	%
R26 清洁取暖面积	《北方地区冬季清洁取暖规划（2017~2021年）》，http://www.gov.cn/xinwen/2017-12/20/5248855/files/7ed7d17cda8984ae39a4e9620a4660c7f.pdf	年度数据已有北方地区2017~2019年数据	《中国清洁供热产业发展报告（2020）》，http://image.chic.org.cn/20210113180925/%E4%B8%85%E6%B4%819B%BD%E6%B8%85%E7%83%AD%E4%BA%81E4%BE%9B%E7%83%AD%E4%BA%A7%E4%B8%9A%E5%8F%91%E5%B1%95%E6%8A%A5%E5%91%8AB1%95%E6%8A%A5%E5%91%8AEF%BC%882020%EF%BC%89%E7%89%89%B2%BE%E7%AE%80%E7%A089%EF%BC%880200110.pdf	+	亿平方米

续表

指标	指标来源	数据情况	数据来源	属性	单位
R27 城镇新建建筑中绿色建材应用比例	《"十四五"建筑节能与绿色建筑发展规划》	年度数据暂无数据	—	+	%
R28 绿色建材产品认证数量	市场监管总局办公厅、住房和城乡建设部办公厅、工业和信息化部办公厅《关于印发绿色建材产品认证实施方案的通知》,http://www.gov.cn/xinwen/2019-11/08/content_5450047.htm	年度数据暂无数据	—	+	个
R29 绿色建材产品下乡数量	绿色建材下乡活动网站,http://greenbm.cbmf.org/	年度数据已有2022年全国数据	绿色建材下乡活动网站,http://greenbm.cbmf.org/	+	个
R30 绿色建材下乡企业数量	绿色建材下乡活动网站,http://greenbm.cbmf.org/	年度数据已有2022年全国数据	绿色建材下乡活动网站,http://greenbm.cbmf.org/	+	家
R31 绿色建材下乡活动试点城市数量	《六部门关于开展2022年绿色建材下乡活动的通知》,http://www.gov.cn/zhengce/zhengceku/2022-03/14/content_5678923.htm	年度数据已有2022年全国数据	绿色建材下乡活动网站,http://greenbm.cbmf.org/	+	个
R32 入选绿色设计示范企业的建材企业数量	中国建材杂志,https://cj.sina.com.cn/articles/view/7504746579/1b51585300101 0rc3	年度数据已有2019~2021年全国数据	工业和信息化部	+	家
R33 入选绿色设计示范企业的家具企业数量	中国家具协会,https://www.cnfa.com.cn/infodetails3699.html?lid=6	年度数据已有2021年全国数据	中国家具协会,https://www.cnfa.com.cn/infodetails3699.html?lid=6	+	家
R34 绿色家居行业市场规模	中国产业信息研究网,https://m.chinabaogao.com/news/20170703/4796028.html	年度数据已有2014~2016年全国数据	中国产业信息研究网,https://m.chinabaogao.com/news/20170703/4796028.html	+	亿元

219

续表

指标	指标来源	数据情况	数据来源	属性	单位
R35 LED照明市场规模	前瞻产业研究院，https://www.qianzhan.com/analyst/detail/220/200410-a8d73c18.html	年度数据 已有2012~2019年全国数据	华经产业研究院，https://www.sohu.com/a/593274305_120113054	+	亿元
R36 LED照明产品渗透率	前瞻产业研究院，https://www.qianzhan.com/analyst/detail/220/200410-a8d73c18.html	年度数据 已有2010~2019年全国数据	前瞻产业研究院，https://www.qianzhan.com/analyst/detail/220/200410-a8d73c18.html	+	%
R37 节能环保炉具市场保有量占比	《中国采暖炉具行业发展报告（2016）》	年度数据 已有2016年全国数据	《中国采暖炉具行业发展报告2016》	+	%
R38 公共建筑单位面积能耗	《中国建筑能耗研究报告（2016）》，https://www.efchina.org/Attachments/Report/report-20170710-1/report-20170710-1	年度数据 已有2010~2019年全国数据	2010~2019年，来源于建筑能耗与碳排放数据平台，http://www.cbeed.cn/	–	千克标准煤/m²
R39 城镇居住建筑单位面积能耗	《中国建筑能耗研究报告（2016）》，https://www.efchina.org/Attachments/Report/report-20170710-1/report-20170710-1	年度数据 已有2010~2019年全国数据	2010~2019年，来源于建筑能耗与碳排放数据平台，http://www.cbeed.cn/	–	千克标准煤/m²
R40 农村居住建筑单位面积能耗	《中国建筑能耗研究报告（2016）》，https://www.efchina.org/Attachments/Report/report-20170710-1/report-20170710-1	年度数据 已有2010~2019年全国数据	2010~2019年，来源于建筑能耗与碳排放数据平台，http://www.cbeed.cn/	–	千克标准煤/m²
R41 农村地区清洁取暖率	《北方地区冬季清洁取暖规划（2017~2021年）》，http://www.gov.cn/xinwen/2017-12/20/5248855/files/7ed7d7cda8984ae39a4e9620a4660c7f.pdf	年度数据 暂无数据	—	+	%

附录四 八大重点领域发展指数指标体系

续表

指标	指标来源	数据情况	数据来源	属性	单位
R42 农村电气化率	人民网，http://energy.people.com.cn/n1/2020/1019/c71661-31897726.html	年度数据已有 2020 年全国数据	人民网，http://energy.people.com.cn/n1/2020/1019/c71661-31897726.html	+	%
R43 清洁能源占农村能源消费总量比例	人民网，http://energy.people.com.cn/n1/2020/1019/c71661-31897726.html	年度数据已有 2018 年全国数据	人民网，http://energy.people.com.cn/n1/2020/1019/c71661-31897726.html	+	%

附表 4-4 绿色交通发展指数指标

指标	指标来源	数据情况	数据来源	属性	单位
T1 新能源汽车销量	《"十四五"现代能源体系规划》，http://www.gov.cn/zhengce/zhengceku/2022-03/23/5680759/files/ccc7dffca8f24880a80af12755558f4a.pdf	年度数据已有 2011~2022 年全国数据	前瞻产业研究院，《新能源汽车消费洞察报告》，http://www.199it.com/archives/1500472.html	+	万辆
T2 新能源汽车市场占有率	人民网，http://finance.people.com.cn/n1/2022/0713/c1004-32474559.html	年度数据已有 2016~2022 年全国数据	《新能源汽车消费洞察报告》，http://www.199it.com/archives/1500472.html	+	%
T3 新能源汽车新车销售量占汽车新车销售总量比例	《新能源汽车产业发展规划（2021—2035）》	年度数据已有 2010~2022 年全国数据	工信部统计数据，https://www.miit.gov.cn/gxsj/tjfx/zbgy/qc/index.html	+	%
T4 新能源汽车保有量	《公安部：我国新能源汽车保有量已突破 1000 万辆》，https://app.mps.gov.cn/gdnps/pc/content.jsp?id=8577652	年度数据已有 2015~2022 年全国数据	前瞻产业研究院，公安部网站，https://bg.qianzhan.com/trends/detail/506/210729-b6b6433c.html，https://app.mps.gov.cn/gdnps/pc/content.jsp?id=8577652	+	万辆

221

续表

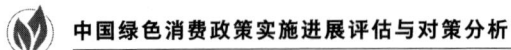

指标	指标来源	数据情况	数据来源	属性	单位
T5 新型储能装机规模	《储能产业研究白皮书2022》，https://www.eco.gov.cn/news_info/54859.html	年度数据已有2020~2021年全国数据	2020~2021年《储能产业研究白皮书2022》	+	兆瓦
T6 充电桩保有量	中国充电联盟：《中国充电联盟充换电设施统计汇总》，https://finance.sina.com.cn/tech/roll/2023-02-06/doc-imyetumr6274209.shtml	年度数据已有2016~2022年全国数据	中国充电联盟	+	万台
T7 公共充电桩数量	《新能源车产业发展规划（2021—2035）》	年度数据已有2016~2022年全国数据	中国充电联盟	+	万台
T8 公共充电桩保有量	《2018-2019年度中国充电基础设施发展报告》，https://mp.weixin.qq.com/s/hhP11VRmsOK5AgapfdiijQ	年度数据已有2015~2022年全国数据	中国充电联盟，https://mp.weixin.qq.com/s/hhP11VRmsOK5AgapfdiijQ	+	万台
T9 新能源汽车与充电桩增量配比	《中国充电联盟：2022年8月全国电动汽车充换电基础设施运行情况》	年度数据已有2015~2019年全国数据	中国充电联盟，https://mp.weixin.qq.com/s/cOHUkUWx865Y3qM5qaK_eA	+	辆/个
T10 新能源汽车与充电桩保有量配比	《中国充电联盟：2022年8月全国电动汽车充换电基础设施运行情况》	年度数据已有2015~2019年全国数据	中国充电联盟，https://mp.weixin.qq.com/s/cOHUkUWx865Y3qM5qaK_eA	+	辆/个
T11 换电站数量	《新能源汽车产业发展规划（2021—2035）》	年度数据已有2019~2022年全国数据	中国充电联盟，https://mp.weixin.qq.com/s/cOHUkUWx865Y3qM5qaK_eA	+	座
T12 换电站保有量	《新能源汽车产业发展规划（2021—2035）》	年度数据已有2019~2021年全国数据	中商产业研究院，https://www.askci.com/news/chanye/20210128/1355581343655.shtml	+	座

附录四 八大重点领域发展指数指标体系

续表

指标	指标来源	数据情况	数据来源	属性	单位
T13加氢站数量	《新能源汽车产业发展规划（2021—2035）》	年度数据已有2017~2021年全国数据	华经情报网，https://www.huaon.com/channel/trend/781106.html，人民日报，http://www.gov.cn/xinwen/2022-08/14/content_5705293.htm	+	座
T14LNG动力船舶数量	2020年《中国交通的可持续发展》白皮书	年度数据已有2019年全国数据	《中国交通的可持续发展》白皮书	+	艘
T15LNG汽车销量	全国能源信息平台《车用LNG将迎来发展春天?》，https://www.163.com/dy/article/GKVDQ85905509P99.html	年度数据已有2020年和2021年上半年的全国数据	https://www.163.com/dy/article/GKVDQ85905509P99.html	+	万辆
T16LNG重卡销量	《加快推进天然气利用的意见》，http://www.gov.cn/xinwen/2017-07/04/content_5207958.htm	年度数据已有2011~2017年和2020年全国数据	搜狐新闻2011~2017年，https://www.sohu.com/a/198385811_282532 立鼎产业研究网2020年，http://www.leadingir.com/trend/view/5468.html	+	万辆
T17LNG汽车保有量	全国能源信息平台《车用LNG将迎来发展春天?》，https://www.163.com/dy/article/GKVDQ85905509P99.html	年度数据已有2010~2018年和2020年全国数据	https://gas.in-en.com/html/gas-2928230.shtml，智研咨询，https://www.sohu.com/a/324249451_775892	+	万辆
T18换电车辆销量	《工信部关于组织开展新能源汽车换电模式应用试点工作的通知》，http://www.gov.cn/xinwen/2021-10/28/content_5647458.htm	年度数据已有2020~2021年全国数据	艾瑞咨询，https://www.jiemian.com/article/7793402.html	+	辆
T19换电站数量	《工信部关于组织开展新能源汽车换电模式应用试点工作的通知》，http://www.gov.cn/xinwen/2021-10/28/content_5647458.htm	年度数据已有2019~2022年全国数据	中国充电联盟，https://mp.weixin.qq.com/s/cOHUkUWx865Y3qM5qaK_eA	+	个

223

续表

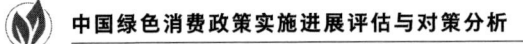

指标	指标来源	数据情况	数据来源	属性	单位
T20 燃料电池汽车保有量	新华社《氢燃料电池汽车产业发展观察》，https://www.sohu.com/a/588967629_267106	年度数据 已有 2017~2021 年全国数据	中商情报网，https://baijiahao.baidu.com/s?id=1729831921443760676	+	辆
T21 燃料电池汽车销量	《关于开展燃料电池汽车示范应用的通知》，http://www.gov.cn/zhengce/zhengceku/2020-09/21/content_5545221.htm	年度数据 已有 2016~2021 年全国数据	中商情报网，https://baijiahao.baidu.com/s?id=1729831921443760676	+	辆
T22 加氢站数量	《关于开展燃料电池汽车示范应用的通知》，http://www.gov.cn/zhengce/zhengceku/2020-09/21/content_5545221.htm	年度数据 已有 2017~2021 年全国数据	2017~2022 年（上半年），华经情报网，https://www.huaon.com/channel/trend/781106.html，人民日报，http://www.gov.cn/xinwen/2022-08/14/content_5705293.htm	+	座
T23 新能源汽车下乡累计销售量	《重庆渝北区政协办公室新能源汽车下乡遭遇困境亟待破解》，https://www.myflowerseed.com/www/content/202205/30/c_27259.html	年度数据 已有 2020 年下半年至 2021 年全国数据	中商情报网，https://www.askci.com/news/chanye/20220223/1039041745359.shtml	+	万辆
T24 小型纯电动乘用车销量占新能源乘用车的市场份额	《中国小型纯电动乘用车出行大数据报告》，https://www.163.com/dy/article/FVANKG0H0518R7KI.html	年度数据 已有 2016~2020 年全国数据	《中国小型纯电动乘用车出行大数据报告》，https://www.163.com/dy/article/FVANKG0H0518R7KI.html	+	%
T25 新能源公交车数量	2020 年《中国交通的可持续发展》白皮书	年度数据 已有 2015~2019 年全国数据	2015~2019 年，华经情报网，https://www.huaon.com/channel/trend/685049.html	+	万辆

附录四　八大重点领域发展指数指标体系

续表

指标	指标来源	数据情况	数据来源	属性	单位
T26 铁路电气化比例	2020年《中国交通的可持续发展》白皮书	年度数据已有2015~2021年全国数据	前瞻产业研究院,https://www.qianzhan.com/analyst/detail/220/211022-dd5f11e1.html,光明日报,http://www.china-railway.com.cn/xwzx/mtjj/gmrb/202110/t20211003_117254.html,中国网,http://news.china.com.cn/2021-12/24/content_77951174.html	+	%
T27 机场新能源车辆设备占比	2020年《中国交通的可持续发展》白皮书	年度数据已有2019年全国数据	2020年《中国交通的可持续发展》白皮书	+	%
T28 国家公交都市建设示范城市数量	2020年《中国交通的可持续发展》白皮书	年度数据已有2017~2021年全国数据	人民网,http://ent.people.com.cn/n1/2021/0811/c1012-32189249.html	+	个
T29 城市公共汽电车运营车辆	2020年《中国交通的可持续发展》白皮书	年度数据已有2019~2021年全国数据	2020年《中国交通的可持续发展》白皮书,交通运输部《交通运输行业发展统计公报》	+	万辆
T30 城市公共汽电车运营线路	2020年《中国交通的可持续发展》白皮书	年度数据已有2019~2021年全国数据	2020年《中国交通的可持续发展》白皮书,交通运输部《交通运输行业发展统计公报》	+	条
T31 城市公共汽电车运营线路长度	2020年《中国交通的可持续发展》白皮书	年度数据已有2019~2021年全国数据	2020年《中国交通的可持续发展》白皮书,交通运输部《交通运输行业发展统计公报》	+	万公里
T32 城市公共汽电车客运量	2020年《中国交通的可持续发展》白皮书	年度数据已有2019~2021年全国数据	2020年《中国交通的可持续发展》白皮书,交通运输部《交通运输行业发展统计公报》	+	亿人次

续表

指标	指标来源	数据情况	数据来源	属性	单位
T33 开通运营城市轨道交通线路的城市数量	2020年《中国交通的可持续发展》白皮书	年度数据已有 2019~2021 年全国数据	2020年《中国交通的可持续发展》白皮书,交通运输部《交通运输行业发展统计公报》	+	个
T34 城市轨道交通运营里程	2020年《中国交通的可持续发展》白皮书	年度数据已有 2019~2021 年全国数据	2020年《中国交通的可持续发展》白皮书,交通运输部《交通运输行业发展统计公报》	+	公里
T35 城市轨道交通客运量	2020年《中国交通的可持续发展》白皮书	年度数据已有 2019~2021 年全国数据	2020年《中国交通的可持续发展》白皮书,交通运输部	+	亿人次
T36 行人步道总里程	首都之窗《十年完成 3218 公里慢行系统治理,"十四五"期间,五环以内——宽 12 米以上道路全划自行车道》,https://www.sohu.com/a/587252660_203914	年度数据暂无数据	—	+	公里
T37 自行车专用道公里数	《住房和城乡建设部关于开展人行道净化和自行车道建设工作的意见》,http://www.gov.cn/zhengce/zhengceku/2020-01/16/content_5469628.htm	年度数据暂无数据	—	+	公里
T38 自行车骑行量	首都之窗《十年完成 3218 公里慢行系统治理,"十四五"期间,五环以内——宽 12 米以上道路全划自行车道》,https://www.sohu.com/a/587252660_203914	年度数据暂无数据	—	+	公里
T39 慢行交通出行比例	首都之窗《十年完成 3218 公里慢行系统治理,"十四五"期间,五环以内——宽 12 米以上道路全划自行车道》,https://www.sohu.com/a/587252660_203914	年度数据暂无数据	—	+	%

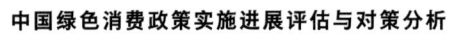

附录四 八大重点领域发展指数指标体系

续表

指标	指标来源	数据情况	数据来源	属性	单位
T40 提供共享单车服务的城市数量	2020年《中国交通的可持续发展》白皮书	年度数据 已有2019年全国数据	2020年《中国交通的可持续发展》白皮书	+	个
T41 发布共享单车管理实施细则的城市数量	2020年《中国交通的可持续发展》白皮书	年度数据 已有2019年全国数据	2020年《中国交通的可持续发展》白皮书	+	个

附表 4-5 绿色用品发展指数指标

指标	指标来源	数据情况	数据来源	属性	单位
U1 绿色产品工厂数量	http://jxsj.beijing.gov.cn/jxsj/ztsjk/202112/t20211216_2562367.html	年度数据 已有2017~2021年全国数据	《2021年绿色工厂公示名单》,http://jxsj.beijing.gov.cn/jxsj/ztsjk/202112/P020211216380194327651.pdf	+	个
U2 绿色设计产品数量	http://jxsj.beijing.gov.cn/jxsj/ztsjk/202112/t20211216_2562367.html	年度数据 已有2017~2021年全国数据	《2021年绿色设计产品公示名单》,http://jxsj.beijing.gov.cn/jxsj/ztsjk/202112/P020211216380194827651.pdf	+	个
U3 绿色低碳产品企业总产值	节能产业网,http://www.china-esi.com/Industry/Index.html	年度数据 已有2018年全国数据	节能产业网,http://www.china-esi.com/Industry/88316.html	+	亿元
U4 绿色节能家电市场规模	中华人民共和国国家发展和改革委员会,https://www.ndrc.gov.cn/fzggw/jgsj/hzs/sjdt/201904/W020190910582045557748.pdf	年度数据 暂无数据	—	+	亿元

227

续表

指标	指标来源	数据情况	数据来源	属性	单位
U5 环保家具市场占有率	《中国家具行业"十三五"发展规划》，https://www.homelifestyle.cn/blog-1827-62308.html	年度数据 暂无数据	—	+	%
U6 在售智能冰箱市场占比	国际品牌观察《势不可挡的智能家电市场》	年度数据 已有2014~2021年全国数据	艾媒数据中心，https://data.iimedia.cn/data-classification/detail/13595311.html	+	%
U7 在售智能洗衣机市场占比	国际品牌观察《势不可挡的智能家电市场》	年度数据 已有2015~2021年全国数据	艾媒数据中心，https://data.iimedia.cn/data-classification/detail/13595258.html	+	%
U8 在售智能空调市场占比	国际品牌观察《势不可挡的智能家电市场》	年度数据 已有2015~2021年全国数据	艾媒数据中心，https://data.iimedia.cn/data-classification/detail/30416566.html	+	%
U9 智能马桶一体机零售额	京东大数据研究院《2021智能马桶线上消费趋势报告》	年度数据 已有2017~2020年全国数据	前瞻产业研究院，https://bg.qianzhan.com/report/detail/300/210524-ddb7ca24.html	+	亿元
U10 智能马桶一体机零售额增长率	京东大数据研究院《2021智能马桶线上消费趋势报告》	年度数据 已有2017~2020年全国数据	前瞻产业研究院，https://bg.qianzhan.com/report/detail/300/210524-ddb7ca24.html	+	%
U11 中国智能家居设备市场出货量	前瞻数据库，https://www.qianzhan.com/analyst/detail/220/210819-1a5d7966.html	年度数据 暂无数据	—	+	万台

附录四　八大重点领域发展指数指标体系

续表

指标	指标来源	数据情况	数据来源	属性	单位
U12 智能家电优化节电量	国家标准全文公开系统	年度数据暂无数据	新浪科技,https://finance.sina.com.cn/tech/2021-07-23/doc-ikqcfnca8501420.shtml	+	亿吨标准煤
U13 绿色低碳产品销售专区数量	遵义绿色产品交易中心	年度数据暂无数据	—	+	个
U14 节能洗衣机销售增长率	《高效节能家电产品销售统计调查制度》,https://www.ndrc.gov.cn/fzggw/jgsj/hzs/sjdt/201904/W020190910582054557748.pdf	年度数据暂无数据	—	+	%
U15 节能冰箱销售增长率	《高效节能家电产品销售统计调查制度》,https://www.ndrc.gov.cn/fzggw/jgsj/hzs/sjdt/201904/W020190910582054557748.pdf	年度数据暂无数据	—	+	%
U16 节能空调销售增长率	《高效节能家电产品销售统计调查制度》,https://www.ndrc.gov.cn/fzggw/jgsj/hzs/sjdt/201904/W020190910582054557748.pdf	年度数据暂无数据	—	+	%
U17 新型家电下沉市场规模	《2021年中国家电市场报告》,http://www.cena.com.cn/special/2021zgjdscbg.html	年度数据暂无数据	—	+	亿元
U18 绿色低碳产品进口额	《全球绿色产品贸易特征与中国出口机遇》专题报告,https://thinktank.phbs.pku.edu.cn/2021/zhuantibaogao_1022/44.html	年度数据已有2007年和2020年全国数据	北大汇丰智库,https://thinktank.phbs.pku.edu.cn/2021/zhuantibaogao_1022/44.html	+	亿美元

229

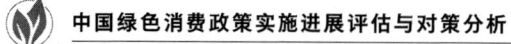

续表

指标	指标来源	数据情况	数据来源	属性	单位
U19 绿色低碳产品出口额	《全球绿色产品贸易特征与中国出口机遇》专题报告，https://thinktank.phbs.pku.edu.cn/2021/zhuantibaogao_1022/44.html	年度数据已有 2007 年和 2020 年数据	北大汇丰智库，https://thinktank.phbs.pku.edu.cn/2021/zhuantibaogao_1022/44.html	+	亿美元
U20 绿色低碳中间品出口额	《全球绿色产品贸易特征与中国出口机遇》专题报告，https://thinktank.phbs.pku.edu.cn/2021/zhuantibaogao_1022/44.html	年度数据已有 2016~2020 年全国数据	北大汇丰智库，https://thinktank.phbs.pku.edu.cn/2021/zhuantibaogao_1022/44.html	+	亿元
U21 绿色低碳资本品出口额	《全球绿色产品贸易特征与中国出口机遇》专题报告，https://thinktank.phbs.pku.edu.cn/2021/zhuantibaogao_1022/44.html	年度数据已有 2016~2020 年全国数据	北大汇丰智库，https://thinktank.phbs.pku.edu.cn/2021/zhuantibaogao_1022/44.html	+	亿元
U22 绿色包装应用比例	国家邮政局、发改委、科技部等《关于协同推进快递业绿色包装工作的指导意见》	年度数据暂无数据	—	+	%
U23 可循环包装使用比例	《中国可循环包装市场现状深度研究与未来前景分析报告（2022-2029 年）》观研报告	年度数据暂无数据	—	+	%
U24 塑料制品产量	《塑料可持续发展白皮书》，https://www.acem.sjtu.edu.cn/resume/20230824/TZ_GUEST/5813839463/% E5% 96% 99% E5% 8F% AF% E6% 8C% 81% E7% BB% AD% E5% 8F% 91% E5% B1% 95% E7% 99% BD% E7% 9A% AE% E4% B9% A6.pdf	年度数据已有 2016~2021 年全国数据	https://www.askci.com/news/data/chanxiao/20220120/101426172938O.shtml	−	万吨
U25 废塑料回收量	《塑料可持续发展白皮书》	年度数据已有 2014~2021 年全国数据	https://new.qq.com/rain/a/20222122O A01BMB00	+	万吨

附录四 八大重点领域发展指数指标体系

附表 4-6 绿色文旅发展指数指标

指标	指标来源	数据情况	数据来源	属性	单位
J1 展装垃圾产生量	中华人民共和国商务部《环保展会设计制作指南》	年度数据 已有 2019 年全国数据	https://www.chinanews.com.cn/gn/2020/05-23/9192732.shtml	+	吨
J2 绿色环保型展台、展具和展装使用率	中华人民共和国商务部《会展业节能降耗工作规范》	年度数据 暂无数据	—	+	%
J3 商用节能灯销售额	中华人民共和国商务部《环保展会设计制作指南》	年度数据 暂无数据	—	+	万元
J5 旅游骑行公里数	国家旅游局《关于促进交通运输与旅游融合发展的若干意见》	年度数据 已有 2017～2018 年全国数据	哈啰出行，https://kns.cnki.net/kcms/detail/detail.aspx?dbcode=CJFD&dbname=CJFDLAST2019&filename=GZXC201902019&uniplatform=NZKPT&v=q42−II3N7MP47_mN4KsxTyDBYp6DRCyW4xgqIYh4JU_O_7c9bzWNKI4SK46668au	+	万公里
J6 登山步道公里数	中国登山协会《国家登山健身步道配置要求》	年度数据 已有 2018 年（截止到 11 月）全国数据	中国登山协会	+	公里
J7 自行车、公共交通出行比例	中华人民共和国交通运输部	年度数据 暂无数据	—	+	%
J8 出台相关绿色理念运营文件的景区占比	该指标的统计难度较大，当前未能通过公开渠道检索到相关统计数据，未来可利用爬虫等相关技术进行排查			+	%

231

续表

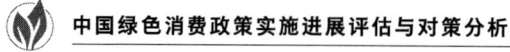

指标	指标来源	数据情况	数据来源	属性	单位
J9 旅游能源消耗占比	《关于进一步推进旅游行业节能减排工作的指导意见》,http://www.gov.cn/gzdt/2010-06/12/content_1626556.htm	年度数据 已有2008年全国数据	石培华,吴普:《中国旅游业能源消耗与CO_2排放量的初步估算》,《地理学报》2011年第2期	-	吨标准煤/万元
J10 乡村旅游收入	中华人民共和国文化和旅游部	年度数据 已有2008~2019年全国数据	https://new.qq.com/rain/a/20210914A0435900	+	亿元
J11 乡村旅游接待游客数量	中华人民共和国文化和旅游部	年度数据 已有2017~2021年全国数据	https://baijiahao.baidu.com/s?id=1748260396225623409	+	亿人次
J12 旅林区开发面积占比	国家林业和草原局,国家公园管理局	年度数据 暂无数据	—	-	%
J13 旅游湿地开发面积占比	全国生态旅游发展规划,https://www.ndrc.gov.cn/xxgk/zcfb/ghwb/201609/W020190905497836923311.pdf	年度数据 暂无数据	—	-	%
J14 自然碳汇量	国家林业和草原局政府网,http://www.forestry.gov.cn/main/72/20181206/110033750701384.html	实时更新数据	https://www.planet-data.cn/7	+	吨
J15 自然碳汇量增长率	北京市人民代表大会常务委员会:《北京市绿化条例》,http://zjw.beijing.gov.cn/bjjs/fwgl/wyglxx/wyglxx/324191/index.shtml	实时更新数据	https://www.planet-data.cn/7	+	%

232

附录四 八大重点领域发展指数指标体系

续表

指标	指标来源	数据情况	数据来源	属性	单位
J17 环保旅游销售额	QYResearch 数据官网，https://www.qyresearch.com.cn/reports/environmental-tourism-p1618150.html	年度数据暂无数据	—	+	万元
J18 绿色旅游宣传政策发布省份数	《国务院关于印发"十四五"旅游业发展规划的通知》，http://www.gov.cn/zhengce/content/2022-01/20/content_5669468.htm	暂无数据	在国家政策号召下，全国各地积极响应，根据本省发展特点与情况在"十四五"规划意见稿中提出绿色旅游宣传政策的省份共有 8 个，https://zhengce.chinabaogao.com/gonggongfuwu/2021/03195360U2021.html	+	个
J19 绿色饭店新增评定数量	市场监管总局，http://c.gb688.cn/bzgk/gb/showGb?type=online&hcno=0E5784E1444C1D6490628F6E1BC63CD8	年度数据已有 2013~2021 年全国数据	中国绿色饭店服务平台，https://green.chinahotel.org.cn/query/#/hotel	+	个

附表 4-7 绿色电力发展指数指标

指标	指标来源	数据情况	数据来源	属性	单位
E1 发布相关文件落实新增可再生能源和原材料用能不纳入能源消费总量控制要求的省份数量	2021 年中央经济工作会议，http://www.gov.cn/xinwen/2021-12/10/content_5659796.htm	暂无数据	该指标当前未能通过公开渠道检索到相关统计数据，未来可利用爬虫等相关技术进行排查	+	个

233

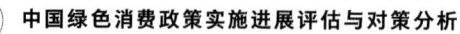

续表

指标	指标来源	数据情况	数据来源	属性	单位
E2 绿色电力交易量	《关于完善能源绿色低碳转型体制机制和政策措施的意见》	年度数据，已有2021~2022年（截止到8月）的全国数据	中电联，https://cec.org.cn/detail/index.html?3-313779，https://cec.org.cn/detail/index.html?3-306005	+	亿千瓦时
E3 绿证累计风电核发量	世界自然基金会（WWF）《中国绿色电力消费能力提升专题研究报告》	实时更新数据	绿证认购平台,http://www.greenenergy.org.cn/	+	张
E4 绿证累计光伏核发量	世界自然基金会（WWF）《中国绿色电力消费能力提升专题研究报告》	实时更新数据	绿证认购平台,http://www.greenenergy.org.cn/	+	张
E5 绿证累计风电挂牌量	世界自然基金会（WWF）《中国绿色电力消费能力提升专题研究报告》	实时更新数据	绿证认购平台,http://www.greenenergy.org.cn/	+	张
E6 绿证累计光伏挂牌量	世界自然基金会（WWF）《中国绿色电力消费能力提升专题研究报告》	实时更新数据	绿证认购平台,http://www.greenenergy.org.cn/	+	张
E7 绿证累计风电交易量	世界自然基金会（WWF）《中国绿色电力消费能力提升专题研究报告》	实时更新数据，可查询到全国和各省份的实时数据	绿证认购平台,http://www.greenenergy.org.cn/	+	张
E8 绿证累计光伏交易量	世界自然基金会（WWF）《中国绿色电力消费能力提升专题研究报告》	实时更新数据，可查询到全国和各省份的实时数据	绿证认购平台,http://www.greenenergy.org.cn/	+	张
E9 绿证风电销售量	世界自然基金会（WWF）《中国绿色电力消费能力提升专题研究报告》	年度数据2017~2021年	绿证认购平台,http://www.greenenergy.org.cn/	+	个
E10 绿证光伏销售量	世界自然基金会（WWF）《中国绿色电力消费能力提升专题研究报告》	年度数据2017~2021年	绿证认购平台,http://www.greenenergy.org.cn/	+	个

附录四 八大重点领域发展指数指标体系

续表

指标	指标来源	数据情况	数据来源	属性	单位
E11 制定绿色电力交易相关合同范本的省份数量	《关于征求2022年浙江省绿色电力交易相关合同示范文本意见的函》	暂无数据	—	+	个
E12 非水电可再生能源消费量	《关于促进非水可再生能源发电健康发展的若干意见》,http://www.gov.cn/zhengce/zhengceku/2020-02/03/content_5474144.htm	年度数据 已有2010~2020年全国数据	《BP世界能源统计年鉴2021》,https://www.bp.com.cn/content/dam/bp/country-sites/zh-cn/china/home/reports/statistical-review-of-world-energy/2021/BP-Stats-2021.pdf,https://pan.baidu.com/link/zhihu/7Rh2zVuehUila4kndzR2U5RTVaZBFjewZIVV==	+	艾焦
E13 制定高耗能企业电力消费中绿色电力占比的省份数量	该指标当前未能通过公开渠道检索到相关统计数据,未来可利用爬虫等相关技术进行排查			+	个
E14 定期梳理、公布绿色电力时段分布的省份数量	该指标当前未能通过公开渠道检索到相关统计数据,未来可利用爬虫等相关技术进行排查			+	个
E15 出台相关政策对消费绿色电力比例较高的用户在实施需求侧管理时优先保障的省份数量	该指标当前未能通过公开渠道检索到相关统计数据,未来可利用爬虫等相关技术进行排查			+	个

235

续表

指标	指标来源	数据情况	数据来源	属性	单位
E16 全国可再生能源电力实际消纳量	《全国可再生能源电力发展监测评价报告》	年度数据已有2019~2021年全国数据	《2019~2021年度全国可再生能源电力发展监测评价报告》	+	亿千瓦时
E17 全国可再生能源电力实际消纳量占全社会用电量比重	《全国可再生能源电力发展监测评价报告》	年度数据已有2019~2021年全国数据	《2019~2021年度全国可再生能源电力发展监测评价报告》	+	%
E18 全国非水电可再生能源电力实际消纳量	《全国可再生能源电力发展监测评价报告》	年度数据已有2020~2021年全国数据和各省份数据	《2021年度全国可再生能源电力发展监测评价报告》	+	亿千瓦时
E19 全国非水电可再生能源电力实际消纳量占全社会用电量比重	《全国可再生能源电力发展监测评价报告》	年度数据已有2020~2021年全国数据	《2021年度全国可再生能源电力发展监测评价报告》	+	%
E20 风电利用率	《清洁能源消纳行动计划（2018—2020年）》, https://www.ndrc.gov.cn/xxgk/zcfb/ghxwj/201812/W020190905495739358481.pdf	年度数据已有2020~2022年（截止到8月）全国数据和各省份数据	《2021年度全国可再生能源电力发展监测评价报告》、全国新能源消纳监测预警中心	+	%
E21 光伏发电利用率	《清洁能源消纳行动计划（2018—2020年）》, https://www.ndrc.gov.cn/xxgk/zcfb/ghxwj/201812/W020190905495739358481.pdf	年度数据已有2020~2022年（截止到8月）全国数据和各省份数据	全国新能源消纳监测预警中心《2021年度全国可再生能源电力发展监测评价报告》	+	%
E22 可再生能源电力总量消纳责任权重实际完成值	《"十四五"可再生能源发展规划》	年度数据已有2019~2021年全国数据和各省份数据	国家能源局, http://zfxxgk.nea.gov.cn/2022-04/21/c_1310587748.htm	+	%

236

附录四 八大重点领域发展指数指标体系

续表

指标	指标来源	数据情况	数据来源	属性	单位
E23 非水电可再生能源电力消纳责任权重实际完成值	《"十四五"可再生能源发展规划》	年度数据已有2019~2021年全国数据和各省份数据	国家能源局,http://zfxxgk.nea.gov.cn/2022-04/21/c_1310587748.htm	+	%
E24 排放量核算中将绿色电力相关碳排放量予以扣减是否可行		该指标为定性指标,目前暂未检索到相关进展		+	—
E25 光伏发电装机	《"十四五"可再生能源发展规划》	年度数据已有2019~2021年全国数据	北极星太阳能光伏网,《2020、2021年度全国可再生能源电力发展监测评价报告》,https://guangfu.bjx.com.cn/news/20200313/1053652.shtml	+	亿千瓦
E26 光伏发电量	《"十四五"可再生能源发展规划》	年度数据已有2020~2021年全国数据	《2019~2021年度全国可再生能源电力发展监测评价报告》	+	亿千瓦时
E27 光伏示范村数量	《"十四五"可再生能源发展规划》	暂无数据	—	+	个
E28 新建工业园区、大型公共建筑分布式光伏安装率	《"十四五"可再生能源发展规划》	暂无数据	—	+	%
E29 新建建筑太阳能光伏装机容量	《"十四五"建筑节能与绿色建筑发展规划》	暂无数据	—	+	亿千瓦

237

附表 4-8 公共机构发展指数指标

指标	指标来源	数据情况	数据来源	属性	单位
P1 公共机构推广应用新能源汽车数量	《"十四五"公共机构节约能源资源工作规划》	年度数据 已有 2016~2020 年 5 年累计数据	国管局:《2017 年公共机构节约能源资源工作总结》,https://gbc.ggj.gov.cn/zgjghq/2021/202105/20210624_32796.htm,http://www.gov.cn/zhengce/zhengceku/2018-12/31/content_5447589.htm	+	万辆
P2 新增及更新公务用车新能源汽车配车比例	国管局、国家发展改革委、财政部、生态环境部《深入开展公共机构绿色低碳引领行动促进碳达峰实施方案》	暂无数据	—	+	%
P3 公共机构新能源汽车充电配套设施数量	《"十四五"公共机构节约能源资源工作规划》	年度数据 已有 2016~2020 年 5 年累计数据	《国管局:持续发力 久久为功 "十三五"公共机构能源资源节约工作取得积极成效》https://www.ggj.gov.cn/zgjghq/202112/202112/20211227_34237.htm	+	万套
P4 公共机构能源消费总量	《深入开展公共机构绿色低碳引领行动促进碳达峰实施方案》	年度数据 已有 2019~2020 年全国数据	国管局,https://www.ggj.gov.cn/zgjghq/202112/202112/20211227_34237.htm	—	亿吨标准煤
P5 公共机构用水总量	《"十四五"公共机构节约能源资源工作规划》	年度数据 已有 2019~2020 年全国数据	国管局,https://www.ggj.gov.cn/zgjghq/2022/2208/202209/20220907_41172.htm	—	亿立方米
P6 公共机构二氧化碳排放总量	《深入开展公共机构绿色低碳引领行动促进碳达峰实施方案》	年度数据 已有 2019 年全国数据	国管局,https://gbc.ggj.gov.cn/zgjghq/2021/202105/20210624_32796.htm	—	亿吨

附录四 八大重点领域发展指数指标体系

续表

指标	指标来源	数据情况	数据来源	属性	单位
P7 公共机构单位建筑面积能耗	《深入开展公共机构绿色低碳引领行动促进碳达峰实施方案》	年度数据已有2019~2020年全国数据	国管局,https://www.ggj.gov.cn/zgjghq/2021/202112/t20211227_34237.htm	-	千克标准煤/平方米
P8 公共机构单位建筑面积碳排放	《深入开展公共机构绿色低碳引领行动促进碳达峰实施方案》	暂无数据	—	-	千克二氧化碳/平方米
P9 公共机构人均综合能耗	《"十四五"公共机构节约能源资源工作规划》	年度数据已有2019~2020年全国数据	国管局,https://www.ggj.gov.cn/zgjghq/2021/202112/t20211227_34237.htm	-	千克标准煤/人
P10 公共机构人均用水量	《"十四五"公共机构节约能源资源工作规划》	年度数据已有2019~2020年全国数据	国管局,https://www.ggj.gov.cn/zgjghq/2022/2208/20209/t20220907_41172.htm	-	立方米
P11 公共机构高效照明光源使用率	《"十四五"公共机构节约能源资源工作规划》	暂无数据	—	+	%
P12 中央国家机关庭院绿化率	《"十四五"公共机构节约能源资源工作规划》	暂无数据	—	+	%
P14 "三公"经费支出	中央决算报告	年度数据已有2015~2020年全国数据	中国人大网,http://www.npc.gov.cn/npc/c30834/202206/bc2d630c1af0481b93b6f88684ea55a.shtml	-	亿元

239

续表

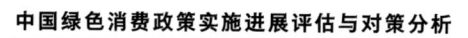

指标	指标来源	数据情况	数据来源	属性	单位
P15 公务接待费	中央决算报告	年度数据 已有2015~2020年全国数据	中国人大网，http://www.npc.gov.cn/npc/c30834/202206/bc2d630c1af0481b93b6bf88684ea55a.shtml	−	亿元
P16 公务用车购置及运行费	中央决算报告	年度数据 已有2015~2020年全国数据	中国人大网，http://www.npc.gov.cn/npc/c30834/202206/bc2d630c1af0481b93b6bf88684ea55a.shtml	−	亿元
P17 节水、节能产品采购额	财政部《全国政府采购简要情况》	年度数据 已有2018~2020年全国数据	财政部《2018~2020年全国政府采购简要情况》	+	亿元
P18 节水、节能产品占同类产品采购规模	财政部《全国政府采购简要情况》	年度数据 已有2018~2020年全国数据	财政部《2018~2020年全国政府采购简要情况》	+	%
P19 环保产品采购额	财政部《全国政府采购简要情况》	年度数据 已有2018~2020年全国数据	财政部《2018~2020年全国政府采购简要情况》	+	亿元
P20 环保产品占同类产品采购规模	财政部《全国政府采购简要情况》	年度数据 已有2018~2020年全国数据	财政部《2018~2020年全国政府采购简要情况》	+	%

术语对照表

表 术语对照表

英文原文	中文释义
Bus Rapid Transit, BRT	快速公交系统
New consumer resilience forsustainable recovery	《新消费者议程》
Green Deal	《绿色协议》
Circular Economy Action Plan	《循环经济行动计划》
Multi-Annual Financial Framework	多年度预算框架
Unfair Commercial Practices Directive	《不公平商业惯例指令》
Consumer Rights Directive	《消费者权利指令》
General Product Safety Directive	《产品安全总指令》
Machinery Directive	《机械指令》
Consumer Credit Directive	《消费者信贷指令》
Distance Marketing of Financial Services Directive	《金融服务远程营销指令》
Directive on Better Enforcement and Modernisation of Consumer Law	《关于更好地执行消费者法律并使之现代化的指令》
Directive on Representative Actions	《关于代表诉讼的未来指令》
Consumer Protection Cooperation Regulation, CPC	《消费者保护合作条例》
European Interoperability Framework	欧洲互操作性框架
General Product Safety Directive	《产品安全总指令》
Ecodesign Requirements for Sustainable Products	《可持续产品生态设计法规》
digital product passport	数字产品护照
the new Ecodesign and Energy Labelling Working Plan for 2022–2024	《2022－2024年生态设计和能效标识工作计划》
European Product Database for Energy Labelling, EPREL	欧洲能源标签产品数据库
EU Strategy for Sustainable and Circular Textiles	《欧盟可持续和循环纺织品战略》
European Circular Economy Stakeholder Platform	欧洲循环经济利益相关方平台

续表

英文原文	中文释义
Construction Product Regulation,CPR	《建筑产品法规》
Empowering Consumers for the Green Transition	《关于赋予消费者绿色转型权利的指令》
Unfair Commercial Practices Directive,UCPD	《不公平商业行为指令》
The Ecomanage Ment and Audit Scheme,EMAS	生态管理和审计制度
Meat Eater's Guide	《肉食指南》
Global Sustainable Tourism Criteria,GSTC	全球旅游可持续性标准
Airline Index	航班指数
Global GreenTag	全球绿色标牌认证
Green Rate	绿色等级认证
Life Cycle Analysis Rate,LCARate	生命周期等级认证
Life Cycle Assessment,LCA	生命周期评价
Life Cycle Cost,LCC	生命周期成本评价
Product Health Declarations,PHD	产品健康声明
Environmental Product Declarations,EPD	环保产品声明

图书在版编目(CIP)数据

中国绿色消费政策实施进展评估与对策分析/陈刚等著.--北京：社会科学文献出版社，2023.11
ISBN 978-7-5228-2352-2

Ⅰ.①中… Ⅱ.①陈… Ⅲ.①绿色消费-消费政策-研究-中国 Ⅳ.①F126.1

中国国家版本馆 CIP 数据核字（2023）第 153286 号

中国绿色消费政策实施进展评估与对策分析

著　　者 / 陈　刚　许寅硕　刘　倩　任　玥　宋子越

出 版 人 / 冀祥德
责任编辑 / 宋　静
责任印制 / 王京美

出　　版 / 社会科学文献出版社·皮书出版分社（010）59367127
　　　　　 地址：北京市北三环中路甲 29 号院华龙大厦　邮编：100029
　　　　　 网址：www.ssap.com.cn
发　　行 / 社会科学文献出版社（010）59367028
印　　装 / 三河市龙林印务有限公司

规　　格 / 开本：787mm×1092mm　1/16
　　　　　 印张：16　字数：240 千字
版　　次 / 2023 年 11 月第 1 版　2023 年 11 月第 1 次印刷
书　　号 / ISBN 978-7-5228-2352-2
定　　价 / 98.00 元

读者服务电话：4008918866

▲ 版权所有 翻印必究